アルク選書

英語4技能テストの選び方と使い方
― 妥当性の観点から ―

小泉利恵・著

はじめに

　英語のテストは身近なものですが、あまり深く考えずに、作ったり、選んだり、使ったりしていることが多いようです。教員の立場では、小テスト、定期テストを自分で作ることもあるでしょう。模擬試験や実力テストなど、テスト機関が作成した民間試験（外部テスト）や教材会社のテストを選んで使うこともあるでしょうし、「全国学力・学習状況調査」や「高校生のための学びの基礎診断」を生徒に受けさせることもあるでしょう。入学試験担当者の立場では、自分たちでテストを作成することもあれば、民間試験を選んで使うこともあるでしょう。

　テストを使う目的はいろいろあります。授業との関連では、テストの結果から生徒の理解度を把握し、成績をつける。入試との関連では、さまざまな情報とともに順位づけして、合否を決める。クラス分けテストでは、所属クラスを決める。単位認定に民間試験を使う場合には、民間試験の合格証明や一定以上のスコアに単位を与える。さらに、テスト後に返ってくるテストの結果を、学習や指導の改善にいかすことも、テストを使う目的に含まれます。

　では、テストを選び、使う際には、皆さんはどんな点に気をつけているでしょうか。私の周りの教員や入学試験担当者に尋ねると、「時間がなく、テストについてあまり調べられていない」、「テストは専門でないが、分かる範囲でやっている」という答えがよく返ってきます。「テストは専門でない」という答えからは、テストを専門に扱う分野があると認識されていることがうかがえます。

　第二言語としての英語や日本語などの言語のテストを専門に扱う学問分野は、「**言語テスティング研究**」と呼ばれます。言語テスティング研究は1960年代に本格的に始まった比較的若い分野です。とはいえ、多くの方が耳にしたことがあるかもしれない「第二言語習得研究」（第二言語がどのように習得されるかを調べる分野）[1] も1960年代頃から始まりましたので、比較してもそれほど遅いわけではありません。どちらも既

1　例：馬場・新多, 2016；和泉, 2016；鈴木, 2017

に50年以上の積み上げがあります。言語テスティング研究は、「テストをどのように作り、使ったらよいか」、「テストの質をどう評価したらよいか」、「言語能力とは何で、テストでは何が測れるのか」などの問題に答えるために、さまざまな研究を重ねてきました。

本書は、言語テスティング研究でいわれていること、分かっていることを、分かりやすく提示することを目的としています。中でも、「英語テストを選び、使うこと」に重点をおいてまとめています。そうすることで、「テストを適切に選んで、有効に活用し、テストから教育を改善する」ための一視点を紹介できたらと思います。本書が、テストの選び方、使い方についての知識を含む、**言語評価についてのリテラシー**（language assessment literacy）を広める一助になることを願っています。

本書を読んでいただきたい方

この本は、英語のテストを選び、使うことが求められる方すべてに読んでいただきたい本です。

2017年に発表された、「中・高等学校教員養成課程 外国語（英語）コア・カリキュラム」では、「学習評価の基礎」が重要事項として挙げられました[2]。「中・高等学校教員研修 外国語（英語）コア・カリキュラム」でも、「評価に関する専門的知識」を身につけることが目標とされました[3]。教員養成でも教員研修でも、評価は必須の知識となります。その知識の中には、小テストや定期テストなどを自分で作成して評価にいかす力だけでなく、既存のテストを適切に選び、結果を有効に活用する力も入っています。例えば、「中・高等学校教員研修 外国語（英語）コア・カリキュラム」の中には、「英語の外部資格・検定試験（4技能型）を活用した英語力の自己モニター」とあります[4]。これは教員自身が、民間

2 　東京学芸大学, 2017
3 　東京学芸大学, 2017
4 　東京学芸大学, 2017

試験を受けて自分自身の英語力の伸びをたどっていくことが求められるという意味です。つまり、自身の英語力向上のために、適切なテストを選び、そのテスト結果を有効活用することが必要ということです。入試関係者も、説明責任を果たし、理由を説明できる形で英語4技能テストを適切に選ぶことが必要になります。

本書の特長と構成

　本書は4つの章から成り立っています。第1章では、英語テストを選び、使う際に遭遇する悩みに触れ、テストについて持たれている誤解を解消していきます。第2章では、言語テスティング研究の成果にも少し触れます。テストを検討するときに最も重要な「妥当性（validity）」の捉え方や、その検証方法の理論について解説しています。第3章では、第2章で触れた「妥当性」の理論や検証方法を使って行った分析を、よく耳にするテストを中心に例として取り上げていきます。第4章では、英語テストを適切に選び、使うための実践方法や手順について説明しています。

　第2・3章は、理解のために学問的な話も交えています。分かりやすく書くように努めましたが、複雑な概念だったり、専門用語を使う必要があったりするため、難しいと感じる方もいらっしゃると思います。その場合には、第2・3章を飛ばして、第4章を先に読み、気になる部分があったら第2・3章に戻るという読み方をされてください。そのような読み方をされる場合もあることを意識し、章間で繰り返しが見られることもありますが、ご了承いただければ幸いです。

　1点ご留意いただきたいのは、本書は選ぶべきテストを具体的に伝える本ではないということです。テストを選び、使うのは、それぞれの状況に合わせて担当の方が行うことになります。選ぶための指針として、テスト選択と使用を適切に行うための方法と、それを支える言語テスティング研究の考え方をお伝えするのが本書の目的です。

　なお、英語で書かれた文献についての記述は、それぞれの箇所に「筆

者訳」などとは書いていませんが、筆者が訳しました。また本書は、妥当性理論を詳しく知らない方でも理解できることを目的としているため、専門性の高い内容は、分かりやすさのために割愛しているところもあります。興味のある方は、本文の注に挙げた参考文献を読んでいただけると理解が深まります。加えて、本書で**太字**になっている語は「索引」に掲載され、<u>下線</u>がある語は「用語解説」に掲載されていますので、こちらもご参照ください。

2018年4月
小泉利恵

目　次

はじめに　2

第1章　テスト選択・使用の悩みと誤解　11

英語テストを選ぶ場面　12
大学入試のためにテストを選ぶ：大学側　12
大学入試のためにテストを選ぶ：高校側　14
その他の状況でテストを選ぶ　15

テストを選ぶときの悩み　16
大学入試選抜テスト選択の悩み　16
会話に出てきた注意したい用語・表現　18

英語テストを使う場面　20
「テストを使う」とは　20
テスト結果の使い方　20

テスト結果を使うときの悩み　22
スコアレポートに関連する悩み　22
テストを2回行ったときのテスト結果に関連する悩み　22
会話に出てきた注意したい用語・表現　23

言語テストへのよくある誤解　26
言語テストに対する誤認識　26
言語テストへの誤解を減らすために　28

まとめ　30

Column 1：4技能テストの利点と欠点　32

第2章　妥当性理論と妥当性検証　37

テストに必要な妥当性とその他の要素　38
妥当性とは？　38
妥当性の重要性　38
妥当性以外にテストに重要な要素　39

妥当性理論の概念とその要素　41

　　　　Messickによる妥当性の捉え方　41
　　　　妥当性の捉え方の変遷　41
　　　　Messickの妥当性の7つの特徴　43
　　　　Messickの妥当性の要素　45
　　　　Messickの妥当性検証　48
　　　　Messickの枠組みを使った妥当性検証の課題　50
　　Messickの枠組みを改善した研究者　51
　　　　1．要素のバランス関係で考える「テストの有用性」：
　　　　　　Bachman and Palmer（1996）　51
　　　　2．妥当性を5つの観点から調べる「社会・認知的枠組み」：
　　　　　　Weir（2005）　53
　　　　3．「論証に基づく枠組み」：Kane（1992）　55
　　Kaneの枠組みの修正　66
　　　　「評価使用の論証の枠組み」：
　　　　Bachman and Palmer（2010）　66
　　　　6つの推論からなる「論証に基づく妥当性検証の枠組み」：
　　　　Chapelle, Enright, and Jamieson（2008）　71
　　本書で使用する論証に基づく枠組み　79
　　　　Chapelle et al.（2008）とKnoch and Chapelle（in press）に
　　　　基づいた枠組み　79
　　まとめ　81
Column 2：筆者の経験：言語テスティング研究や妥当性に関して　83

第3章　4技能テストの妥当性検証　87

　　妥当性検証での推論の設定　88
　　　　妥当性検証における推論の組み合わせ　88
　　　　推論の組み合わせと妥当性の主張の関係　89
　　　　受容技能と発表技能での妥当性検証の違い　90
　　スピーキングテストの妥当性検証　93
　　　　個別検証：TSST　93
　　　　個別検証：GTEC CBT　115
　　　　個別検証：TOEFL iBT　117

ライティングテストの妥当性検証　120
　　　個別検証：Criterion　120
　　　個別検証：TOEFL iBT　121
　　　個別検証：ケンブリッジ英語検定　122

リスニングテストの妥当性検証　124
　　　リスニングテストでの枠組み　124
　　　個別検証：VELC Test　128
　　　個別検証：IELTS　131
　　　個別検証：TOEIC　133

リーディングテストの妥当性検証　135
　　　個別検証：英検　135
　　　個別検証：台湾のテストGeneral English Proficiency Test　137

4技能テストの波及効果の検証　139
　　　個別検証：TEAP　139
　　　個別検証：IELTS　140
　　　個別検証：大学入試への4技能テスト導入の波及効果　141

4技能テストのスコアレポートの検証　142
　　　個別検証：GTEC for STUDENTSと英検　142

マイナスの証拠について　146
　　　マイナスの証拠が出たときには　146

まとめ　147

Column 3：多様な妥当性の捉え方に関して　148

第4章　テストを適切に選び、使う方法　151

テストを適切に選ぶ　152
　　　テスト選びのステップ　152
　　　テストの波及効果（Q1）　153
　　　テストを使う目的（Q2）　158
　　　測りたい言語能力／構成概念（Q3）　159
　　　多様な評価法とテストの利点（Q4・Q5）　169
　　　既存のテストの入手可能性（Q6）　171

　　　　自分でテストを作る必要はあるか（Q7）　183
　　　　Q1.〜Q7.に答えた後に　184
　　テスト選択時の悩み：解決編　186
　　　　大学側がテストを選ぶとき　186
　　テスト使用のステップ　190
　　　　テストの前後の指導時の留意点　190
　　　　テストスコア返却前と返却後の留意点　192
　　　　スコアレポートに含めるべき要素　193
　　　　テスト問題全面公開の利点と欠点　196
　　　　テストの誤差　197
　　　　平均への回帰　206
　　テスト使用時の悩み：解決編　210
　　　　スコアレポートを使うとき　210
　　　　テストを2回行ったテスト結果を使うとき　210
　　まとめ　212
Column 4：4技能テストが大学入試に導入されたときの波及効果の予測と、
　　　　各利害関係者が取るべき行動　214

付録（Appendices）　221
　　用語解説　222
　　資料　229
　　参考文献　238
　　索引　255

終わりに　262

第1章
テスト選択・使用の悩みと誤解

英語のテストを選び、使う場面はよくありますが、その適切な方法は知られていないようです。また、テストに対する誤解もあるようです。第1章では、テストを選び、使う方に気づいてほしい、知ってほしい点を紹介します。

- 英語テストを選ぶ場面　12
- テストを選ぶときの悩み　16
- 英語テストを使う場面　20
- テスト結果を使うときの悩み　22
- 言語テストへのよくある誤解　26

英語テストを選ぶ場面

英語テストを選ぶ場面は主に大学、高校で多くあるでしょう。大学、高校ではどのような観点、状況からテストを選んでいるのでしょうか。

大学入試のためにテストを選ぶ：大学側

大きな大学入試改革が2020年度に行われる予定です[5]。思考力・判断力・表現力を伸ばす指導を行い、伸ばした力を測るために、大学入試センター試験（以降、センター試験）が「**大学入学共通テスト**」（以降、共通テスト）に変わります。英語については、リーディング・リスニング中心のテストから、**民間資格・検定試験**（以降、民間試験）を利用した4技能テストに変わります。2020年度から2023年度までを移行期とし、2024年度以降から本格的に導入されます[6]。

表1−1 ● 大学入試センター試験の英語テストの変更（2018年1月現在）

年度	テストパターン	問われる技能
〜2019	センター試験	リーディング・リスニング＋語彙・文法・発音など
2020〜2023	パターンA：共通テスト	リーディング・リスニング
	パターンB：共通テスト＋民間試験	4技能
	パターンC：民間試験	4技能
2024〜	パターンC：民間試験	4技能

注：2020〜2023年は、各大学が、パターンA〜Cのどれかを選ぶ。国立大学はすべてB[7]

表1−1にあるように、2020〜2023年度では、パターンAの共通テストのみを使う方法、パターンBの共通テストと民間試験を組み合わせる方法、パターンCの民間試験のみを使う方法のどれかを大学側が選ぶことになっています。この時点でパターンAを選べば、リーディング・リスニングだけで受験させる可能性はありますが、2024年度からはすべての大学で、パターンCの4技能テストを使うことになります。

---

[5] 伯井・大杉, 2017；文部科学省, 2017
[6] 本書には大学入試4技能化へ意見する目的はないが、筆者のスタンスは、筆者が委員として加わった日本言語テスト学会（JLTA）「大学入学希望者学力評価テスト（仮称）における英語テストの扱いに対する提言」でご確認いただきたい（巻末の資料参照）
[7] 国立大学協会, 2017

日本で受けられる英語の民間試験は多くありますが、共通テストでの使用が認められるためには要件（以降、参加要件）をパスすることが必要です。この要件をパスした民間試験がリストに挙げられ、大学がそのなかからどのテストを使うかを選ぶことになります。下にその「参加要件」を挙げます[8]。

【大学入試英語成績提供システム参加要件（一部内容抜粋)】

1．資格・検定試験実施主体に関する要件
   〇 大学入試センターと連絡および調整等を行うことができる日本国内の拠点の常設
   〇 継続性のある組織・経営体制

2．資格・検定試験に関する要件
   〇 資格・検定試験の実施実績
   〇 資格・検定試験の内容・実施体制
     ・英語4技能すべての偏りのない評価
     ・高等学校学習指導要領との整合性
     ・CEFRとの対応関係、その根拠となる検証方法や研究成果等の公表・検証体制の整備
     ・毎年度4月から12月までの間で複数回の試験実施
     ・原則、毎年度全都道府県での試験実施
     ・経済的に困難な受検生への検定料の配慮など、適切な検定料であることの公表
     ・障害等のある受検生への合理的配慮をしていることの公表
     ・試験監督および採点の公平性・公正性を確保するための方策の公表
     ・採点の質を確保するための方策の公表
     ・不正、情報流出等の防止策および不測の事態発生時の対処方策の公表
   〇 データの管理・提供

---

[8] 大学入試センター, 2017

> 3．情報公開、第三者評価等の要件
>   ○ 第三者機関による評価または第三者が参画する厳格な自己評価の実施
>   ○ 本参加要件にかかる情報の公表
> (以下略)

　共通テスト実施についてまとめられた「大学入学共通テスト実施方針」(以降、「実施方針」)では、「受検者の負担に配慮して、できるだけ多くの種類の認定試験を対象として活用するよう各大学に求める」とあります[9]。共通テスト以外の入試についても、「各大学は、認定試験の活用や、個別試験により英語4技能を総合的に評価するよう努める」と書かれています。

　このような国の方針で、民間試験を活用しながら大学入試が行われる方向ですが、どのテストを選ぶかは大学に任されています。大学入学選抜についての方針(アドミッション・ポリシー)に基づき、入試で用いる適切なテストを選ぶことになります。

大学入試のためにテストを選ぶ：高校側

　進学希望者が多い高校では、大学入試に向けて生徒に民間試験を受けさせていくことになるでしょう。「実施方針」には、「高校3年の4～12月の間の2回までの試験結果を各大学に送付することとする」とありますが、練習として高校2年次などに受けさせることもあるでしょう。その際、入試の参加要件をパスした民間試験の中で、全員の生徒に受けさせるもの、一部の生徒に受けさせるもの、あるいはテストを紹介して受験を強く勧めるもの、普通に勧めるものなどに分けていくことになると思います。

　生徒が志望する大学が指定したテストを、各生徒に受けさせる方法もあるでしょうが、志望大学を決めるのが遅い生徒もいるので、高校側でテストを選んで早めに呼びかけることもあるでしょう。そのため、高校側でもテストを選ぶことが必要になってきます。同様のことは、中学校や家庭、塾などでも起こり、教育に関わる方ならば多かれ少なかれ関係してきます。

---

[9] 伯井・大杉, 2017 ; 文部科学省, 2017

その他の状況でテストを選ぶ

　テストの選択は入試に直結するものだけとは限りません。授業やカリキュラムの現状を把握して改善につなげていく、プログラム評価（program evaluation）のために民間試験を選ぶこともあります。PDCA（Plan-Do-Check-Act）サイクルの一部として、平均点やスコアのばらつき（標準偏差）や、Can-Doリスト[10]などと関連づけて、英語で何ができるようになったかを見たり、2回以上実施してどのようにスコアが伸びたかなどを調べたりします。テスト結果をいかして、生徒に学習のアドバイスをすることもあります。また教員も、学習者として自分の英語力を増強するために、どのテストを受けるかを考えるでしょう。

　大学などでは、学生の所属クラスを決めるためにクラス分けテスト（プレイスメントテスト：placement test）を行うことも多いでしょう。また、ある一定のスコアや資格があれば単位を認定することもあります。その場合には、どのテストを使って、どのような形で単位認定をするかを考えます。スピーチコンテスト出場者や海外留学者などを選ぶときに、民間試験のスコアで選抜することもありますが、選抜の前にどのテストを使うかを決めることもあります。

　企業では、テストスコアを採用時の判断基準の1つとすることもあります。海外派遣や人事異動などの検討をする際にも、同様の使い方をします。そのために、どのテストを考慮するのか、あらかじめ決めておく必要があります。

10　長沼, 2016

テストを選ぶときの悩み

民間試験として多くの選択肢がある中で、どの英語テストを選んだらよいのでしょうか。大学教員の間では、以下のような会話が聞こえてきそうです。

大学入試選抜テスト選択の悩み

(以下、A：大学教員Aさん、B：大学教員Bさん、C：大学教員Cさん、D：大学教員Dさんを指す)

A：我々の大学では、アドミッション・ポリシーにおける入学試験の基本方針として、「外国語による高いコミュニケーション能力を備えていること」がありますから、民間試験の候補ならどれでもよさそうですね。

B：ちょっと待ってください。私の学部は理工学部です。学生には何より海外の最新情報を読めるようになってほしいのです。学部で必要になる力はリーディングがほとんどなのに、4技能テストが入試に必要なのでしょうか。

C：その点は分かりますが、アドミッション・ポリシーには「コミュニケーション能力を備えていること」とあります。コミュニケーションといえば、普通はスピーキングやライティングの力も入るのではないでしょうか。それに、大学院では4技能が当たり前になるのに、大学院で必要になってからやるのでは遅いと思います。だから、大学でのディプロマ・ポリシー（卒業認定・学位授与に関する方針）にも、今後強化していくということで「コミュニケーション能力」の観点が入ったのではないでしょうか。

A：それなら、やはり4技能テストになりますね。「参加要件」をパスした民間試験のリストに載っているテスト全部を使うのはどうですか。その方が高校生は受けやすいものを使えるわけですよね。

D：いや、1つに絞った方がいいのではないですか。それぞれのテストで違うスコア体系があるので、たくさんあると困りませんか。違ったスコアを出してきた高校生を同じ基準で比較しないといけなくなります。

C：ヨーロッパのCEFRの基準（後述1）とその「対照表」（後述2）を使えばテストが比較できるのではないでしょうか。

B：CEFRだと6レベルしかないですよね。日本向けに作られたCEFR-Jでも12レベルしかありません（後述3）。比べる幅が広すぎませんか。

A：そうするとテストを1つに選んだ方が、1つの基準内でいままでと同じように受験者を比較することができるから、細かく見られるわけですね。

C：でも入試で使うテストを1つにすると、受験方法の選択肢が少なくなるため、受験者が減るかもしれません。それに文科省が出している「実施方針」では、より多くのテストを選んでほしいとありました。

A：そうですね…。ではまず、全部のテストを見て入れない方がよいものがあるかを考えてみますか。

C：候補はたくさんありますが、専門でないので良し悪しがいまひとつ分かりません。

D：やはり、昔からあるテストの方が、実績もあって、信頼できるのではないですか。信頼性の高いテストはよいテストと聞いたことがありますよ（後述4）。

C：昔からあって受験者が多いからといって、よいテストというわけではないと思うのですが…。

D：それなら、いろいろな研究発表でよく目にするテストはどうですか（後述5）。

B：そもそも、学習指導要領に関連したテストでないと、高校生の英語力を見るのに適切ではないのではないですか。

A：候補の中には、学習指導要領に基づいて作ったテストもありますし、学習指導要領との関連を後で示したテストもありますね。どちらにせよ、どのテストも学習指導要領と関係がありますよ。この点は「参加要件」の確認時に文科省がチェックしていますしね。

B：だとすると、受験料でしょうか。ずいぶん違いがありますね。同じ4技能テストなのに、どうしてこんなに差が出るんでしょうね。

C：スピーキングテストが対面式かそうでないかの違いではないかと思います。対面式はコストがかかると聞きます。他には、他の技能テストが、紙ベースかパソコンベースかでも値段が違うのではないかと思います。

（まだまだ会話は続く…）

　このような会話に出てくる観点は、テストを選ぶときに考えたい観点の一部でしかありません。最終的にどのテストを選ぶかは、大学や学部などによって異なりますが、テスト選択の議論の際には、広い視野でテストの質を吟味することが必要です。

会話に出てきた注意したい用語・表現

会話に出てきた語の中で、詳しく説明しておきたいものに解説をつけていきます。

◯ 後述1：CEFRの基準

欧州評議会[11]が発表した、言語学習・指導・評価の基盤として使える、共通参照のための枠組みは、Common European Framework of Reference for Languages（**ヨーロッパ言語共通参照枠**）を略してCEFRと呼ばれます。この共通参照枠は、言語シラバスやカリキュラムのガイドラインの作成、学習指導教材のデザイン、外国語熟達度の評価に向けて、透明性が高く、一貫して包括的な基盤を示すためのものです。「基礎的段階の言語使用者（basic user）」として2レベル（低い方からA1, A2）、「自立した言語使用者（independent user）」として2レベル（B1, B2）、「熟達した言語使用者（proficient user）」として2レベル（C1, C2）に分かれ、全部で6レベルあります（表1−2参照）。

表1−2 ● CEFRレベル

熟達した言語使用者	C2
	C1
自立した言語使用者	B2
	B1
基礎的段階の言語使用者	A2
	A1

◯ 後述2：CEFRとの対照表

各試験団体のデータによるCEFRとの対照表のことです。民間試験のスコアや級がCEFRレベルとどのように対応しているかを示したものです。ここではすべての試験の対照表を載せることがかないませんので、対照表が掲載されているホームページを紹介します（「英語4技能試験情報サイト」http://4skills.jp/qualification/comparison_cefr.html：2018年1月現在）。

◯ 後述3：CEFR-J

CEFR-Jは、投野由紀夫氏を代表とした研究グループが開発した参照枠です。CEFRの6レベルを、日本人英語学習者向けに下の方のレベルを詳細に分けて、表1−3のように12レベルにしています[12]。

11　Council of Europe, 2001; Council of Europe, 2008 は翻訳
12　投野, 2013

表1-3 ● CEFRとCEFR-Jの対照表

PreA1	A1.1	A1.2	A1.3	A2.1	A2.2	B1.1	B1.2	B2.1	B2.2	C1	C2
	A1			A2		B1		B2		C1	C2

注：上段がCEFR-J、下段がCEFRの基準

◯ 後述4：信頼性

信頼性は、日常用語では「テストに信用がおけるか」を意味しますが、専門用語では「スコアが安定しているか」を示します。そのため、一般の人とテスト専門家の間で話が食い違いやすいところです。専門用語としての「信頼性」は第2章で扱います。また、テスト実施の歴史が長い、既に何万人が受験したという情報は、そのテストの運営が安定していることは示しますが、信頼性が高いことを直接強く示すものではありません。信頼性が高いことを示す方法については、第2・3章で触れます。

◯ 後述5：研究発表数とテストの質（妥当性）の関係

テストに関する研究には、「テストの質が十分高いことを前提として、そのテストを使って行う研究」と「テストの質を調べ、テストの特徴を明らかにする研究」の2種類があるので、区別する必要があります。前者の研究発表数が多かったとしても、テストの質を中心に調べているわけではないため、テストの質が高いと判断するのは拙速です。では、後者の研究数が多い場合には、テストの質が高いといえるかというと、そうもいえません。研究でテストの質について調べていたとしても、その調査した観点が、検証すべき数ある観点の中の一部に固まっていたとすると、他の重要な観点の証拠はないことになり、十分とはいえません。では何をもってテストの質が高いといえるのか、その詳細は第2・3章で扱います。

英語テストを使う場面

ここまで「テストを選ぶ」場面について見てきました。今度は、「テストを使う」場面について見てみましょう。

「テストを使う」とは

　具体的な「テストを使う」場面を想定する前に、まずは本書における「テストを使う」という意味について説明します。言語テスティング理論において「テストを使う」とは、「テスト結果をもとに何かを行う」ことを意味します。読者の中には、「テストを使う＝テストを実施する」と思われる方もいるかもしれませんが、そのような意味合いではありません。

テスト結果の使い方

　テストを使う場面は先の会話にもあったように、合否を決めたり、クラス配置をしたり、結果を指導にいかしたり、プログラム評価に使ったりなどがあります。
　テスティング理論における「テストを使う」とは、「テスト結果をもとに何かを行う」ことだと述べました。例えば、入試担当者はテスト結果をもとに選抜を行い、その後には入学試験で使ったテストで適切な判断ができたかを調べたりするでしょう。その他に、テスト結果をもとに学生をグループに分け、またそのグループごとに、学業成績や他の活動成績の推移をたどることもあります。あるいはテスト結果を授業やカリキュラムの改善に使うこともあります。1回のテストでどの程度のレベルやスコアが取れたかだけでなく、2回以上行って伸びを指導の効果として捉え、プログラム評価をすることもあります。
　こうしたテストを使う状況では、テストスコアを使うことが多いと思いますが、スコア以外の部分は十分に活用しているでしょうか。民間試験を実施すると、テスト結果が返ってきます。この結果や解釈方法などが載っている資料を、「**スコアレポート**（score report）」と呼びます。スコアレポートには、生徒向けのものと、教員向けのものがあります。それ以外にも、大学入試などを念頭においた、他の**テスト使用者**向けのものもあるかもしれません。レポートの中身もデザインもテストによりますが、シンプルなものから詳細なものまでさまざまあります。

それに加えて補助資料・教材がある場合もあります。テストを使うときに参照できる情報は、こうしたスコア以外の部分にも多くあります。

テスト結果を使うときの悩み

テスト結果を使うといっても、疑問や悩みが出てきそうです。テスト結果を使う際にはどんな疑問や悩みがあるのでしょうか。

スコアレポートに関連する悩み

(以下、O：高校教員Oさん、P：高校教員Pさん、Q：高校教員Qさんを指す)

O：△△テストの結果が返ってきましたね。
P：生徒に返したら、大騒ぎになりました。話しているのは、何点取ったとか、偏差値がいくつとか、順位が何位とかばかりですね。スコアレポートには他にもいろいろ載っているのに、なかなか活用できないので、もったいないです。
O：じっくり読ませたいのですが、生徒は点数で頭がいっぱいで、その場で読ませるのは難しいですね。
Q：うちのクラスは時間がなくて、授業の最後に返して終わってしまいました。
P：以前の赴任校では、テスト会社の人に来てもらって、生徒に向けて説明してもらったことがあります（後述6）。
O：それはいいですね。あと、我々にも説明してほしいですね。たくさん情報が載っていてもなかなか読み込む時間が取れないし、どう読んだらいいのかよく分からないときもありますよね。
P：実は私も、スコアや順位、日本の平均や他校との比較は見るのですが、それ以外はざっと目を通す程度です。
Q：私もそうです。後で丁寧に見ようと思っていても、授業の準備などに追われて、気がつくともう次のテストが近づいていたりします。
P：貴重な時間とお金を使っているのですから、これも何とかしないといけないですね。
(まだまだ会話は続く…)

テストを2回行ったときのテスト結果に関連する悩み

(以下、X：中学校教員Xさん、Y：中学校教員Yさんを指す)
X：この前に続いて受けさせたテストで、2回目のテストのクラス平均点が1点

下がってしまいました（後述7）。前回のテスト結果を受けて、いろいろ工夫して授業をしたのに、がっかりです。

Y：1回目も2回目も、同じ○○テストだから、スコアは比べられるはずですよね（後述8）。私のクラスでも、頑張って勉強していた生徒のスコアが下がってしまって。生徒も私も落ち込んでいます。

X：そうそう。逆に、授業中に居眠りしたり、宿題をきちんとやってこなかったり、それほど頑張っていないようにみえる生徒の点が上がっていたり（後述9）。私の見えないところで頑張っていたのかなあ。

Y：うちの学校は研究指定校だから、年内に報告書を書かないといけないですね。でも、点数が下がったのは書きにくいな…。

X：困りましたね…。

（まだまだ会話は続く…）

会話に出てきた注意したい用語・表現

　会話に出てきた表現の中から、注意したい点を見ていきましょう。いままでテストについて当たり前に思ってきたことが、実はもっとよく検討しなければならないことだったと気づくと思います。

◯　後述6：テスト会社の担当者の説明

　会社によりますが、依頼をすれば、テストスコアの説明に来てもらえる場合があります。また、クラスごとの集計や気になる点の分析などを頼めることもあります。指導と関連づけたい場合には、テスト会社に協力を仰げるかどうかもテスト選択の1つの基準になるかもしれません。

◯　後述7：平均点が1点下がる

　どんなに精度の高いテストにも、誤差があります。100点満点のテストでは1点程度の誤差は当然出てきます。テストの誤差によって、スコアが高く出る場合も低く出る場合もあり、1回目でスコアが高く出て、2回目にはスコアが低く出た場合、力に多少の伸びがあったとしても、テストの誤差によってスコアが下がることは当然出てきます。

　誤差を考慮するときには、スコアは**信頼区間**（confidence interval）で考えます。

信頼区間というのは、ある力に対しては△％の確率で○点から□点の間でスコアが出るといったように、力に応じてスコアに幅があることを表します。例えば、1回目のテストでは、48〜52点が本来の力を示す信頼区間だとします。2回目のテストでは、51〜55点がその区間だとします。スコアの区間は全体的に見れば、1回目と2回目で上昇傾向があったとしても、もし1回目に52点、2回目に51点をとった場合、点数だけ見ると下がっているように見えてしまいます。こういった誤差は、測定の標準誤差と呼ばれ、第4章の「テストの誤差」で詳しく述べます。

◯ 後述8：スコア比較の可能性

スコア比較には、下のように2つの条件のどちらかを満たす必要があります。

条件1[13]
① 同じ**テスト細目**（テスト設計図）から作り、構成や内容、難易度がほぼ同じになることを目指して作成していること
② 各テストの平均値や標準偏差が等しいこと
③ 2つのテストの相関関係が高いこと、または各テストの背後にある**テストの内的構造**[14]が等しいこと
⇒この3点をすべて満たす

条件2[15]
項目応答理論（item response theory：IRT）や**ラッシュ分析**（Rasch analysis）といった分析方法を用いて、リンキング（linking）と呼ばれる作業を通して同じ数値が同じ意味を持つような共通尺度を作り、その尺度上で各テストのスコアを出していること

この条件をどちらか満たしていれば、テスト間のスコアは比較可能です。一方、このような条件を満たしていない場合は、スコアの比較は難しいと考えられます。定期テストや学力調査は、この条件を満たしていない場合が多いですが、これら

---

[13] Bae & Lee, 2011; Koizumi & Mochizuki, 2011
[14] 内的構造はテストが測っている能力の下位能力とその関係。例えば、4技能テストには4つの技能が入り、それぞれにある程度関係があると仮定する。テスト作成時はこうした仮定をおいて進めるが、実際に分析して想定の構造になっているか調べる必要がある。詳細は用語解説参照
[15] 野口, 2016；野口・大隅, 2014

のスコアを細かく比較していることはよくあるのではないでしょうか。厳密には、これは正しい比較方法ではありません。

◯ 後述9：頑張った生徒の点が下がり、頑張っていない生徒のスコアが上がる

　後述9の現象にはさまざまな要因が考えられますが、その1つに「**平均への回帰**（regression to the mean）」と呼ばれる現象があります。1回目に平均値から大きく離れていたスコアは、2回目のテストでは確率的に平均値の周りに集まりやすくなる現象です。頑張った（とされる）生徒のスコアが1回目は平均点よりやや高く、頑張っていない（とされる）生徒のスコアが2回目は平均点よりやや下だった場合、1回目に高く出たスコアは2回目に平均へ近づいて下がり、1回目に低く出たスコアは2回目に平均へ近づいて上がることがあります。そのために英語力が1回目と2回目のテストで変わらなかったとしても、スコアが上下する可能性があるのです。この「平均への回帰」は第4章で詳しく述べます。

言語テストへのよくある誤解

先ほど、普通に持っているようなテストに対する考え方が、必ずしも適切なものではないことを示しました。それに関連して、皆さんが持っているであろう言語テストへの誤解にも触れていきます[16]。

言語テストに対する誤認識

テストは身近なものですが、誤解されていることもよくあります。ここでは、3つの**言語テストに対する誤認識**（misconceptions about language testing）とそれに伴う問題について紹介します。

◯ 誤認識1：言語テストへ過度な期待をする

第1の誤った考え方は、「どの状況にも当てはまる、言語能力をテストする最高の方法が1つだけあると信じ、言語テストができることと、すべきことについての期待を高く持ちすぎていること」です。その結果起こる問題は4点あります。

> （1）受験者に不適切だったり、テスト使用者の特定のニーズに合わなかったりするかもしれない状況でも、これがよいと思うと、そのテストを続けて使う。
> （2）人気があるテストだからという理由だけで、テストやテスト方法のことをよく知らずに使う。
> （3）完璧なテストを見つけたり開発できなかったりするときに失望する。
> （4）多くの生徒や実施者が「評価には誤りは存在しない」と理不尽な期待を持っているため、評価にはつきもので、避けられないものである誤差が生じたときに、弁護できないものを弁護しなくてはならない状況に追い込まれる。

（1）の例として、大学のクラス分けテストを挙げましょう。海外留学をする学生を増やすために、英語力のレベル別にクラスを分けて指導することがありま

---

[16] Bachman & Palmer, 2010に基づく

す。その際に、海外留学の選抜で使われるテストを学生全員に受けさせてしまいます。本来の目的はクラス分けで、学生の英語力ごとに適切に配置クラスを決めることが重要です。海外留学のために使われるテストでは、留学の目的のためには適していますが、クラス分けには難しすぎて点数が低い学生をうまく分けることができません。しかし、海外留学にはこのテストがよいと信じ、それがクラス分けの状況にも当てはまると信じているために、そのテストの長所、短所を検討したり、他のテストと比較したりせずに、あるテストを実施し続けてしまうのです。

誤認識2：言語テストの専門家へ過度な依存をする

第2の誤認識は、「言語テストの開発は、高度に専門知識の必要な手順に基づいており、専門家に任せるべきだと信じる」というものです。その結果、以下2点が起こりやすくなります。

> （1）テストを適切に開発し、使う能力が自分にないと自信を失う。言語テスティングは、専門家のみが理解できて実践できるものだと考える。
> （2）テスト開発は、テストが使われる状況をよく知らない専門家に任される。

こうした誤認識があるために、言語テストの専門でない方がテスト作成に関わると、「よく分からない」といって消極的な姿勢になってしまうことがあります。また（2）とは真逆の例ですが、テストの出題内容の専門家さえいれば、テストの専門家は必要ないという方もいます。バランスを上手に保つのは難しいですが、本来はその状況でのテスト内容や使い方を理解した方と、テストの専門家の両者が連携してテスト作成は行うべきものです。

誤認識3：言語テストを1つの質の良し悪しだけで判断する

第3の誤認識は、「テストは、1つの特定の質を満たすかどうかによって、よいか悪いかの2択しかないと信じる」ことです。そうすると、「テストの1つの質だけを集中して考え、これを最大限に高めようとし、結果としてテストのバランスが悪くなって使えなくなること」が起こります。

よいテストとは、「妥当性」「信頼性」「実現可能性」の3つがバランスよく成り立っていることが重要です。**妥当性**とは、「テスト作成者がテストで測りたいと思う力が測れて、使用目的に合っていること」、信頼性とは「テストを受けた

状況や採点者、質問に関わらず、テスト結果が一致していること」を表します。最後の**実現可能性**（practicality）は「コストや労力の面などで、テストが行いやすいこと」です。しかしながら、このうちのどれか1つだけの質で判断し、バランスが崩れてしまっている場合はあります[17]。

　例えば、スピーキング能力をテストで測りたいときに、採点者間での採点が完璧に近く一致しないといけないという高いハードルをおくと、採点の一致のために採点者トレーニング（**評価者訓練**：rater training[18]）や、採点結果がずれた場合にはその再採点に膨大な時間をかけることになります。これでは、テストを実施する上で大切な、実現可能性が低くなりすぎてしまいます。

　他には、授業でやり取りする力を伸ばすためのペアワークをたくさん行っているのに、テストでの採点がずれないように、その確認のテストではどんな発話が来るか予想でき、採点もずれにくい1枚の絵を短文で描写するタスクしか入れないこともあるのではないでしょうか。このように採点がずれないように、狭い領域だけをテストで扱うことも起こりえます。これでは、採点結果に揺れが出ないようにと信頼性を高めるあまり、測りたい能力とテストで測る能力が一致せず、妥当性が低くなってしまいます。

　テストを選ぶ際に、テストの値段が手頃かどうか、受験しやすいかどうか、実施が大変すぎないかなどの実現可能性しか話に出ないことも問題です。もちろん、実現可能性は重要なテストの一側面ですが、それだけだと偏った議論になり、本来測りたいものを測り、使いたい目的のためにテストを使うという妥当性の議論からは離れていくことになります。

言語テストへの誤解を減らすために

　こうした誤認識を減らし、テストについて正しい認識を持つためにはどうしたらよいのでしょうか。その対策[19]について次ページにまとめました。

17　各定義は、分かりやすさのために単純化している。厳密な説明は第2章
18　横内, 2016
19　Bachman & Palmer, 2010

> **誤認識1：言語テストへ過度な期待をする**
> **対策**：「すべての状況において完璧なテストは存在しないこと。どんな状況でも、複数の候補があるのみで、それぞれに長所と短所があること」を理解する。
>
> **誤認識2：言語テストの専門家へ過度な依存をする**
> **対策**：下の2点を理解する。
> （1）テスト開発は、言語テスティングをよく知った人と、テストが使われる状況を熟知した人の両方が関わって行う必要があること。
> （2）実践者は、言語テスティングを熟知することができ、言語テストを開発・使用する手順を学ぶことができること。
>
> **誤認識3：言語テストを1つの質の良し悪しだけで判断する**
> **対策**：テストの質の1つについてよいか悪いかを判断するのでなく、多くの側面について考慮する。多様な側面を、テストの使用目的に沿った論証（argument）の中で明確に記述する。その論証を支える証拠を提示し、根拠づけ（正当化：justification）を行うべき、ということを理解する。

　第3の誤認識への対策は重要なのですが、やや複雑な面があります。この対策自体を理解するには、「妥当性」と、その妥当性の要素についてさまざま証拠を提示しながら、妥当性の程度を調べて示していくプロセス（**妥当性検証**、または妥当性の検討：validation）についての知識が必須です。妥当性検証では、テストを段階的に検証し、その都度必要な証拠を文書や研究結果から示していきます。そして論証を用いて、テストを使う行為を正当化していきます。

　このように、テストを選び、使うときには、妥当性と妥当性検証が核となるのですが、この現代の妥当性と妥当性検証の考え方は、専門でない方には分かりにくい部分も多くあります。そこで第2章では、妥当性に関する概念を紹介しながら、妥当性と妥当性検証の考え方がどのように発展していったかをお伝えし、この核となる理論の理解の一助にしたいと思います。

まとめ 英語テストを選ぶ場面は、以下が例として考えられる。それぞれの場面で英語テストをどのように選ぶかを、言語テスティング研究の知見に基づいて注意深く考える必要がある。

(1) 大学入試のため
(2) 授業やカリキュラムの現状を把握し、改善につなげていく、プログラム評価のため
(3) 生徒に学習のアドバイスをするため
(4) 学習者として自分の英語力を増強するため
(5) クラス分けのため
(6) 単位認定のため
(7) 選抜や採用のための判断基準とするため

　テスト結果が出たときに、上記の目的のために結果を使うだけでなく、結果が載ったスコアレポートを指導や学習に使うこともある。選抜などの目的でテスト結果を使った後に、そのテストを使って適切な判断ができたかを調べる場面もある。そのようなときに適切にテストを使えるように、スコアレポートやテストスコアの性質について知っておくことは大切である。

　テストに対する誤った考えもあり、大きく3種類に分けられる。それに対する対策とともに挙げる。
(1) どの状況にも当てはまる、言語能力をテストする最高の方法が1つだけあると信じ、言語テストができることと、すべきことについての期待を高く持ちすぎていること
　　対策:「すべての状況において完璧なテストは存在しないこと。どんな状況でも、複数の候補があるのみで、それぞれに長所と短所があること」を理解する
(2) 言語テストの開発は、高度に専門知識の必要な手順に基づいており、専門家に任せるべきだと信じること
　　対策: 以下を知る
　　　　①テスト開発は、言語テスティングをよく知った人と、テストが使われる状況を熟知した人の両方が関わって行う必要があること
　　　　②実践者は、言語テスティングに熟知することができ、言語テストを開発・使用する手順を学ぶことができること

（3）テストは、1つの特定の質を満たすかどうかによって、よいか悪いかの2択しかないと信じること
　　対策：「テストの質について、多くの側面から考慮する。テストの使用目的に合う形での論証（argument）の中で、多様な側面を明確に記述する。その論証を支える証拠を提示し、根拠づけを行うべきである」ことを理解する

Column 1

4技能テストの利点と欠点

　英語の大学入試において4技能を測る方向になっていますが、4技能を測る利点や欠点についてあまり詳しく議論がされていないように思います。テストを使用する場合の主な利点には、以下3点があると思います。

　第1に、学習指導要領の目標と入試で測る能力（構成概念）が一致することがあります。学習指導要領では4技能を伸ばすことになっており、中高での指導もその方向で進んでいますが、入試で測る能力（構成概念）はリーディングが中心でした。センター試験ではリスニングが入り、一部の大学の独自入試ではリスニングやライティングが入っていますが、スピーキングを体系的に取り入れている大学はほとんどなく、目標と構成概念の不一致がずっとありました。ちなみに、センター試験では会話文が入っていることから、センター試験でも4技能を測っているという意見もありますが（阿部, 2017）、多肢選択式の筆記試験ではライティングやスピーキング能力があまり測れないことは多くの研究で示されています。例えばある研究（Watson, Harman, Surface, & McGinnis, 2012）では、過去の研究を総合的に分析したところ、スピーキングとリーディングや、スピーキングとリスニングは、あまり強くもなく弱くもない中程度の関係しかありませんでした。受容技能からはスピーキングをかなり予測できる人も一部いますが、予測できない人もたくさんおり、十分にできない場合が半分以上だという結果です。4技能テストによって各技能テストでしか見られない能力が分かり、いままでのテストよりも分かる英語力の情報が増えると考えられます（Powers & Powers, 2015）。

　第2に、1点目と関連しますが、4技能テストにすることで多様な学習者に対して公平に測れる面があります（Powers & Powers, 2015）。いままで受容技能が得意で発表技能が苦手な受験者が、テストでは圧倒的に有利でした。4技能テストになると、受容技能が苦手で発表技能が得意な受験者もテストで

高スコアを取れるようになり、その点でより公平になるといえます。受容技能が得意な人にとっては、発表技能が4技能テストで強調されることによって不利になったように思えるかもしれませんが、その逆はずっと起こっていたわけで、それが表立って語られてこなかっただけという見方もあります。4技能テストを使うことで、大学は入試時点で、各大学・学部で求める英語力と4技能テスト結果を比較し、より適切な選抜を行いやすくなるといえます。一部の技能のテストだと、別な技能を大学・学部が求めているときに対応できません。ただ、これは大学・学部によって異なるので、日本全体で一斉にしなくてもよいという意見もあるようです。今の流れだと、大学の学部・学科の特性で4技能全部よりも一部の技能のみを求めたいときにも、国全体として4技能テストを行うことが原則か推奨という形になっています。

第3の利点は、4技能テストにすることで英語指導・学習が4技能重視になり、中高大での英語教育や社会が望ましい方向に変わる可能性があることです。テストを変えることで改革を進めることは「測定主導の改革（measurement-driven reform）」といいます。第4章で詳しく述べるように、テストの変革で起こる影響にはプラスとマイナスのものがありますが、プラスの方が大きいと考えれば4技能テストの利点となり、マイナスの方が大きいと考えれば4技能テストの欠点となり、議論が分かれる点です。これについては、第4章の後のコラム4で触れます。

一方、大学入試として4技能テストを使う場合の弱点は、以下4点が考えられます。

まず、日本全体として4技能テストを使うという流れの場合には、4技能全部ができるのがよいという考えが広まり、技能バランスがよくない人が評価されないこともありえるという考え方があります。ただ、バランスのよい4技能というのはイメージであって、どの技能も同じ程度にできるという人はほんの一部です。筆者たちが行った研究（小泉・印南, 2017）では、4つの民間試験の4技能テスト（TOEFL Junior® Comprehensive, TEAP, TOEFL iBT, TOEIC）受験者である日本人高校生・大学生において、4つの技能がすべてCEFRの同じレベルに入った人は、9〜29％と一部にとどまりました。ほとんどの人はどれかの技能が得意か苦手という偏りがあったということです。これは、日本だけでなく世界的に見ても同じ傾向だといわれています。そのため、4技能が完全にバランスがよく、同じ程度できるということを全員が目指すの

は無理な話で、個人レベルでは得意不得意があるのが当然です。しかし理念として、例えば発表技能だけ極端にできないという状況をなくすという意味での、バランスのよい4技能と考えたらよいのではと思います。また、原則4技能を入試に求めるとして、4技能の総得点で判断する場合に、1つの技能が非常に苦手でも他の技能のスコアが高ければ、高い技能で補うことが可能なテストが多いので、実際には大きな問題にはならないように思います。ただ、テストを使う側として、発表技能が非常に低いところを非常に高い受容技能で補っている場合もあることは知っておくべきです。例えばアメリカの大学では入学後に支障が出るため、4技能の全体スコアと、ある技能の最低基準の提示を求めるケースもあります（例：Ginther & Yan, in press；例えばIowa State Universityの学部入学にはTOEFL iBTの全体スコアで71、スピーキングとライティングともに17以上が必要［2018年1月現在］）。

　第2に、民間試験の4技能テストを受けることで、受験会場に行くための旅費や受験料がかかります。家庭の経済状態によってテストを受けられる回数が変わり、格差の影響がさらに強まる可能性があることが指摘されています。センター試験の後継の共通テストの場合、高校3年生の4月から12月までの間に民間試験の受験を2回申請し、入試に使うことができます。ただ、申請できる回数が2回であって、申請するまでに実際に受ける回数は生徒によって違ってくるでしょう。この問題に対し、「参加要件」では「経済的に困難な受検生への検定料の配慮」がテスト機関に求められていますが、さらに、テスト会場地域の拡大、受験料割引・減免制度など可能な方法を実現させるべきだと思います。また、特別な試験対策を学校や塾で受けなくてもテストのウェブサイトの情報からテストの準備が昨今できるようになってきていますが、それをさらに充実させるようにテスト機関には求めたいと思います。4技能テストは受ければ受けるほど点数が高くなり有利だと考える（阿部, 2017）こともあるようですが、これは誤解のように思います。確かに、テスト構成などを事前に調べずに1回目を受け、その後、テスト構成などが分かったり、テスト対策を集中して行ったりした状態で2回目を受けたならば、点数が大きく伸びることはあると思います。しかし長い目で見ると、スコアの変化は限定的です。例えば、TOEICリスニング・リーディングテストを4年以内に6回受けた人のスコアがどのように変わるかを調べた研究では、1回目から6回目の間に平均で13点ほどしか伸びていなかったという結果があります（Wei & Low, 2017）。テ

ストには誤差があり、TOEICリスニング・リーディングテストの場合には、技能ごとに49点ほどは誤差で上下することを考えると、スコアの変化はほんの少しといえます。4技能すべてを扱った研究でも同様の結果が見られます（包括的な議論は、Barkaoui, 2017参照）。

　第3に、4技能テストになると、2技能（リスニングとリーディング）テストのときよりも録音やデータ転送などのトラブルが増えやすくなることも、弱点といえます。入試が人生を左右する重要なテストであることを考えると、実施側としてそのような問題を避けるために大いに努力すべきですが、そのような問題が起こったときに、受験者の心理的や物理的な負担が大きくならないような方策も考えておく必要があります。

　第4に、4技能テストを複数種類用いると、換算表（「対照表」、18ページ参照）でスコアを比較することになります。テストはそれぞれ測る力に重なりはありますが、異なる点もあるため大まかな比較しかできません。2つのテストの比較でも難しいところを、3つ以上のテストを比較する場合には特にそうです。またCEFRに基づいた換算表であれば、レベルが6つに限定されて細かく分けることができません。この点については、レベルを詳細に分けるように研究を重ねるか、複数のテストを使わずに1つのテストを用いるなどすれば回避が可能かもしれません。後者の場合、1社の民間試験に偏るのが問題であれば、技能ごとに異なる民間試験を使い、合わせて4技能テストとするのは可能のように思います。

　現在の形の4技能テスト導入には利点も欠点もありますが、欠点の影響が弱くなるように方策を考えていきたいと思います。

第2章
妥当性理論と妥当性検証

この章では、テストの選び方・使い方について考える上で欠かせない、妥当性理論と妥当性検証について見ていきます。本書では、「言語テスティング研究」を初学とする方に理論の大枠を理解してもらうことを第一に考え、代表的な研究者を取り上げ、その概念をひもとくことで、妥当性とは何か、妥当性検証とは何かといった大枠をつかんでいきます。

■ テストに必要な妥当性とその他の要素　38
　妥当性理論の概念とその要素　41
　Messickの枠組みを改善した研究者　51
　Kaneの枠組みの修正　66
　本書で使用する論証に基づく枠組み　79

テストに必要な妥当性とその他の要素

それでは、本書の核となる、「妥当性」「妥当性検証」について、詳しく見ていきましょう。

妥当性とは？

　妥当性は、「**テスト開発者（テスト作成者）** がテストで測りたいと思う能力（**構成概念**：construct）がどの程度測れているか、また、使用目的にどの程度合っているか」を示すものです。心理学における心理測定学（psychometrics）や、教育学における教育測定学（educational measurement）と呼ばれる分野において理論が確立され、現代にいたるまで、学問の壁を越えて幅広く用いられる理論です。意図する能力をより多く測れ、意図した使用目的に全体的に沿っていれば、妥当性が高いと考えます。

妥当性の重要性

　妥当性が重要であることは、第1章で少し触れました。妥当性は、テストの作成や使用において最も重要で、常に検証すべきといわれています。なぜそれほど重要なのでしょうか。

　テスト作成者はなぜテストを作るかというと、第1に、「構成概念（テストで測定する能力のこと）を測りたいから」、第2に、「テストスコアを使ってある目的を果たしたいから」でしょう。

　構成概念は、目に見えない潜在的な（latent）ものなので、テストを使ってパフォーマンスを引き出し、それをスコアにしないと確認ができません。さらに、テストスコアを出した後で、そのスコアから、測りたい能力についてどのような力があるかを推測する必要があります。この推測する行為を、推論（inference）と呼びます。推論が必要なのは、頭の中のプロセスを直接観察できないリスニングやリーディングだけではなく、口頭や文字で表現したパフォーマンスが直接観察できるスピーキングやライティングでも、同じです[20]。

20　Brown & Abeywickrama, 2010；論証に基づく妥当性検証でも「推論（inference）」が使われるが、ここでの推論とは意味が異なるので注意

ここで大事なのは、その推論が自分独自のもので、他人と大きく違っている場合には、そのテストは周囲の人に使ってもらえないし、自分でも使わなくなるということです。仮に、英検®（実用英語技能検定）4級レベルの語彙テストを作り、受験者が満点だったとします。その場合に受験者の能力は「英検2級程度の語彙力がある」といわれても、信じることは難しいでしょう。要するに、誰もが納得できるような推論を行い、妥当性が高いことを示していく必要があります。
　妥当性は、テストを作るときに、測ろうとした能力がテストで十分測れているか、テストスコアが十分に使用目的にかなっているかを見る視点です。この視点は、テスト作成者だけでなく、テスト使用者にとっても同じです。特にテストを、入試などの人生の方向性を決める**重要な決断**（high-stakes decision）に使う場合は、これを考えないわけにはいきません。

妥当性以外にテストに重要な要素

　テストで妥当性が重要であることは述べましたが、重要なのは妥当性だけではありません。テストで重要なものとしてよく挙げられる要素に、妥当性以外で、信頼性、実現可能性、波及効果、公平性などがあります。
　信頼性（reliability）は第1章で少し触れましたが、テストの安定性や一貫性のことです。例えば、同じテストを短い期間内に2回、同じ人が受けた場合、テストが安定していれば同じようなスコアになるはずです。同じライティングテストを2人の採点者が読んで採点したときには、明確な基準にしたがって採点していれば2人の採点は似たものになるはずです。
　実現可能性（実用性[21]; practicality, feasibility）も第1章で触れましたが、妥当性と信頼性の次に、テストデザインを考えるときに重要といわれます[22]。さまざまな要素が関わっており、テストが作成、実施、採点、維持しやすいか、結果が集約しやすいか（テスト開発側の視点）、テストを受けやすいか（テスト使用側の視点）など、テストの実施や使用が実現しやすい程度をいいます[23]。
　波及効果（washback）は、テストが、教員自身や生徒への指導、生徒の学習

---

21 「実現可能性」は「実用性」ともいわれるが、「実用性がある、実用的である」は、実際に役立つ意味の「有用性」に取られることがある。言語テスティング研究での「有用性」は、妥当性や信頼性を含んだ広義から、妥当性の中の一部の狭義まであり誤解を生みやすいため、本書では「実現可能性」を使用する
22 Davies, Brown, Elder, Hill, Lumley, & McNamara, 1999
23 Brown & Abeywickrama, 2010

に影響を与える程度を指します。波及効果は、テストの重要な側面にも関わらず、一般的には「テストを変えると指導や学習が変わる」程度に考える人が多いようです。実際には、波及効果を考えるには複雑なプロセスがあり、指導・学習へプラスの波及効果が起きるためには、テスト以外に教員の積極的な関わりが必要です。この点は第4章で詳しく述べます。

公平性（fairness）は、広い概念で4つの要素を含みます[24]。

> （1）テスト時にどの受験者も同様に扱うこと
> （2）測定面での偏り（バイアス）がないこと
> （3）測定する構成概念に関係ない個人的特徴によって不当に有利・不利が出ず、どの受験者も測定する能力を示す機会を十分与えられること
> （4）テストを意図した目的に向けて使うために、テストスコアが適切に解釈できること

大学入試のような重要な決定に使われるテストでは、公平性を保つことが特に重要です。このように、妥当性以外にも重要なテストの要素はあります。

しかし、ここまで述べてきたのは狭い意味での妥当性です。実は現在の妥当性は広い意味になっており、妥当性の中に、信頼性、波及効果、公平性の一部を含めて考えます。妥当性の中に入っていないのは実現可能性ですが、これは現実とのせめぎ合いの意味が強く、「測りたいものを測り、テスト目的に合った形でテストが使えるか」という妥当性の意味から考えて、本質的に妥当性の方が実現可能性より重要です。

このように、妥当性が最も重要というのは2つの意味があります。第1に、もともとの妥当性の核の意味が「意図したテスト解釈と使用に適しているか」で、テストを使う上で最も重要な問いを扱っていること、第2に、妥当性の概念が他の重要な要素をどんどん取り込みながら発展してきたので、広い意味の妥当性として重要性を増して中心的役割を担っていることです。

---

24 American Educational Research Association, American Psychological Association, & National Council on Measurement in Education, 2014; 公平性のさまざまな定義については、Kunnan, 2018; Xi, 2010参照

妥当性理論の概念とその要素

妥当性の概念は、長い研究の過程で、時代によって変化してきました。ここでは、中でも妥当性研究でよく使われるMessickの定義、大まかな歴史の流れ、そして妥当性のポイントなどについて見ていきます。

Messickによる妥当性の捉え方

妥当性は「テスト開発者がテストで測りたいと思う能力（構成概念）がどの程度測れているか」、「使用目的にどの程度合っているか」であると先ほど述べました。この定義は妥当性の核の部分に触れたものですが、Messick（1989）はこの定義を下の2つのようにさらに厳密に規定しました。

> （1）テストスコアに基づいた解釈と使用の適切さが、実証的証拠と理論的根拠によって裏づけられる程度[25]
> （2）テストスコアや他の評価方法に基づいた解釈と使用の適切さが、実証的証拠と理論的根拠によって裏づけられる程度を統合的に評価した判断[26]

妥当性の捉え方の変遷

前述のMessickの妥当性の定義は現在幅広く活用されていますが、この考え方は妥当性の研究が始まってすぐに確立したわけではありません。テストを作り、使いながら出てきた悩みをひとつひとつ解決する形で発展していきました。

---

25 "the degree to which empirical evidence and theoretical rationales support the adequacy and appropriateness of interpretations and actions based on test scores"; Messick, 1989, p. 13
26 "an integrated evaluative judgment of the degree to which empirical evidence and theoretical rationales support the *adequacy* and *appropriateness* of *inferences* and *actions* based on test scores or other modes of assessment"; p. 13, イタリックは原文のまま

第2章　妥当性理論と妥当性検証

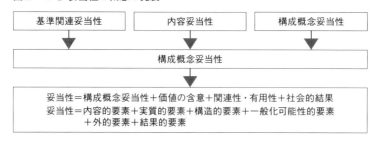

図2-1 ● 妥当性の概念の発展

　図2-1に、妥当性概念の変遷の概略をまとめています。かつて「妥当性は3種類ある」とされた時代がありました。(1) 対象のテストが、他のテストや外部基準と関係が高いか (**基準関連妥当性**：criterion-related validity)、(2) 対象テストは、測りたい領域の能力を広く測っており、テスト内容やタスクを測定領域から幅広く選んでいるか (**内容妥当性**：content validity)、(3) 測りたい能力 (構成概念) を十分に測ることができるテストか (**構成概念妥当性**：construct validity) という3つの妥当性について、妥当性検証ではどれか1つを調べればよいと考えられていたのです。

　その後、(3) の「構成概念妥当性」が中心とされた時代がありました。3つの妥当性の中では、構成概念妥当性が中心的な役割を担っており、そこでは (1) の基準関連妥当性と (2) の内容妥当性は、構成概念妥当性に貢献する証拠の中の1つと考えられました[27]。そして妥当性は**単一の概念** (unitary concept または unified concept) で、すべての妥当性は構成概念妥当性であると考えられるようになりました。

　そこから、社会的結果や信頼性など他の要素を取り込んで妥当性概念が確立した時代があり、妥当性検証の捉え方も精緻化していきました。その過程にはさまざまな研究者が関わりましたが、それを包括的にまとめたのがMessick (1989) でした[28]。

27　Fulcher & Davidson, 2007; Shepard, 1993; Sireci, 2009
28　妥当性の解説や歴史の詳細は、以下を参照。Chapelle, 1999; Chapelle & Voss, 2013; Cumming, 2012; 平井, 2006; 平井・飯村, 2017; Kane, 2001; 小泉, 2017b; Messick, 1989; 水本, 2014; 村山, 2012; Saito, 2016; Shepard, 1993; 清水, 2005, 2016; Sireci, 2009; Taylor, 2013

Messickの妥当性の7つの特徴

先ほどのMessickの定義と、左記の妥当性の変遷から、Messickの妥当性には7つの特徴があるといえます。

◯ 定義からいえる4つの特徴

【Messickの定義】（再掲）

> （1）テストスコアに基づいた解釈と使用の適切さが、実証的証拠と理論的根拠によって裏づけられる程度
> （2）テストスコアや他の評価方法に基づいた解釈と使用の適切さが、実証的証拠と理論的根拠によって裏づけられる程度を統合的に評価した判断

第1に、妥当性は、あるかないかではなく、高いか低いかという、程度で語るべきであることです（定義1より）。

第2に、妥当性はテストに属するものではないことです。厳密には、「テストの妥当性[29]」でなく、「テストスコアに基づいた解釈と使用の妥当性」ということです（定義1より）。解釈（interpretation）というのは、テストスコアが何を意味するかを考えることで、Messickの定義では推論（inferences）とも書かれています。使用（use）とは、テストスコアを使って何をするかで、行動（action）や決定（decision）ともいわれます。

なぜ「テストの妥当性」ではないのでしょうか。それは、同じテストでも解釈や使い方によって、妥当性が高かったり、中程度だったり、低かったりということがありうるためです。例えば、英語が苦手な人向けの学習診断のために、ある文法項目をターゲットに作った、この目的では妥当性の高いテストがあるとします。このテストを、英語が苦手な人から得意な人まで幅広い層の人が受ける大学入試に使ったとしたら適切ではありません。また、テーマに沿って英語の文章を書くタスクが2〜3個入ったテストがある場合に、そのスコアを「ライティング能力」と捉えるのは、普通は妥当性が高いでしょうが、そのスコアを「英語熟達

---

[29] 「テストの妥当性」という表現は正確でないが、すべてにおいて「テストスコアに基づく解釈・使用の妥当性」と表記するのは骨が折れるため、「テストスコアに基づく解釈・使用の妥当性」の意味で「テストの妥当性」と書くことがある。本書でも各所でその表記をしている

度（総合力）」と捉えるのは妥当性が高いとはいえないでしょう。つまり、テストそのものが妥当性を持っているのではなく、テストスコアを使って行う解釈と使用ごとに、妥当性が高いかを考えるべきだということです。妥当性の高さを考える際には、テストで測ろうとする能力と、テストの使用目的を念頭に検討します。

第3に、妥当性を調べる際には、実証的にまた理論的に検討し、全体として統合的に判断すべきということです（定義2より）。「実証的に」とは、データに基づいて検討することで、「理論的に」とは、理論や過去の研究の知見に基づいて論理的に検討することです。妥当性の検証の際には実証的・理論的な観点から証拠・論拠を提示し、統合的に評価するべきだとMessickは述べています。

第4に、妥当性に2つの定義があることです。(1)の定義では、妥当性は「解釈と使用の適切さが裏づけられる程度」とあります。(2)の定義は、「解釈と使用の適切さが裏づけられる程度を統合的に評価した判断」となっており、(2)の定義は(1)の定義より、広い意味になっています。妥当性の定義では、(1)の意味が使われることが多いですが、(2)からうかがえることは、Messickは「程度の判断」自体も妥当性と捉えているということです。

妥当性の変遷からいえる3つの特徴

第5に、妥当性には構成概念妥当性（construct validity）以外に、価値や関連性、有用性、社会的な結果の側面も含まれることです（図2-1参照）。

第6に、第5で書いたような要素は別々の妥当性なのではなく、それらをまとめた形で、妥当性は単一の概念と捉えるべきであることです。妥当性を、別々の種類からなるものではなく、1つのまとまったものの中に複数の妥当性の要素が入ったものと捉えます。

第7に、妥当性は単一的な概念ですが、6つの要素に分けられ、その中に、内容に関する要素や、基準に関連した要素、信頼性の要素、社会的影響の要素などがあることです。Messickは「単一の妥当性は複数の異なる要素に分けることができる。そうすることで、分けなかったときに軽視したり見過ごされたりするかもしれない問題やニュアンスを強調することができる」[30]といっています。

30　Messick, 1996, p. 248

Messickの妥当性の要素

7点目に挙げた妥当性の要素は、これから述べるMessickの妥当性検証の説明に関わってきます。Messickは、実際の妥当性検証を行う際に役立つ視点として、妥当性の要素6点を挙げました。それぞれの要素が何を意味するのかを押さえましょう。

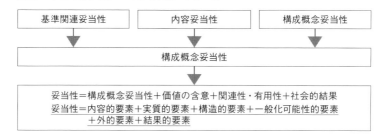

図2-1 ● 再掲（新たに末行を下線にしている）

(1) 内容的要素（content aspect）：測定したい領域や能力との関係

Messick以前の時代に「内容妥当性」といわれていた要素がこれにあたります。**内容的要素**というのは、テストが測りたい領域の能力を広く測っていて、テスト内容やタスクを、測定領域から幅広く選んでいるかということです。例えば語彙テストを作るときには、ある語彙の範囲から偏ることなく、全体的に語彙を選べているかです。テストの内容やタスクが測定領域や能力に関連していて、その領域、能力から代表的に選ばれているかが重要です。

(2) 実質的要素（本質的要素：substantive aspect）：受験プロセスとの関係

実質的要素はMessick以前の時代に「構成概念妥当性」に含められていた要素です。テストを受けているときに受験者がどのようなことを考えていたかを知るために、頭の中で行っていた認知プロセスを口頭や筆記で表してもらい、その受験時のプロセスと、テストで測りたいプロセスが一致しているかを調べます。例えば、スピーキングテストで「自分の意見を考え、それを適切な文法や語彙、発音を使って表現するプロセスを測りたい」とします。しかし、考えていたことを

第2章 妥当性理論と妥当性検証

テスト後に語ってもらったら、「事前に勉強したトピックが出たので、丸暗記していた表現全部をそのまま口にした」と分かった場合、意図したプロセスが測れていないので、この要素の妥当性は低いことになります。

(3) 構造的要素（structural aspect）：テストの内的構造との関係

　Messick 以前の時代には「構成概念妥当性」に含められていたのが**構造的要素**です。テストの内的構造との関係というのは、作成する前に想定したテストの構造と、テスト実施後に結果を分析して分かったテストの構造とが似ているかということです。この検証には、まずテストの内的構造を予想します。その際には、理論に基づき、構成概念を明確に定義し、テスト内での下位構造を考え、テストの下位構造同士でどのように関連しているかを考えます。その予測に基づいてテストを作り、実施したテスト結果に表れた構造が、予測した構造と十分に一致するかを確認します。例えば、4技能テストで、結果を技能ごとに出している場合には、テストの内的構造は、技能ごとに分かれることが予測されます。しかし、実施したデータを分析したところ、リーディングとリスニングの結果がとても似ていて、2つに分かれずに1つにまとまってしまったとしたら、テスト作成時に意図した構造と異なってしまい、妥当性が低いということになります。

　構造的要素の妥当性を考える際に重要な2つの考え方があります。**収束的証拠**（convergent evidence）と**弁別的証拠**（discriminant evidence）です。収束的証拠は、理論的に関連の強い構成概念を測るテストの間で強い相関が出ると予測され、それが得られたときの証拠です。したがって、強い相関が見られたときには**プラスの証拠**、弱い相関が見られたときにはマイナスの証拠になります。弁別的証拠は、理論的に関連の弱い構成概念を測るテスト間で弱い相関が出ると予測され、それが得られたときの証拠です。したがって、弱い相関が見られたときにプラスの証拠になります。このように、何でも関係が強く出れば妥当性が高いということにはなりません。本来の関係を考えた上で、その関係と近いものがテスト結果で得られていれば妥当性が高いということです。

(4) 一般化可能性的要素（generalizability aspect）：信頼性の観点

　一般化可能性的要素は、Messick 以前の時代に「信頼性」として、妥当性とは異なる要素と捉えられていました。検証では、テストスコアが、テストで出され

たタスクや今回採点にあたった採点者に限定されないものかどうか、つまり結果が一般化できるかどうかを調べます。そこで、タスク間で大きな違いがないか、採点者間で一致したスコアを出しているかを調べます。例えば、あるリスニングテストが音声の不具合などで、テストの後半の音声が前半の音声よりも小さかったとします。この状況で、前半と後半のタスクの正答率が大きく異なり、後半の正答率が低かったとしたら、それはリスニング力が低いからなのか、音がよく聞こえなかったからなのかが分かりません。結果として、テスト全体の一貫性は低くなってしまうので、そのテストでのスコアは他の似たリスニングテストとのスコアと大きく異なることになります。つまり、一般化ができず妥当性が低くなります。

(5) 外的要素（external aspect）：外部基準との関係

Messick以前の時代に「基準関連妥当性」と呼ばれていたのが**外的要素**です。これを調べるには、対象のテストと、別のテストや大学での成績などの指標との関係の強さを検討します。(3)の構造的要素と同じように、対象のテストと、別のテストや指標で測っている構成概念の関係を予測し、関係が強いと予測される場合に実際に相関が高いかを調べ、一方関係が弱いと予測される場合に実際に相関が弱いかを確認します。例えば、ある筆記テストをコンピュータ上で受けられるテストに改変したとします。その場合、筆記で受けるテストとコンピュータを使って受けるテストは同じ能力を測るはずなので、プラスの強い相関があることが予想されます。実際にプラスの相関が見られれば、外的要素の妥当性が高いということになります。

(6) 結果的要素（consequential aspect）：テスト使用の観点

結果的要素は「波及効果」にあたる要素です。テストを実施することで、学習や指導、社会へどのような影響が及ぶかを調べます。プラスの影響があることが望ましいので、そうなっていた場合には妥当性が高いと考えます。スピーキングテストを入試に導入した場合を例にとってみましょう。導入によるプラスの影響は、学習者の学習意欲が高まったり、学習時間が増えたりすることが予想されます。そこで、もし学習者の学習意欲向上やスピーキングの指導・学習時間の増加が見られれば、プラスの証拠が得られたことになります。実際には、結果的要素（波及効果）は複雑で、意図通りにならないこともありますが、それについては第4章で触れます。

Messickの妥当性検証

　前述で妥当性に必要な要素を確認しました。この妥当性の要素がどの程度あるのかを妥当性検証を通して立証することで、初めて全体的な妥当性の吟味が可能となります。では、要素ごとにどのような側面を吟味すればよいのか、またどのような分析方法を使用すればよいのでしょうか。（1）〜（6）の要素ごとに下にまとめました。具体的な分析法の例で挙げられているものには、耳慣れない用語も多くあるかもしれませんが、可能な限り分かりやすく説明していきたいと思います。

（1）【内容的要素】測定したい領域や能力との関係

妥当性検証で吟味する側面	具体的な分析手法の例
・テストの内容と測定領域の内容が一致しているか ・内容の関連性、代表性があるか ・技術的な質が高いか（例：各テスト項目において、難易度が適切か、能力が高い人と低い人を明確に分ける力が強いか［つまり弁別力・識別力が高いか］）	タスク・カリキュラムの分析、専門家の判断、分析的枠組みの使用 古典的テスト理論、項目応答理論

（2）【実質的要素】受験プロセスとの関係

妥当性検証で吟味する側面	具体的な分析手法の例
・受験者が項目・タスクにどう反応しているか ・テストでのパフォーマンスや受験プロセスは、理論的な根拠と関連しているか	観察、質問紙、面接、受験時のプロセスや、受験者が使う言語や方略（例：多肢選択式問題で、長い選択肢を選ぶ）の分析、談話分析

（3）【構造的要素】テストの内的構造との関係

妥当性検証で吟味する側面	具体的な分析手法の例
・テスト内において、仮定された構成概念の構造と、データの構造が一致するか ・理論的に、テスト内の構造同士で、測る能力の関連が強い場合には相関が強く、測る能力の関連が弱い場合には相関が弱くなっているか	項目応答理論、信頼性分析、因子分析、共分散構造分析

(4)【一般化可能性的要素】信頼性の観点

妥当性検証で吟味する側面	具体的な分析手法の例
・時間、グループ、受験状況、タスク、採点者などが変化しても、テスト結果が安定しているか ・異なる状況でも、どの程度スコアの特性と解釈が一般化できるか	信頼性分析、一般化可能性理論、差異項目機能、分散分析

(5)【外的要素】外部基準との関係

妥当性検証で吟味する側面	具体的な分析手法の例
・あるテストと別のテスト・変数との関係はどうか ・理論的に、テストと外部基準同士で、測る能力の関連が強い場合には相関は強く、測る能力の関連が弱い場合には相関は弱くなっているか	相関分析、多特性・多方法行列分析法、因子分析、共分散構造分析

(6)【結果的要素】テスト使用の観点

妥当性検証で吟味する側面	具体的な分析手法の例
・テストを実施することによって、どのような社会的影響があるか。プラスの影響があるか	教室での観察・質問紙などの質的方法、実施前後のテストスコアの比較、指導用教材の分析

注：(1) ～ (6) は、Messick (1989, 1995, 1996)、Koizumi (2005)、Watanabe (2004a) に基づいて作成

　Messickによると、妥当性を上の (1) ～ (6) の6つの要素に分けることは、妥当性の単一性がなくなることと同じではありません。むしろ、6つに分けることにより、妥当性の機能的な要素を扱うことが可能になるのです。スコアの推論が適切か、意味があるか、有用か (appropriate, meaningful, and useful) を評価するのに特有な複雑さの一部を解きほぐして (disentangle) 解決するのに役立つといっています。

　ただ注意点は、要素ごとに証拠を集めたとしても、最終的には全体的な妥当性の判断に統合されなくてはならない[31]ことです。また、妥当性検証を通して6つの要素すべてに触れる必要があり、もし触れていない要素があるとしたら、その要素を扱わなくても正当化できる (defensible) という証拠を提示しなくてはな

31　Messick, 1995

りません[32]。

Messickの枠組みを使った妥当性検証の課題

いままで紹介してきたMessickによる妥当性の要素の枠組みを、さまざまな研究者が妥当性検証に用いてきました[33]。言語テスティング研究でMessickの妥当性の概念を紹介し、中心的に広めたのはBachmanの1990年の本です[34]。

言語テスティング研究ではMessickの枠組みを使って多くの適用研究が行われました。しかし、Messickの提示した6つの要素すべてを扱うというよりは、その一部を扱っただけの研究がほとんどでした。

Brownは、言語テスティング研究において、妥当性の中に「結果的要素」を入れた実践は限られていると述べています[35]。言語テストの研究者、実践者にとって、結果的要素をどう定義し、どう測っていくのかは難しい課題となっています[36]。またその「結果」を、他の要素の分析結果とどう統合し、単一の妥当性の結果として示していくかも同様に課題となっています[37]。Messickの妥当性の概念は理解が難しいため[38]、それを実践にいかすことが容易ではなく、理論と実践の間のギャップが大きいこと[39]が問題とされています。

---

32 Messick, 1996
33 例：Beglar, 2010; Guerrero, 2000; Hasselgren, 2000; Koizumi, 2005; Koizumi & Mochizuki, 2011; Miller & Linn, 2000; Zumbo & Chan, 2014; なお、Borsboom, Mellenbergh, & van Heerden, 2004; Newton & Shaw, 2014 などMessick, 1989の定義に同意しない研究者もおり、議論が続いている
34 McNamara, 2003; Bachman, 1990のこと
35 Brown, 2008
36 Dunlea, 2015
37 Dunlea, 2015
38 Lissitz, 2009
39 Lissitz, 2009; Shepard, 1993

Messickの枠組みを改善した研究者

Messick（1989, 1996）の枠組みを使った妥当性検証が行いにくいという問題点を解決するために、その後、別の研究者が枠組みの改善案を提示していきます。本書では、主な3タイプ[40]を紹介します。

1. 要素のバランス関係で考える「テストの有用性」：
Bachman and Palmer (1996)

　Bachman and Palmer[41]は、テスト開発・使用で重要なのは「**テストの有用性**（test usefulness）」であると提唱しました。その「有用性」は、「**信頼性**（reliability）」、「**構成概念妥当性**（construct validity）」、「**真正性**（authenticity）」、「**相互性**（interactiveness）」、「**インパクト**（impact）」、「**実現可能性**（practicality）」という6要素からなり、以下の式で表されます。

> 有用性＝信頼性＋構成概念妥当性＋真正性＋相互性＋インパクト＋
> 　　　実現可能性

　信頼性とは、測定の一貫性のことです。
　構成概念妥当性は、あるテストスコアが、測りたい能力を構成概念の指標として解釈できるか、またその程度を意味します。
　真正性は、目標言語使用領域（target language use [TLU] domain）でのタスクの特徴と、テストタスクの特徴が一致しているかを指します。
　目標言語使用領域とは、受験者がテストの外で言語を使うことが求められる領域を意味します。例えば、大学での英語の講義を理解する力を測りたいとします。ここでの目標言語使用領域は、大学の英語の講義です。テストのタスクが、この使用領域で起こりうるタスクと一致度が高ければ、真正性が高いといえます。
　相互性は、どの種類、どの程度の受験者の個人的特徴[42]が、テストタスクを行

40　Bachman & Palmer, 1996; Kane, 1992, 2006; Weir, 2005
41　Bachman & Palmer, 1996（翻訳はBachman & Palmer, 2000）
42　言語テストで関係する個人的特徴は、言語能力（言語知識、方略的能力またはメタ認知的方略）、トピックの知識、情意的スキーマといわれる

う際に関係してくるかです。

インパクトは、テストが社会や教育システムへ与える影響、また社会・教育システム内にいる個人に与える影響です。

実現可能性は、デザイン、開発、使用で必要になる資源と、実際に手に入れることができる資源の関係です。「必要となる資源＜手に入る資源」となれば、実行することが容易になり、実現可能性が高くなります。

Bachman and Palmerによると、この6つのテストの要素は、どれかが高まればどれかが低くなるような関係にあります。例えば、信頼性が高くなると構成概念妥当性は低くなり、真正性が高いと信頼性は低くなる関係があります。そのため、適度なバランスを見つけて、全部を足し合わせたときのテストの有用性が最も高くなるようにする必要があります。

例えば、Akiyama (2003) では、3つのテストについて有用性を評価しました。
1. 当時の東京都立高校入試の場合
2. 高校入試にスピーキングテスト（ST）を導入した場合
3. 中学校教員が、中学校でSTを行った場合

表2－1 ● テストの有用性の観点からの3テストの比較

	信頼性	構成概念妥当性	真正性	相互性	インパクト	実現可能性	計
1. 高校入試	3	1	1	1	1	3	10
2. 入試でST導入	2	2	3	3	3	1	14
3. 中学校でST	1	3	2	2	2	1	11

注：低（1）～高（3）で評価

表2－1には、それぞれの要素での評価が書いてあり、2の高校入試にスピーキングテストを導入すると、真正性、相互性、インパクトは高くなることが分かります。学習指導要領や授業内容との一致が高まり、タスクで測りたい能力がよく測れ、教員と生徒に大きな影響を与えうるためです。信頼性と構成概念妥当性については中程度で、実現可能性は低くなります。3つの状況を評価した合計は、高校入試にスピーキングテストを導入した場合が14点で最も高く、この中では、その状況で最も有用性が高いことになります。

Bachman and Palmerが提唱したテストの有用性は、妥当性と同じと考えてよいでしょうか。テストの有用性に入っている実現可能性は、テストの現実の状況に関わるため他の要素と少し性質が異なります。Bachman and Palmer自身も、

実現可能性はテストが実施される方法などに主に関わり、実現可能性以外の5つの要素はテストスコアを使う行為に関わるため、性質が異なると述べています。そのため、「有用性」は妥当性に実現可能性を加味したものといえるでしょう。つまり、以下の式が成り立つことになります。

> テストの有用性＝妥当性＋実現可能性

　Bachman and Palmerは、6つの要素のバランスを保ち、総合した有用性が最大になるテストを作る、またはそのようなテストを使うことを求めています。実際の開発と使用では、そのバランス関係が肝であるため、重要な枠組みです。この枠組みを使ってテストを吟味した研究も多く出てきました[43]。しかし、Bachman and Palmerの枠組みを、先に挙げたAkiyamaのように全体的に判断するのではなく、ひとつひとつ細かく適用して妥当性検証することには困難さがありました。というのも、それぞれの要素にたくさんのチェック項目が挙げられ、どれが重要なのかなどの順序性がない状態で提示されていたからです[44]。例えば、テストの有用性のチェックリストには6つの要素を合わせて42個のチェック項目があり、全部の項目の確認を厳密にしようとすると難しい面がありました。
　その点を改善するために、Bachman and Palmerは2010年に新しい枠組みを提案し、現在では1996年の枠組みを使った妥当性検証はあまり見なくなっています。この新しい枠組みについては、この章でのちほど触れます。

2. 妥当性を5つの観点から調べる「社会・認知的枠組み」：Weir (2005)

　Weirは、テスト開発・妥当性検証のための「**社会・認知的枠組み**（a socio-cognitive framework）」を提唱しました。この枠組みは2011年にO'Sullivan and Weir[45]で詳述・発展され、現在イギリスを中心にケンブリッジ英語検定やAptis

---

43　例：Chapelle, Jamieson, & Hegelheimer, 2003; Downey, Farhady, Present-Thomas, Suzuki, & Van Moere, 2008; Piggin, 2011
44　Bachman & Palmer, 2010
45　O'Sullivan & Weir, 2011

テスト、TEAP (Test of English for Academic Purposes) などの妥当性検証で頻繁に使われています[46]。

Weirは、「受験者 (test taker)」がテストで「反応 (response)」し (パフォーマンスを行い)、それを採点者が採点して「スコア (score / grade)」を出すというプロセスの中で関わってくる妥当性を、5つ示しました。テスト実施前の要素として、①文脈的妥当性 (context validity)、②認知的妥当性 (cognitive validity) を、実施後の要素として、③採点妥当性 (scoring validity)、④結果的妥当性 (consequential validity)、⑤基準関連妥当性 (criterion-related validity) を挙げています。

表2−2は例として、スピーキングテストでの③の採点妥当性を調べる際の観点をまとめたものです。5つの妥当性の観点をまとめた全体像は巻末の「資料」に記載していますので、興味のある方はご覧ください。③においては表のような観点で調べます。採点基準、評価尺度が適切か、採点手順が明確か、採点者トレーニングを適切に行っているか、採点の質は高いか、採点基準・評価尺度を規定通りに適切に使っているか、採点の標準化を行っているか、複数の採点者の採点を合わせてどのように最終スコアを出しているか（モデレーションが適切に行われているか）、採点を行う状況は適切か、採点結果を統計的に分析したときに問題はないか、採点者はどのような人か、どのようにスコアがつけられるかです。

表2−2 ● Weirにおけるスピーキングテストの妥当性検証時の枠組み (一部)
【③採点妥当性】

調べる要素	調べる観点
採点 (rating)	・採点基準／評価尺度 ・採点手順…採点者トレーニング 　　　　　　…採点の質 　　　　　　…標準化 　　　　　　…モデレーション (moderation) 　　　　　　…採点の状況 　　　　　　…統計的分析 ・採点者 ・スコアの付与 (grading and awarding)

ライティング・リーディング・リスニングテストも基本はスピーキングテストと同様に行います。スピーキングテストと異なる部分は、「①文脈的妥当性」と「②認知的妥当性」、「③採点妥当性」の中の記述ですが、こちらも巻末に付録として

---

46 Dunlea, 2015; Geranpayeh & Taylor, 2013; Khalifa & Weir, 2009; Nakatsuhara, 2013; Shaw & Weir, 2007; Taylor, 2011

一覧を載せています。

　Weirの枠組みは、社会的・認知的・採点的な観点を、テストデザインとテスト開発の時点から系統的に取り入れている点などから、言語テスティングの実践者が使いやすいものになっています[47]。しかし一方で、妥当性を全体としてどのように組み立てるかが分かりにくく、外部の研究者としてはMessickの6要素の枠組みを少し修正した枠組みにも見えます。

3．「論証に基づく枠組み」：Kane（1992）

　ここからは、現在主流の考え方である、「**論証**（argument）」を組み込んだKaneの枠組みを見ていきましょう。Kaneの枠組みは本書で使用する枠組みに大きく関係するものであるため、詳しく紹介します。

　先に述べたMessickの枠組みも、Bachman and Palmerの枠組みも、Weirの枠組みも、可能な妥当性の証拠をすべて集めなければいけない形になっていました[48]。そのため、妥当性検証の実践者に大きな負担がかかります。その点が解決できるような枠組みとして、Kaneは1992年に「**論証に基づくアプローチ**（argument-based approach）」を提案しました。

◯　論証とは？

　ここで論証とは何かを少し説明します。論証は、基盤（grounds）に基づいて主張（claim）を行うために、前提（assumption）や**証拠**（evidence）を示しながら、基盤と主張をつなげる推論（inference）の正当性を立証することです[49]。例えば、「Aさんは英字新聞を電車で読んでいる」とします（基盤）。それに基づいて、「Aさんは英語リーディング力が高い」と「主張」するときには、「英字新聞を読む行為」から、「英語能力」を「推論」していることになります。その場合、「前提（論拠）」として「英字新聞は読むのが難しく、英語リーディング力が高くなければ読めない」という考えがあります。前提を支えるために必要な「証拠」は、

---

[47] O'Sullivan & Weir, 2011
[48] Kane, 2009
　　例：Cheng & Sun, 2015; Johnson, 2012; Kim, 2010; 熊澤, 2013; Kumazawa, Shizuka, Mochizuki, & Mizumoto, 2016; Youn, 2015。ただし言語テスティング分野では、Kaneに基づくとあっても、説明するChapelle et al., 2008などの修正を入れることがよくある
[49] Toulmin, 2003

その人が持っていた英字新聞の記事をいくつか選んで分析したところ、「語彙や構文が難しかった」という結果です。その証拠を得たことによって、前提が満たされ基盤から主張への推論がつながったことになります。論証の過程では、論理の構造を明確にして証拠を挙げていくので、厄介に思えるかもしれません。しかし、自分の主張を論理的に説得力のある形で妥当性検証を行うために、この過程が重要になります。

◯ Kaneの「論証に基づく枠組み」の利点と論証の種類

このKaneの枠組みの利点は、妥当性の主張をするために必要な全体像を示し、どこに力を注ぐべきか、またどの程度主張が進行しているかについての見通しを与えてくれるところです。そのため、言語テスティング研究でも多く使われています。

また、Kaneの枠組みでは2種類の論証を行います。大まかに以下のような手順で進めます。

---

① **解釈的論証**（interpretive argument）を組み立てる。
　テストで観察されたパフォーマンスから、そのパフォーマンスに基づいた主張に至るまでに関わる推論と前提を明記する

② **妥当性論証**（validity argument）を行う。
　①に基づき、前提の裏づけとなる証拠を提示し、①を評価する。全体的に論理を組み立て、論理の質を確認し、「テストスコアに基づいた解釈と使用の妥当性」に向けての論証を行う

用語が難しいのですが、①解釈的論証とは、推論と前提が書き出された、妥当性論証を行うための枠組みです。②妥当性論証とは、①の解釈的論証の枠組みに入っている前提に、証拠が示されたものです。のちほど、実際に事例を当てはめながら考えていきましょう。

Kaneの「論証に基づく枠組み」での妥当性検証

単純な論証では、基盤と主張は1つずつあり、推論を1回行えば終わりですが、テストの論証は複雑なため、複数の推論が関わってきます。その場合、何度も論理思考を繰り返して、論理思考の鎖（a chain of reasoning）を作ることによって、ある最終的な結論に向けて論証を行います。

ここで例えば、あるテストを用いて「英語能力全般を測って、クラス分けをしたい」場合を取り上げてKaneの推論を見ていきましょう。このテストで行う解釈は「英語能力全般」、テストを使って行う決定は「クラス分け」になります。Kaneは、これに関わる推論と、その推論を行う段階を図2-2のように示しました。

図2-2 ● Kaneのクラス分け目的での論証に基づく枠組みでの妥当性検証
（Kane, 2006; Kane, Crooks, & Cohen, 1999に基づく）

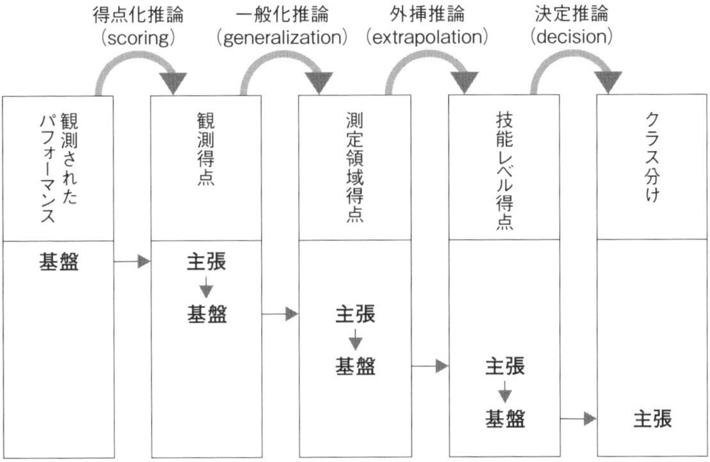

注：上の丸矢印と、下の→はともに、基盤から主張へ向かう「推論」を表す

ここでは、得点化、一般化、外挿、決定の4つの推論が設定されています。**得点化推論**においては、「観測されたパフォーマンス（基盤）」から「観測得点（主張）」へ、**一般化推論**においては、「観測得点（基盤）」から「測定領域得点（主張）」へというように、基盤から主張への推論が鎖のようにつながっていき、最終的に決定推論において、「技能レベル得点（基盤）」から「クラス分け（主張）」へつながります。そして、「英語能力全般を測って、クラス分けをする」というテス

トスコアに基づいた解釈と使用の妥当性が高いことを主張することになります。

　この論証において、先ほど挙げた、「①解釈的論証を組み立てる」中にある解釈的論証のイメージは下のようになります。本来であれば、前提は複数挙げるのが普通ですが、ここではあくまでイメージとして1つだけ提示しています。

（1）得点化推論
観測されたパフォーマンス（observed performance）から、観測得点（observed score）へ
　　　前提1：採点の規則は適切である
　　　前提2：…
（2）一般化推論
観測得点から、測定領域得点（universe score）へ
　　　前提1：テストでのパフォーマンスは、一般化したい領域から代表的にとられている
　　　前提2：…
（3）**外挿推論**
測定領域得点から、技能レベル得点へ
　　　前提1：テストのタスクを行うためには、前のコース（例：英語Ⅰ）で伸ばし、後で受けるコース（例：英語Ⅱ）で必要とされる能力が求められる
　　　前提2：…
（4）決定推論
技能レベル得点から、ある特定のコースへのクラス分けへ
　　　前提1：前のコース（例：英語Ⅰ）で伸ばした技能によって、後で受けるコース（例：英語Ⅱ）でのパフォーマンスが変わってくる
　　　前提2：…

　このように、推論と前提を設定した後に、先ほどの「②妥当性論証」で、①の前提それぞれについて対応する分析を行います。例えば、（1）得点化推論の「前提1：採点の規則は適切である」については、専門家が採点規則を丁寧に調べ、

問題がないことを調べるというような具合です。次に、分析をして得た結果を証拠として挙げます。前提を支持するプラスの証拠は「裏づけ（backing）」と呼ばれます。②の最終段階として、いままでに示された証拠を全体的に検討して、論理思考（reasoning）が首尾一貫していて、もっともらしく（plausible）、正当化できる（defensible）かを評価します。そして、「テストスコアに基づいた解釈と使用の妥当性が高い」という主張をします。

Kaneの「論証に基づく枠組み」における推論

先ほどまでの説明は、全体の流れを重視して個々の用語の説明を割愛していたところがありますので、さらに説明していきます。

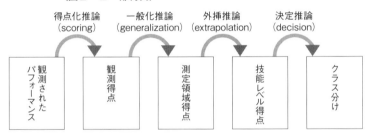

図2−3 ● Kaneのクラス分け目的での論証に基づく枠組みでの妥当性検証
（図2−2一部再掲）

あるテストを用いて「英語能力全般を測って、クラス分けをしたい」場合、テストを実施した後には、テストでのパフォーマンスや回答の記録が残っています。これが、図2−3でいう「観測されたパフォーマンス」（観測）です。ライティングならば、受験者が書いたもの、スピーキングならば発話の録音や何らかの記録、リスニングやリーディングでは多肢選択式問題で選んだ記号を記入したマークシート用紙や自由記述式問題で書いたものがそれにあたります。

その記録を使って採点をします。採点をするとテストスコア（**観測得点**）が出てきます。採点をすることが「得点化」です。採点基準に基づいて行うなど適切な採点をした場合に、得点化推論が満たされたことになります。

今度はテストスコア（観測得点）が、テストで解いたタスクや採点者、受けたテストフォームに限定されないスコア、つまり測りたい領域で得られるスコア（**測定領域得点**）であるかどうかを考えます。このために、特定の採点者などに限定されないかを分析して確認し、観測得点から測定領域得点へ「一般化」の推論をします。

一般化をしたら、測定領域得点つまりスコアが、測りたい能力について示すスコア（技能レベル得点）であるかを検討します。測りたい能力に関する分析で証拠を得たら外挿推論ができることになります。
　最後に、技能レベル得点が「クラス配置というテストを使って行いたい目的」を果たせるか（クラス分け）を確認します。クラス分けが適切に行われている証拠が示せれば決定推論ができることになります。

○ Kaneの「論証に基づく枠組み」における論証の例

　表2-3は、推論、前提、証拠提示の方法の例を示したものです。推論の種類と、推論が成り立つために前提とされる事柄、その前提を立証するために行うべき分析方法の例を表しています。この分析方法で証拠を手に入れ、証拠によって前提をサポートし、前提が満たされたところで、推論を行うという手順で論証していきます。

表2-3 ● Kane（2006）の枠組みに基づいた論証の例

推論	（1）得点化
前提	①採点の規則は適切である ②採点の規則は正確に一貫して適用されている
証拠提示 方法の例	・専門家の判断 ・採点者間・採点者内信頼性
推論	（2）一般化
前提	①テストでのパフォーマンスは、一般化したい領域を代表している ②テスト項目の数は、誤差のコントロールのために十分な大きさがある
証拠提示 方法の例	・テストタスクの代表性の確認 ・内的一貫性などの信頼性
推論	（3）外挿
前提	①テストのタスクを行うためには、コースで伸ばし、後のコースで必要とされる能力が求められる ②スコアの解釈を深刻にゆがめる、技能とは無関係な要因はない
証拠提示 方法の例	・外的基準と比較 ・受験時のプロセスについてのプロトコル分析
推論	（4）決定
前提	①前のコースで伸ばした技能によって、あるコースでのパフォーマンスが変わる ②あるコースに必要な技能が低い生徒は、そのコースで成功しにくい ③あるコースで学習する技能が既に高い生徒は、そのコースからあまり学ぶことはない

| 証拠提示 | ・コースでのパフォーマンスの分析 |
| 方法の例 | |

◯ 論証の構造

　ここで、**論証の構造**についてまとめておきます。この構造は、Toulmin（2003）に基づきます。既に触れた面もありますが、整理する意味で再度説明します。

　論証では、基盤（grounds）が主張（claim/assertion）に関連している必要があります。無関係な基盤は論証には使用できないということです。先ほどの例でいえば、「ある人が英字新聞を読んでいる」ことから「その人は英語能力が高い」ということはできても、「ある人が英字新聞を読んでいる」から「その人はスポーツ万能である」という主張は導けないということです。さらに、基盤と主張の関係が一貫して根拠づけられている（justified）必要があります[50]。「自分はこう思う」と単に主張するのではなく、「基盤がこうで、証拠はこれだからこう主張する」といわないと説得力がなく、論証とはいえません。

　図2−4は、論証に基づく枠組みで使われる構造を図式化したものです[51]。

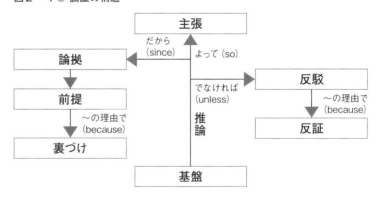

図2−4 ● 論証の構造

50　Chapelle, Enright, & Jamieson, 2008
51　図2−4はLi, 2015に基づく。Kane, 2006の枠組みでは、主に、裏づけ、前提、主張という構造になっていて論拠は前面に出ていないが、Chapelle et al., 2008では、前提と主張の間に論拠が明確にはいる。さらに「おそらく」、「〜の可能性が高い」などの「様相限定詞（qualifier）」が入ることもあり、これがToulminの論証の特徴とされる（加賀山, 2012）。しかし妥当性検証の論証では、様相限定詞を含めないことが多い

図2-4にある論証の構造には、原則として、8つの要素があります[52]。

> (1) **主張**（claim）：対象となる、テストスコアまたは受験者についての結論または行動
> (2) **基盤**（grounds）：受験者から集めた実際のパフォーマンスや証拠。または観測されるデータ（data）
> (3) **推論**（inference）：基盤と主張のつながり。「推論リンク」または「推論の橋」（inferential link or inferential bridges）とも呼ばれる。「論拠」によって根拠づけられる（justified）
> (4) **論拠**（warrant）：法則や、確立した手順
> (5) **前提**（assumption）：論拠の背後で考えられているもの
> (6) **裏づけ**（backing）：適切な証拠。普通はプラスの証拠を指す
> (7) **反駁**（rebuttal）：推論を覆す考え
> (8) **反証**（反駁の裏づけ：rebuttal backing）：反駁を支える、推論にとってはマイナスの証拠

「基盤」から「主張」を関連づける、図2-4における下から上への矢印のつながりが「推論」です。図の直線矢印がこの推論を意味し、図2-2での丸矢印・横矢印と同じ意味となっています。さて、推論は「論拠」によって根拠づけられます。論拠の背後には、「前提」があります。「前提」に対して適切な証拠である「裏づけ」があれば、その前提が支持されます。よって、主張が適切であると論証するためには、裏づけを集めるべきで、この裏づけがあることで前提と論拠が支えられることになります。この一連の手順によって、基盤から主張への推論の正当性を立証することができます。一方、反駁が提示され、反証によって支えられると、推論のためのマイナスの証拠となり、基盤と主張の間の推論が弱まります[53]。反証がある場合、推論を支持するためには、より強いプラスの裏づけを提示し、**論駁**（counterargument）する必要があります[54]。**重大な決断に使われるテスト**（high-stakes test）での妥当性検証では、より強い裏づけが不可欠です。裏

52　Chapelle et al., 2008; Kane, 2009
53　Chapelle et al., 2008
54　Kane, 1992

づけと反証（プラスとマイナスの証拠）は、前提を支持したり、前提を弱めたりします。プラスの証拠が、満足のいく程度に（reasonably）すべての前提を支持し、マイナスの証拠が提示されていないならば、推論に向けて必要な条件を満たすことになります。つまり、意図した基盤と主張の間の推論の橋渡しを行うことができ、1つの推論についての論証に成功することになります。

例えば、先ほど出てきた例、「英字新聞を電車で読んでいる人」についての論証を反駁も含めて、図2-4に入れてみます。その図が下の2-5です。

図2-5 ● 論証構造の例

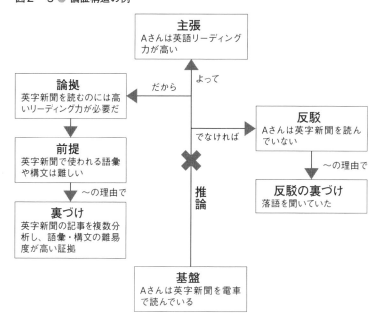

「Aさんは英字新聞を電車で読んでいる」という「基盤」に基づいて、「Aさんは英語リーディング力が高い」と「主張」するときには、「Aさんが英字新聞を読む行為」から、「Aさんの高い英語リーディング力」を「推論」していることになります。その場合、「論拠」として「英字新聞は読むのが難しく、英語リーディング力が高くなければ読めない」という考えがあります。その背後には、「英字新聞で使われる語彙や構文は難しい」という「前提」があり、それが崩れれば主張ができないことになります。前提を支えるために、Aさんが読んでいた英字新聞の記事を複数分析し、「語彙・構文が難しい」という「証拠」を提示したとし

ます。これに対し、「Aさんは英字新聞を読んでいない」という「反駁」が出されることがあります。「Aさんは、英字新聞を眺めながら、実はイヤホンで落語を聞いていて、それに反応して笑うこともあった」という「反証」が出されるとすると、Aさんは英字新聞を読んでいるようで、実は読んでいないことが分かり、論拠・前提・裏づけで支持されそうだった主張が、反駁で覆され、「Aさんが英字新聞を読む行為」から、「Aさんの高い英語リーディング力」を「推論」することはできなくなります。そのため、図2−5の基盤から主張への推論の矢印には、失敗の×印がついています。

最終的な解釈的論証は、明確で、首尾一貫性があり、完結していること（clarity, coherence, and completeness）と、各推論と前提がもっともらしいこと（plausibility）が求められます[55]。この「明確さ、首尾一貫性、完結性、もっともらしさ」が論証を評価する際に用いられる基準です。

論証時には、すべての推論で成功できればよいのですが、プラスの証拠が提示できない場合や、マイナスの証拠が提示された場合には、推論が持ちこたえられず（not tenable）、推論の橋渡しが行えないことになります。その場合には、テスト開発者は、「解釈的論証を修正するか、作り直すかして、妥当性論証をやり直す」か、「その解釈的論証を放棄して、その解釈・使用を断念する」か、または「テストを修正して、妥当性論証をやり直す」かのどれかになります[56]。

この妥当性検証には**開発ステージ**（development stage）と**評価ステージ**（appraisal stage）の２段階があります。開発ステージでは、結論を支持する方向での証拠を集めてしまう、確証バイアスが起こりやすくなります。評価ステージでは、より批判的で公正な評価がなされます[57]。

Messickの枠組みでは、妥当性を示す証拠は、多ければ多いほどよく、妥当性検証が永遠に終わらないプロセスとなり、それが現実的でないと批判を受けていました。一方、Kaneの検証方法においては、解釈的論証を作って証拠を提示しながら妥当性論証を行いますが、そこでの妥当性を示す証拠は、多ければ多いほどよいわけではありません。推論、論拠、前提に対応した適切な証拠があれば十分とされます。逆に、既に証拠が提示され推論と前提がかなり筋の通ったものであれば、証拠をさらに追加しても、論証を強めることにはなりません。ここが、

55　Kane, 2009
56　Kane, 2013
57　Kane, 2013

MessickとKaneの考え方で大きく異なっている点です。

　Kaneの枠組みは有用ですが、注意点があります。それは枠組みを使う人それぞれが、対象とするテストの使用目的に合わせて自分の文脈で、解釈的論証と妥当性論証を作ることが必要だということです[58]。似た状況での妥当性検証を真似て行うことも可能ですが、よく自分の状況を確認してから行うことが大切です。

58　Knoch & Chapelle, in press

Kaneの枠組みの修正

これまで、妥当性検証の代表的な枠組みを紹介してきましたが、KaneやMessickのものは一般性が高く、すぐに言語テスティングの分野での研究に当てはめにくい点がありました[59]。そこで、言語テスティング分野では、Kaneの論証に基づく妥当性検証の枠組みを修正した、独自の枠組みが作られてきました。ここではBachman and PalmerとChapelle, Enright, and Jamiesonの2つを取り上げます[60]。

「評価使用の論証の枠組み」：Bachman and Palmer (2010)

　Kaneの論証に基づく枠組みの概念を大まかに取り入れ、Bachman and Palmerは、**「評価使用の論証（assessment use argument：AUA）」**の枠組みを提案しました。

　同著者たちの1996年のテストの有用性（test usefulness）の枠組みでは（51～53ページ参照）、有用性を確認するために、順序づけのない長いリストが提示されていただけで、妥当性検証時に限界点がありました[61]。Bachman and Palmerは2010年に、その点を改善する新たな枠組みを発表しました。この枠組みは、妥当性を論じた多くの文献で引用され[62]、妥当性検証でも使われています[63]。

◎ 評価使用の論証（assessment use argument：AUA）

　AUAの枠組みでは、Kaneで十分に扱っていなかったテスト使用の結果（consequences）を大きく取り扱っています。この枠組みでは、意図したテストの使用を論証するために、**根拠づけ**（正当化：justification）を行います。これは、Kaneの枠組みでは「妥当性検証（validation）」と呼ばれているものです[64]。

　根拠づけには2つの活動が含まれます。第1に、文脈に応じて、結果とテストパフォーマンスの間をつなぐ特定の主張（claim / statement）を明確に述べることです。これはKaneでの「①解釈的論証」を明示するプロセスと同じです。第2に、主張を支持するような、関連する裏づけを集めることです。これは

59　Dunlea, 2015
60　Bachman & Palmer, 2010 ; Chapelle et al., 2008
61　Bachman & Palmer, 2010
62　Fulcher, 2015; Green, 2014a
63　例：Schmidgall, 2017 ; Wang, Choi, Schmidgall, & Bachman, 2012
64　Bachman & Palmer, 2010 ; 教員向けに修正されたAUAが2017年に発表された（Bachman & Damböck, 2017）

Kaneでの「②妥当性論証」で、前提に対して証拠を提示するプロセスと同じです。下の図2−6はAUAのプロセスを図解したものです。

図2−6 ● Bachman and Palmer (2010) の推論のリンクとテスト開発と解釈・使用の際の推論の方向性（Bachman, 2015に基づく）

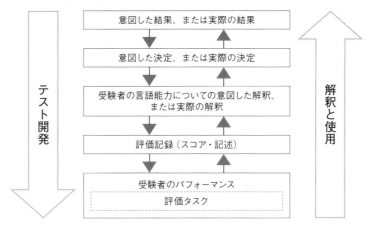

　Bachman and Palmerの新しい枠組み（2010）では、テストを開発するのか、既存のテストの解釈と使用を行うのかによって、根拠づけの方向性が異なります。テスト開発の場合には、上から下へ、「意図した結果」から始め「受験者のパフォーマンス」にたどりつくまでに、ひとつひとつの推論について検討していきます。

　一方、テストの解釈・使用を行う場合には、下から上へ、「受験者のパフォーマンス」から始め「実際の結果」にたどり着くまでにひとつひとつの推論について検討していきます。AUAを使ってテストを解釈したり使ったりする場合には、テスト開発の流れとは逆に、「評価タスク」に基づく「受験者のパフォーマンス」→「評価記録」→「実際の解釈」→「実際の決定」→「実際の結果」と見ていきます。

　図2−7は、図2−6に具体的な内容や主張を入れた図です。図2−6の「結果」「決定」「解釈」「評価記録」「受験者のパフォーマンス」に対応し、それぞれの段階で論拠と反駁（warrants and rebuttals）を考えることを意味しています。矢印が双方向なのは、先に述べたようにテスト開発とテスト解釈・使用で流れが逆となるためです。

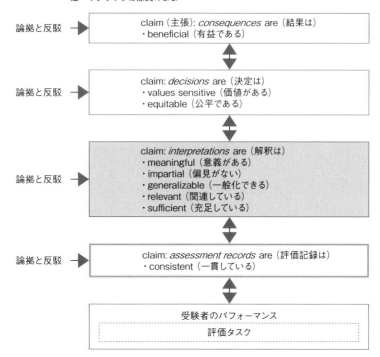

図2-7 ● Bachman and Palmer (2010) の評価使用の論証の枠組み
注：イタリックは原文のまま

　例えば、上から3段目の「解釈」（グレー箇所）を見ると、解釈は「意義がある」「偏見がない」「一般化できる」「関連している」「充足している」とあります。これが「主張」となります。その主張に対して、論拠と反駁を書き出し、それぞれについて、論拠と反駁に対する証拠を提示していくのです。
　さらに、「解釈」の下の「評価記録」について、推論部分に関わる主張と論拠を具体例として、表2-4に示します。

表2－4 ● Bachman and Palmer（2010）の「受験者のパフォーマンス」から「評価記録」への推論に関わる主張と対応する論拠・裏づけの例

【評価記録の推論】	
評価記録に関する主張	評価記録（スコア・記述）は、異なる評価タスク間、異なる評価手順の要素間、異なる受験者間で一貫している
論拠	①実施手順は、異なるテスト実施機会間で、またすべての受験者グループに向けて一貫して守られている ②評価記録を行う手順はよく記述されており、守られている ③採点者はトレーニングを受け、認定を受けなくてはならない ④採点者は、異なる受験者グループに対してバイアスがないようにトレーニングを受けている ⑤評価における異なるタスクでのスコアは内的に一貫している（内的一貫性の点での信頼性が高い） ⑥異なる採点者間の採点は一貫している（採点者間信頼性が高い） ⑦同じ採点者による異なる採点は一貫している（採点者内信頼性が高い） ⑧テストの異なるフォームによるスコアは一貫している（平行版のフォーム間での信頼性 [equivalent forms reliability] が高い） ⑨異なる時期に実施するテストでのスコアは一貫している（安定性、再テスト法信頼性が高い） ⑩評価記録は、異なる受験者グループ間で比較可能な形で一貫している
裏づけの例	・テスト細目・採点基準・手順などの文書（論拠①～④） ・テストスコアの統計的分析（論拠⑤～⑩）

　図2－7ではシンプルに「評価記録は一貫している」とあった主張を、より詳細に、表2－4の冒頭にある「評価記録（スコア・記述）は、異なる評価タスク間、異なる評価手順の要素間、異なる受験者間で一貫している」という主張にしています。上記の論拠①～⑩は、その主張を支える論拠が10個考えられることを意味しています。その論拠の中で必要なものを選び、分析し、裏づけをとっていきます。例えば、「⑥異なる採点者間の採点は一貫している」ことを調べるためには、テストスコアを分析し、採点者間信頼性を算出して証拠として提示します。ただ、採点者が大きく影響しない多肢選択式問題の採点においては、関わってこない論証（③、④、⑥、⑦）もあり、それ以外の論拠①、②、⑤、⑧～⑩を調べます。表2－4と同様の表が、「解釈」、「決定」、「結果」でもあり、それぞれについて、自分のテストの文脈で必要なものを見極め、AUAの記述として枠組みに入れていきます。

◯ 評価使用の論証の枠組みの特徴

　この枠組みを使うと、評価の開発と使用のプロセスをオープンにして透明性を高められるため、**利害関係者**（stakeholder）に説明責任を果たすのに役立ちます。

　Bachman and Palmerの「評価使用の論証の枠組み」では、AUAに取り組む前に行う最初の計画（initial planning）の段階で実現可能性について考慮した後に、**デザイン**、**具現化**（操作化：operationalization）、**試行**（trialing）、**評価の使用**という4つの段階に行くことになっています。根拠づけの際には、AUAの記述に沿って裏づけを集めていきます。52ページでも述べましたが、実現可能性は、「①評価の開発と使用において必要となる資源（resources）」、「②その活動のために用意できる（手に入る）資源」という2つの間の差を意味します。①＜②の場合には、用意できる資源の方が多いため、実現可能性はプラスとなり、その評価は実現可能性が高いです。しかし①＞②の場合には、用意できる資源の方が少ないため、実現可能性はマイナスとなり、その評価は実現しにくいことになります。評価の開発や使用で、実現可能性は最も重要視すべき点ではないですが、検討すべき点です。どの段階においても、実現可能性の観点からテストを修正することはありますが、最初の計画段階に位置づけることで、バランスのよいテスト開発・使用が可能になります。この枠組みは、テスト作成や使用で欠かせない「実現可能性」の視点を、AUAの外ではありますが、検証の一連の流れに加えた点が利点といえます。

　2つ目の利点には、図や用語などの見た目が分かりやすいことが挙げられます。AUAの枠組みはKaneの論証に基づく妥当性検証から派生したものですが、図2-7にあるように、「主張」が全体的に短文で書かれており、Kaneの「論証に基づく枠組み」より把握しやすくなっています。この短い主張とともに、詳しい一般的な書き方の主張も表2-4のように提示され、各自が自分の文脈に合わせて修正していくことができます。さらにKaneでは「観測されたパフォーマンス、観測得点、測定領域得点」など、特別な用語がつけられており、分かりにくい面がありましたが、それを、Bachman and Palmerは「評価記録、解釈、決定、結果」とより分かりやすい用語で表しています[65]。

65　論証方法や用語を大きく変更しながら、説明があまりされていない点について、Kane, 2011などから批判もある

6つの推論からなる「論証に基づく妥当性検証の枠組み」：
Chapelle, Enright, and Jamieson (2008)

　Chapelle et al.（2008）は、Kaneの枠組みに基づき、要素を若干修正することで言語テストの状況で使いやすく改良しました[66]。Bachman and PalmerがKaneに基づきつつ、独自の用語や枠組みを使って大胆に改変したのに対し、Chapelle et al. はKaneの枠組みを直接修正しているため、関連が見えやすくなっています。Chapelle et al. の枠組みでは、大まかに以下のような手順で進めます。Kane（56ページ参照）とは、2種類の論証の前に（1）が入っている点が異なっています。

（1）テストの対象領域（target domain）を決める。テストが測る構成概念や、テストスコアの解釈・使用の範囲を明示する
（2）2種類の論証（argument）を行う
　① 解釈的論証（interpretive argument）を組み立てる。
　　（1）で明示した、スコアの意図した解釈と使用をもとに、推論（inference）・論拠（warrant）・前提（assumption）などを明記する
　② 妥当性論証（validity argument）を行う。
　　①に基づき、それぞれの前提の裏づけ（backing）や、その反証（rebuttal backing）を提示する。全体的に論理を組み立て、論理の質を評価し、「テストスコアに基づく解釈と使用の妥当性」に向けての論証を行う

　Chapelle et al. では、6つの推論が解釈的論証の中に入っています。次ページの図2−8にあるように、**領域定義**（domain definition）、**得点化**（evaluation）、**一般化**（generalization）、**説明**（explanation）、**外挿**（extrapolation）、**利用**（utilization）についての推論です。この推論を使って、テスト開発者は解釈的論証を作り、その後妥当性論証を行います。この枠組みは、さまざまなプロジェクトで用いられています[67]。

---

[66] 澤木, 2011：
[67] 例：Chapelle et al., 2008; Chapelle, Chung, Hegelheimer, Pendar, & Xu, 2010; Koizumi, Sakai, Ido, Ota, Hayama, Sato, & Nemoto, 2011; Li, 2015

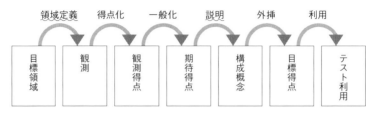

図2-8 ● 6つの推論（領域定義、得点化、一般化、説明、外挿、利用）を設定した場合の妥当性検証の枠組み
注：波下線はKaneの推論から追加になっている箇所

　Chapelle et al.と、Kaneとの主な違いは、解釈的論証での推論の数です。Kaneでは、得点化、一般化、外挿、決定の4つの推論がありましたが（57ページ参照）、Chapelle et al.では、それに「領域定義」、「説明」の推論を加え、Kaneの「決定」を、より広い意味で使える「利用」に変更しています。「**領域定義推論**」は、**目標領域**（target domain：目標言語使用領域）からテストで得られる**観測**（observation）をつなぐ推論です。この推論があることにより、テスト作成時には、目標言語使用領域を明確にしてテストタスクを選んだり、構成概念を明確にしたりすることができるため、重要な観点となります。「**説明推論**」は、一般化が可能になったスコア（**期待得点**）から構成概念をつなぐ推論で、この推論があることで、テスト開発者が構成概念を意識して含めることができます。構成概念は、テスト開発のガイドとなるものです。構成概念は妥当性検証研究の基盤になるため、妥当性検証の枠組みに位置づけたことは意義があります。「**利用推論**」については、Kaneではクラス分けなどの「使用が目的に沿って行えるか」という観点で「決定推論」がありましたが、Chapelle et al.は、テストの波及効果も含めた広い観点にしました。このような3つの推論の追加・修正は、Kaneの枠組みをより包括的にし、多様なテストの妥当性検証に対応できるようにしました。

○ 解釈的論証の枠組みと妥当性論証の流れ

　Chapelle et al.の妥当性検証で論証をどのように組み立てていくかという、（2）①解釈的論証の枠組みと②妥当性論証の流れを示します。Kaneのものと近いことを確認してほしいと思います。
　まずは、（2）①解釈的論証において、「目標領域」から「テスト利用」までをつなぐ、領域定義、得点化、一般化、説明、外挿、利用の6つの推論を設定します。推論ごとに、関連する主張と、推論を成り立たせる論拠と前提を記述してい

きます。

（2）①解釈的論証を提示した後に、②妥当性論証を行うために、前提ごとに分析を行い、証拠を示していきます。証拠がある程度提示されたら、証拠によって裏づけられた前提や論拠、推論のつながりが適切であるかを検討し、その判断を総合的に提示して、妥当性論証を行います。

個別検証：文法診断テストEDiT Grammarの妥当性検証

筆者たちが過去に行った研究を例として、このChapelle et al.の枠組みに基づいた具体的な検証法を紹介します。英語文法診断テスト（English Diagnostic Test of Grammar：EDiT Grammar）という文法診断テストの妥当性検証です[68]。EDiT Grammarは、英語の基本的な名詞句、特に名詞句の内部構造についての知識に焦点を当てたテストです。名詞句の内部構造は以下のように4グループに分けられ、グループ1、2、3、4の順で難しくなると予想されました。この構造を理解しているかは、多肢選択式問題で問いました。

グループ1： （冠詞）＋前置修飾＋主要部名詞（head noun）
　　　例： *my friend's bike, which beautiful dress*
グループ2： 主要部名詞＋前置詞句
　　　例： *a surprise party for my brother*
グループ3： 主要部名詞＋現在・過去分詞 / 主要部名詞＋*to*不定詞
　　　例： *books read by many people / chances to meet his mother*
グループ4： 主要部名詞＋関係代名詞
　　　例： *flowers (that) I bought today*

このテストの解釈的論証を表2－5にまとめています。再度の説明になりますが、論拠には、「論拠に至る前提」が必要で、前提にはなぜ「その前提がいえるかの裏づけ」が必要です。前提の裏づけとして、例えば、「得点化」推論では、専門家の判断、テストの**項目分析**、ラッシュ分析を使って調べました。

---

[68] Koizumi et al., 2011

表2－5 ● EDiT Grammarの解釈的論証のまとめ

意図した解釈：英語の基本的な名詞句、特に名詞句の内部構造についての知識
意図した使用：テスト結果を使って英語文法の診断を行う

【領域定義】

論拠	EDiT Grammarでのパフォーマンスの観測は、言語使用の目標領域でのパフォーマンスの代表的な状況における関連した知識を示す
前提	①注目した目標領域は、英語でのリーディングに必要とされる、重要な名詞句構造の知識をカバーしている ②EDiT Grammarのテスト項目の形式は、目標領域に対して関連して代表性のある、名詞句構造の重要な知識を引き出している
前提の裏づけを得る方法	①〜②専門家の判断による領域分析（domain analysis）
前提の裏づけ	①専門家（中学・高校の教員と、第二言語習得と言語テスティングの研究者）が、名詞句構造の知識は必要で、重要と判断した ②専門家によって、関連して代表性のあるテスト項目の形式がデザインされた

【得点化】

論拠	EDiT Grammarでの観測は、関連した観測スコアを出せるような形で得点化されている
前提	①採点に使う<u>ルーブリック</u>は、目標とする知識の証拠を得るのに適切である ②項目の統計的特徴は適切である ③採点で使われた尺度モデルは、データに適合する
前提の裏づけを得る方法	①専門家の判断 ②項目分析 ③ラッシュ分析
前提の裏づけ	①採点用ルーブリックは、試行と改訂を経て、適切に作られた ②項目弁別力は適切だった ③テスト項目と受験者は<u>ラッシュモデル</u>に適合していた

【一般化】

論拠	観測得点は、平行版であるタスク間や、テストフォーム間、テスト実施・採点状況間で安定しており、期待得点の推定値となる
前提	①十分な数の項目が含まれていて、受験者のパフォーマンスの安定した推定値を提供できている ②テスト細目（テスト設計図）は明確に定義されており、平行性のある項目を作れる
前提の裏づけを得る方法	①一般化可能性理論による分析 ②専門家の判断
前提の裏づけ	①ほとんどの名詞句グループで、十分な数の項目が入っていた。他のグループでは、数は十分でなかったが、何項目あれば十分になるかが分かった ②テスト細目は、平行性のある項目（parallel items）を作るのに、よく定義されていた

【説明】

論拠	期待得点は、名詞句構造の文法知識という構成概念を反映している
前提	①受験者が取るプロセスは、テスト開発者の予測と一致する ②名詞句グループの平均値は、予測通り変化する ③スコアは、近い構成概念や遠い構成概念を測るテストでのスコアとの関係を調べると、予測通りの程度でプラスに相関がある
前提の裏づけを得る方法	①プロトコル分析 ②名詞句グループの難易度の分析 ③相関分析
前提の裏づけ	①受験者のプロセスは、テスト開発者の予測と十分一致していた ②名詞句グループの平均値は、基本的に予測通り変化していた ③今後実施予定

【外挿】

論拠	構成概念の測定値は、テストの状況を超えた言語パフォーマンス（目標得点）に関連している
前提	①テストスコアは、英語でのリーディングを反映する他のテストスコアと関連がある
前提の裏づけを得る方法	①相関分析
前提の裏づけ	①今後実施予定（本テストスコアと、リーディング力を示す他テストのスコアとの相関関係を調べ、ある程度のプラスの相関が得られれば、「テストスコアは、英語でのリーディングを反映する他のテストスコアと関連があった」といえる）

【利用】	
論拠	EDiT Grammarのテストスコアは、診断と必要な改善についての決定に役立つ
前提	①テストスコアの意味は、教員や受験者によって明確に解釈できる ②テストは、英語の文法知識、特に名詞句の内部構造をどのように教えるかにプラスの影響がある
前提の裏づけを得る方法	①専門家の判断とアンケート分析 ②波及効果研究
前提の裏づけ	①診断プロファイルを作り、それは、教員と受験者にとって透明性があり、解釈できると専門家が判断した（今後アンケートで、多くの教員と受験者も同様に考えるかを確認予定） ②今後実施予定（テスト結果を教員にフィードバックして、名詞句の内部構造の扱い方に授業内外で変化が現れるかを調べる。何らかのプラスの変化が現れれば、「テストは、名詞句の内部構造をどのように教えるかにプラスの影響があった」といえる）

EDiT Grammarの論証構造も下の図を使って説明できます。

図2－8 ● 6つの推論（領域定義、得点化、一般化、説明、外挿、利用）を設定した場合の妥当性検証の枠組み（再掲）

抽象的ですが、最初は、「目標領域」が基盤、「観測」が主張で、「目標領域」から「観測」へと「領域定義推論」をすることになります。その際には、論拠が1つあり、その背後に前提が2つあり、それぞれに前提の裏づけがついています。裏づけを提示できたため、前提・論拠・領域定義推論が支持されました。次に、「観測」が基盤、「観測得点」が主張で、「観測」から「観測得点」へと「得点化推論」をすることになります。その際には、論拠が1つあり、その背後に前提が3つあり、それぞれに前提の裏づけがついています。裏づけを提示できたため、前提・論拠・得点化推論が支持されました。同様に、「観測得点」が基盤、「期待得点」が主張で、「観測得点」から「期待得点」へと「一般化推論」をすることになります。その際には、論拠が1つあり、その背後に前提が2つあり、それぞれに前提の裏づけがついています。裏づけを提示できたため、前提・論拠・一般化推論

が支持されました。続けて、順調に裏づけを提示できるときには、「説明推論、外挿推論、利用推論」と行い、このテストは「英語の基本的な名詞句、特に名詞句の内部構造についての知識」を測ると解釈し、テスト結果を使って英語文法の診断を行うのに役立つという「利用」の主張ができることになります。

それぞれの前提への裏づけは、対応する前提や論拠の根拠になり、それぞれの推論のもっともらしさを高めます。EDiT Grammarの場合には、「説明推論までは、影響力が小さいテストとしては十分な肯定的な証拠を得た」とまとめました。領域定義推論から説明推論へのつながりが作られ、以下の解釈が可能になります。

> EDiT Grammar のスコアは、外国語としての英語における、名詞句の内部構造の文法知識という構成概念を反映している

つまり、説明推論までのテスト解釈は、十分妥当であると主張していることになります。しかし、同時に、「テストスコアが、目標言語使用領域での言語パフォーマンスの質を説明する」と解釈する外挿推論を行うためには、十分な裏づけを提示することができず、また「診断的にテストを使う」利用推論の実行にも裏づけが足りないことが分かります。

◯ Chapelle et al. の論証に基づく枠組みの弱点

Chapelle et al.は、Kaneに基づいて、言語テストで重要な推論を追加した有用な枠組みです。論証に基づく枠組みは全般的に、共通の枠組みを使うことで妥当性検証での生産的な議論を可能にしていますが、以下のような弱点もあります。

> （1）概念や妥当性検証手続きが複雑で、理解するのに時間がかかる。
> （2）前提について、いくつ、またどの種類を提示する必要があるのかがはっきりしない[69]。論拠の背後にある前提を選ぶときの明確なルールが提示されていない[70]。1つの推論の中に、論拠も前提も複数設定することが可能で、いままでに使われていない論拠や前提を、自分の文脈で必要なときには設定することもできるが、どの点をどこまで行うかについ

69　Xi, 2008
70　Dunlea, 2015

ては、現状では枠組みの使用者に任されている。その点では、Messick[71]が批判された「妥当性を示す証拠は、多ければ多いほどよく、妥当性検証が永遠に終わらないプロセスになっている」という点があまり克服できていない。
(3) 1つの証拠が、2つ以上の推論の証拠になることがある。例えば、Chapelle et al.では、TOEFL (Test of English as a Foreign Language) iBT® (Internet-based test) とTOEFL paper-based test (PBT)、TOEFL computer-based test (CBT) との相関を調べているが、その結果は「説明推論」と「外挿推論」の両方の証拠となっていて、戸惑うことがある。
(4) 提示された証拠の質や強さの違いが議論されていない。また、論証に基づく枠組みの論拠・前提・証拠の提示はされているが、反駁・反証の提示は限られている。証拠の質や強さの違いが論証に反映されていない点は、それに気づいた外部の研究者が反駁を行えばよいが、まだ十分行われていない。

このように、論証に基づく妥当性検証の枠組みにも多くの検討事項があります。KaneとChapelle et al.の論が提唱されてから約10年たち、手法などが精緻化されてきた中で、弱点も見えてきた時期だと思います。このような弱点をどのような形で克服していけるのかが、次の課題になるでしょう。

71　Messick, 1989

本書で使用する論証に基づく枠組み

これまで代表的な研究者を中心に、妥当性の概念・妥当性検証の枠組みと方法を説明し、言語テスティング研究における妥当性検証の例を見てきました。第3・4章では、これまでに見てきた枠組みを実際に使用して、テストを選ぶ際にどう考えればよいかを説明していきます。その前に、本書ではどの枠組みをもとにして妥当性検証を行うのかを説明します。

Chapelle et al. (2008) とKnoch and Chapelle (in press) に基づいた枠組み

本書では、妥当性検証の枠組みとしてはKnoch and Chapelle[72]を使い、論拠や前提などは、Chapelle et al. とKnoch and Chapelleを合わせた表現を使います（表2−6、図2−9参照）。

表2−6 ● Knoch and Chapelle（in press）による推論と関連する主張

推論 (inference)	主張 (claim)
得点化 (evaluation)	テストのパフォーマンス（観測：observation）は、意図した特徴を持つ観測得点(observed scores)が得られる手順を使って得点化されている
一般化 (generalization)	観測得点は、平行性のあるタスク間やテストフォーム間、採点者間で一貫した値を示しており、その期待得点（expected scores）を表す推定値になっている
説明 (explanation)	期待得点は、定義された構成概念（construct）に起因するものである
外挿 (extrapolation)	テストの構成概念は、目標言語使用領域での言語パフォーマンスの質（目標得点：target score）を十分説明するものである
決定 (decision)	パフォーマンスの質の推定値（目標得点）に基づいた決定は、適切で役立つものであり、うまく伝達できている（目標得点に基づき、意思決定とスコア報告 [appropriate decision-making and score reporting] が適切に行えている）
波及効果 (consequence)	テストの波及効果は、使用者にとって有益なものである（意思決定とスコア報告に基づき、プラスの波及効果 [beneficial consequence] が得られている）

72　Knoch and Chapelle, in press

図2-9 ● 6つの推論（得点化、一般化、説明、外挿、決定、波及効果）を設定した場合の妥当性検証の枠組み

　Knoch and Chapelleはここで初めてでてきたものですが、大きくはChapelle et al.の枠組みと同じです。ですが、2点ほど違いをまとめておきます。

　第1に、Chapelle et al. にあった「領域定義推論」は、Knoch and Chapelleの枠組みでは入っていません。「領域定義推論」は、目標言語使用領域でのタスクとテストタスクの関連性や代表性を扱うために重要ですが、「テストの構成概念が、目標言語使用領域での言語パフォーマンスの質（**目標得点**）を十分説明する」という「外挿推論」と、目標言語使用領域との関連や代表性で重複があるためです。テスト作成時には、「領域定義推論」から「得点化推論」、「一般化推論」という順で、領域定義を行い、採点方法の確立、信頼性の確認を行うといった順に進める方がテスト作成の順序と一致していてよい場合もありますが、テストを選び、使うためにテストの評価をするときには特に、「外挿推論」の中に「領域定義推論」の要素を入れて扱う方が、重複が減り、適切だと思います。

　第2に、テストの使用に関連した推論について、Chapelle et al. にある「利用推論」を、質的に異なる2側面に分けています。これは、「テスト目的に適したテストか、またテストスコアやスコアレポート、テストによるフィードバックが役立つものかについての側面（**決定推論**：decision inference）」と、「テストが指導や学習などへ与える影響である、波及効果の側面（**波及効果推論**：consequence inference）」です。これにより、テスト使用に関わるさまざまな要素を整理して丁寧に扱うことができ、望ましいと考えます。

まとめ　妥当性（validity）は、「テスト開発者がテストで測りたいと思う能力（構成概念：construct）がどの程度測れているか、また、使用目的にどの程度合っているか」を意味する。

- 妥当性検証（validation）は、あるテストについて、さまざまな証拠を提示することで妥当性の程度を示すプロセスを指す。
- 妥当性が重要なのは、テストを作り、使う目的（ある能力を測りたい、テスト結果を使ってある目的を果たしたい）を十分に達成しているかという、テスト開発と使用の核となる問いを扱っているからである。
- さらに、信頼性（reliability）、波及効果（washback）などテストで重要な概念を広い意味での妥当性が取り込んだため、妥当性はさらに重要になっている。
- 妥当性の現在の定義（Messick, 1989）では、以下5点を主に押さえておくべきである。
    ① 妥当性は、あるかないかではなく、高いか低いかという、程度で語るべき
    ② 妥当性はテストに属するものではない。厳密には、「テストの妥当性」でなく、「テストスコアに基づいた解釈と使用の妥当性」である
    ③ 妥当性を調べる際には、理論的に、また実証的に検討し、全体として統合的に判断すべき
    ④ 妥当性には、さまざまな側面が含まれる
    ⑤ 妥当性のさまざまな側面は、別々の妥当性の種類なのではなく、1つのまとまったものの中に複数の妥当性の要素が入った、単一の概念と捉えるべき

    妥当性の要素は6つに分けられる。
    ① 内容的要素：測定したい領域や能力との関係
    ② 実質的要素：受験プロセスとの関係
    ③ 構造的要素：テストの内的構造との関係
    ④ 一般化可能性的要素：信頼性の観点
    ⑤ 外的要素：外部基準との関係
    ⑥ 結果的要素：テスト使用の観点

妥当性の概念をテストの妥当性検証の実践でいかすために、新たな枠組みが提案されてきた。6要素のバランス関係で考えるBachman and Palmer（1996）の「テストの有用性」、5つの観点から妥当性を調べるWeir（2005）の「社会・認知的枠組み」、Kaneの「論証に基づく枠組み（argument-based framework）」が主なものである。

Kane の枠組みについて、言語テスティング分野で、以下２つの方向性で修正されてきた。
① Bachman and Palmer（2010）の「評価使用の論証の枠組み」
② Chapelle, Enright, and Jamieson（2008）の「論証に基づく枠組み」
　② の枠組みでは、以下を行う。
　　　（１）解釈的論証を作る。スコアを使って行いたい解釈と使用に沿った形で、推論（inference）・論拠（warrant）・前提（assumption）などを明記する
　　　（２）妥当性論証を行う。（１）に基づき、それぞれの前提の裏づけ（backing）やその反証（rebuttal）を提示する。全体的に論理を組み立て、「テストスコアに基づく解釈と使用の妥当性」に向けて主張する

Column ❷

筆者の経験：
言語テスティング研究や
妥当性に関して

　私個人の経験談によって本書の意図が伝わる面もあると考え、自分の経験を書いてみます。

　筆者が大学4年生のときに『無責任なテストが「落ちこぼれ」を作る』（若林・根岸，1993）が発行されました。友人が「読んでみたら」と貸してくれたその本は、私の人生を変えた本といっても大げさではありません。定期テストなどの身近なテストの問題点を指摘し、そのようなテストが落ちこぼれや英語嫌いを作っている面があり、早急に改善すべきだと主張している本でした。それまでは、テストについて疑問を持つことはあっても、それが体系的な学問になるとは思っていませんでした。しかしその本に導かれて、言語テスティング研究の道に進むことにしました。

　大学院では、最初は英語の文献がほとんど読めませんでした。理解したと思っていても授業や勉強会で自分の理解の足りなさに気づき、情けなくて悔しい思いを何度もしました。それでも、興味があるものと重要と思うものを続けて読んでいきました。文献を理解できないつらさは半年間続きましたが、その後は不思議と理解できるようになりました。本や論文から読んで得た知識が、最初はバラバラに頭にあったものが、次第に固まりとなり、それと比較しながら新しい文献を読み、書いていない前提知識を自分の背景知識で補い、読めるようになってきたのだと思います。しかし、妥当性を理解するのには、さらに苦労しました。私が大学院に入学したのは1999年で、Messickの1989年の文献が出て10年たち、ある程度テスト研究の分野ではMessickの考えが広がっていた時期でした。Bachman and Palmer（1996）の日本語訳が2000年に完成し、2002年にはBachman先生が来日され、講演やワークショップが数日間行われました（日本言語テスト学会，2002）。Kaneの論証に基づく妥当性検証の考え方は1992年に発表されましたが、まだ一般的ではありません

でした。私は、Messickの単一の概念としての妥当性やBachman and Palmerの有用性の概念やその検証方法から理解していこうとしましたが、文献を読んでも表面的な理解で自分が分かっている気がせず、そのような時期が2～3年続きました。

　妥当性について理解が難しかったのには、今から思えば、2つの理由がありました。第1に、文献によって、Messick以前の妥当性の考え方を用いていたり、Messickが集大成した妥当性の考え方を扱っていたり、中にはその2つが混ざった中途半端な形での文献もあったりして、初学者にとってどれが正しいのか分からずに混乱したことがあります。また、同じ概念が別の文献では違う用語で説明されていたり、ある文献でこれは誤りとあったことが、別の文献では正しいとされていることがあったりしました。今考えればその違いは、どのように妥当性を捉えるか、何を重視するかの違いに起因していることが多かったのですが、その違いを理解し、妥当性についての専門知識をまとまって理解するのに時間がかかりました。さらに、妥当性の概念はMessickが確立したとしても、それに対する反対意見もありますし、妥当性の論証については、枠組みの修正が進行中で、同じ著者でも文献によって異なる捉え方や用語を使っていることもあります。このように進行中・発展中の概念や方法という要素も、理解を難しくした要因でした。

　第2に、妥当性検証の方法について、必ず守らなくてはいけない手順があるというよりは、テストを作ったり使ったりする文脈によって手順が異なるということも、難しいと感じた理由でした。これは、柔軟に自分たちの文脈で考えられるという利点でもあるのですが、核となる手順が見えにくく難しいと感じていました。また当時は、妥当性検証の例となるお手本的な文献が限られていました。

　しかし、続けて文献を読み続けることにより、徐々に頭の中が整理されていきました。また、国内外の学会で研究発表を多く聞くことにより、また専門を同じにする方と発表後や懇親会でいろいろお話しさせていただくことにより、理解が徐々に深まったように思います。幸運なことに、1999年の夏には、つくばと東京で大きな国際大会（Language Testing Research Colloquium [LTRC]; Association Internationale de Linguistique Appliquée [AILA：International Association of Applied Linguistics]）があり、大学院に入った年に国際学会を身近に感じることができました。

今の時代に妥当性を勉強しようとすると、「論証に基づく妥当性検証」から入ることもあり、これはMessickの考え方を前提に進んでいますから、理解がさらに難しいと思います。前ページで述べた２つの困難点は、現在でも当てはまる面が大きいです。本書で妥当性を少し整理した形で提示できたらと思い、執筆を続けましたが、その過程で私自身も理解不足に気づき、新たな発見もありました。妥当性の概念は難しいのですが、人を引きつける魅力があります。それを本書で少しでも伝えられたらと思っています。

第3章
4技能テストの妥当性検証

第2章では、妥当性の概念とその妥当性検証法を紹介しました。本章では、Chapelle et al.とKnoch and Chapelleに基づいた「論証に基づく妥当性検証の枠組み」に沿って、妥当性検証にはどのような観点と検証方法があるのかを紹介します。テストを選ぶ際には、テストの妥当性・妥当性検証方法を理解した上で行うのが望ましいです。さまざまな妥当性の観点と検証方法の例を知っておくことで、全体を把握した形で、個々のテストを検討することができます。

- 妥当性検証での推論の設定　88
- スピーキングテストの妥当性検証　93
- ライティングテストの妥当性検証　120
- リスニングテストの妥当性検証　124
- リーディングテストの妥当性検証　135
- 4技能テストの波及効果の検証　139
- 4技能テストのスコアレポートの検証　142
- マイナスの証拠について　146

妥当性検証での推論の設定

第2章で、論証に基づく妥当性検証の枠組みでは、テストに関する「主張」があり、主張は「基盤」に基づいて行うと解説しました。基盤から主張を行うときには、「推論」を設定し、推論は段階的に複数あります。第2章では、妥当性検証で使われる推論を包括的な形で説明しましたが、第3章の実際の個別の検証においては、すべての推論を設定する必要はありません。

妥当性検証における推論の組み合わせ

テスト作成者と使用者がテストをどう解釈したいか、テストをどう使いたいかによって必要な推論は変わってきます。推論と同様に、推論を支える論拠と前提と証拠についても、すべてを設定すべきなのではなく、自分の状況に合わせて選択することができます[73]。

ただ英語テストにおいては、自由な組み合わせができるかというとそうではなく、得点化・一般化・説明・決定の推論は最低限必要だと筆者は考えます。この4つは必須で、それに加え、外挿と波及効果を入れるかどうかの判断の点で自由があると考えます。そのため、通常は、表3-1にあるどれかの**推論の組み合わせ**を選ぶことになります。

表3-1 ● 妥当性検証における推論の通常ありうる組み合わせ

推論	主張
得点化・一般化・説明・決定	○○（例：TEAP CBT）のスコアは△△能力（例：英語の4技能）の構成概念を反映し、使用目的に適している
得点化・一般化・説明・決定・波及効果	○○のスコアは△△能力の構成概念を反映し、使用目的に適し、英語指導・学習に有用である
得点化・一般化・説明・外挿・決定	○○のスコアは△△能力の構成概念と、目標言語使用領域での言語使用を反映し、使用目的に適している
得点化・一般化・説明・外挿・決定・波及効果	○○のスコアは△△能力の構成概念と、目標言語使用領域での言語使用を反映し、使用目的に適し、英語指導・学習に有用である

得点化・一般化・説明・決定の4つの推論は最低限必要だと考える理由には次のようなものがあります。テストの場合には、テストでの回答やパフォーマンス（観測）は、そのまま解釈できるということはまずなく、スコアに変換するので「得

---

[73] Kane, 2009

点化」は必須です。得点化したスコア（観測得点）は、自分が使ったテストタスクなどに限定せずに、「そのテストの他の似たようなテストタスクでも同じように得られるスコア（期待得点）」と解釈することも必要ですので、「一般化」も必須です。言語テストの場合には、言語能力や技能と関係させて「英語のコミュニケーション能力」、「スピーキングの対話能力」などと「構成概念」を定義し、そのように解釈するのも普通ですから、「説明（期待得点が定義された構成概念に起因するものである）」も必要です。「決定」については、何かの目的があってテストを使うはずですから、これも推論に入れるべきです。

一方、「外挿（テストの構成概念は、目標言語使用領域での言語パフォーマンスの質を十分説明するものである）」については、目標言語使用領域のタスクと、テストタスクが対応していて、テストスコアが目標言語使用領域のタスクでのパフォーマンスや、目標言語使用領域で使える技能・能力を反映していてほしいのであれば入れます。例えば、大学入試の文脈では「実社会での日常的・アカデミックな」英語コミュニケーション能力を測ることが多いため、入れるのが普通でしょう。「波及効果」については、テスト使用時に意図しないこともあるでしょうが、テストを実施することで、関係者に何らかの影響が加わるはずですので、影響力が大きいテストの場合には、「波及効果」を加えた方がよいと思います。大学入試の文脈では、選抜が第1の目的だとしても波及影響が大きいと予想されるため、考慮することは重要です。

推論の組み合わせと妥当性の主張の関係

表3－1に示したように、推論の組み合わせが異なると、妥当性の主張にも変化が生じます。例えば、得点化・一般化・説明・決定だけを扱う場合には、「○○のスコアは△△能力の構成概念を反映し、使用目的に適している」と限定的に主張します。これは、目標言語使用領域のタスクとの関連も波及効果も考えない場合、テストスコアを出して、スコアをテストに限定されない構成概念と解釈し、その結果を使って何かの決定をしたいときだけに当てはまります。

一方、意図した現実世界での言語使用の巧みさを反映していると解釈し、さらにある目的のためにテストを使って、指導や学習への影響も考えたいときには、得点化・一般化・説明・外挿・決定・波及効果というすべての推論を扱います。その場合には、得点化推論から波及効果推論までを全部つなげる必要があり、そ

れが成功したときに「○○のスコアは△△能力の構成概念と、目標言語使用領域での言語使用を反映し、使用目的に適し、英語指導・学習に有用である」と幅広く主張することができるようになります。

表3－1のパターンのどれを取るかは、テストの状況によって変わります。ただ、大学入試や重要な決定で使う場合には、より多くの推論が関わり、前提や証拠として要求されるものも多くなるため、6つの推論全部を扱う方が普通になります。このような前提をもとにこれからの説明を読み進めてください。

受容技能と発表技能での妥当性検証の違い

妥当性検証での前提は、**受容技能**と**発表技能**の場合で大きく異なります。表3－2に示しているのは、妥当性検証における推論ごとの前提の例です。

表3－2 ● 受容・発表技能の各推論における前提

推論：得点化（evaluation）
リーディング・リスニングでの一般的な前提
1. タスク（テスト）実施の状況が適切である
2. 採点のための解答やルーブリックが適切である
3. タスクやテストフォームの統計的特徴が適切である
スピーキング・ライティングで加わる前提
4. 対面式のスピーキングでは、面接官による実施が適切である
5. 採点者トレーニングや採点者認定、タスクレベルでのルーブリック使用が適切である
6. ルーブリックの特性が意図通りである
推論：一般化（generalization）
リーディング・リスニングでの一般的な前提
1. テスト細目は明確に定義されている。テスト実施用ガイドラインがある
2. テストには十分な数のタスクがある
3. タスク間で安定したものが測れている（テストの中に十分な数のタスクがあり、似たものを測っている）
4. テストフォーム間で安定したものが測れている（尺度化・等化を含むリンキングの手順は適切で、異なったテストフォームを受けても、スコアの意味は同じになっている）
スピーキング・ライティングで加わる前提
5. 採点のモニタリングがなされている。採点が不一致だったときの手順が決まっている
6. 十分な数の採点者がいる
7. 採点者間での採点はテストレベルで一貫している。構成概念に関係ない要素が採点に影響していない

推論：説明 (explanation)

リーディング・リスニングでの一般的な前提
1. テストで求められる言語知識・プロセス・方略[74]は、構成概念をカバーしている
2. 該当テストでのスコアは、他のテストスコアなどと理論的に予測される形で、関連している
3. テストスコアの内的構造は理論と一致している

スピーキング・ライティングで加わる前提
4. ルーブリックは理論に基づく。採点基準は構成概念をカバーしている。採点者の採点プロセスは理論と一致している
5. ルーブリックで記述されている行動は、テストのパフォーマンスを調べると観察できる

推論：外挿 (extrapolation)

リーディング・リスニングでの一般的な前提
1. テストやテストタスクには真正性がある（目標言語使用領域を代表している）
2. タスクや実施手順により、目標言語使用領域で重要な知識・技能・プロセスが引き出されている
3. テストスコアやパフォーマンスは、対象文脈での言語熟達度の他の基準と関連している

スピーキング・ライティングで加わる前提
4. ルーブリックは、目標言語使用領域を代表している
5. ルーブリックにより、目標言語使用領域で重要な知識・技能・プロセスが引き出されている。採点者は、目標言語使用領域での読み手・聞き手に似た形で、ルーブリックを使っている
6. テストタスクでのパフォーマンスと目標言語使用領域でのタスクでのパフォーマンスは関連している

推論：決定 (decision)

リーディング・リスニングでの一般的な前提
1. テスト結果により受験者を意思決定に必要なレベルに弁別できる
2. テストスコアやスコアレポートの意味が、適切な決定を行うために、テスト使用者にとって明確に解釈できる

スピーキング・ライティングで加わる前提
3. ルーブリックの意味が、テスト使用者にとって明確に解釈できる

推論：波及効果 (consequence)

リーディング・リスニングでの一般的な前提
1. テストスコアやスコアレポートの意味が、将来の指導と学習への情報を得るために、テスト使用者にとって明確に解釈できる
2. テストやスコアレポート、テストに付随したフィードバックは指導・学習へプラスの波及効果がある

スピーキング・ライティングで加わる前提
3. ルーブリックは採点者へプラスの波及効果がある

注：Chapelle et al. (2008), Chapelle (2015), Knoch and Chapelle (in press) に基づく。

---

74 受験者が使う方略。多肢選択式問題では、長い選択肢を選ぶなど

スピーキング・ライティングでは、リスニング・リーディングの観点からさらに分析する観点が増えます[75]。ルーブリック（**採点基準**）、**採点者**、**採点プロセス**（採点時に採点者が何を考えているか、頭の中でどのようなプロセスが起きているか）、また受験者のテストと他のタスクでのパフォーマンスの言語的分析などです。発表技能は、受容技能より、採点基準と採点プロセス、またテスト後に得られる反応が複雑でさまざまな意図しない要因が入りやすいため、調べるべき観点が増えてきます。このように、技能によって前提・観点が違うことをまずは押さえます[76]。

75　Chapelle, 2015
76　各技能や他の側面の評価では注意点が異なる。詳細は、根岸（2016）、島田（2016）、金子（2016）、藤田（2016）、平井（2016）、Talandis（2017）、今尾（2016）、松本（2016）参照。なお、同じ前提や証拠設定でも、どの推論に当てはめるかは研究者によって異なる。本書は観点を再構成し、論文著者が用いたものと異なる推論に割り当てていることがある

スピーキングテストの妥当性検証

ここからは、妥当性検証の具体例を見ていきます。まずは、スピーキングテストの検証から始めます。Chapelle et al.の枠組みと、スピーキングやライティングの採点プロセスに特化して作られたKnoch and Chapelleの枠組みをもとに、得点化、一般化、説明、外挿、決定、波及効果の推論ごとに、対応する論拠、前提、証拠提示のための分析法を挙げ、その例を示していきます。

個別検証：TSST

妥当性検証の全体的な流れを示すために、最初にTSSTの妥当性検証[77]について述べ、その他はあまり触れていない前提を中心に、個々の研究事例を示します。

◯ TSSTの概要

TSSTは、Telephone Standard Speaking Testの頭文字を取ったもので、電話を使った英語スピーキング能力測定試験です。面接者との対面インタビュー型テストを修正する形で株式会社アルクが独自に開発し、2004年から運用を開始しています。

TSSTが測る構成概念は、英語スピーキング能力であり、テストスコアの解釈も同様です。TSSTが使われる目的は、スピーキング能力のレベルを知るため、スピーキング能力でクラス分けをするため、指導や学習後のスピーキング能力の伸びを確認するため、企業の採用や海外派遣者などの選抜のため、レベルを知り指導や学習にいかすためなどです。TSSTの使用範囲は広いため、妥当性検証を行うべき範囲も広くなっています。

◯ TSSTの受験法

TSSTは団体でも個人でも利用できます。受験手順は以下の通りです。

1. 申し込みをし、アクセスする
   ・固定電話または携帯電話を利用して受験する。受験時間は約15分
   ・受験期間中は24時間受験が可能

---

[77] 小泉・アルク教育総合研究所, 2017

2．質問に回答する
- 質問項目はデータベースからランダムに10問出題される。
- 質問は、身の回りの具体的事柄について述べたり、何かの手順を説明したりするなど、難易度の異なるもので構成されている
- 質問音声は日本語・英語両方の言語で流れる。質問の英語が聞き取れないために回答できないことを防ぐためである
- 1問の回答時間は45秒。45秒経つと次の質問が自動的に流れる

3．採点をうける
- 録音された回答音声を3人の評価官が個別に聞いて評価する。スコアが不一致だった場合は、第3の採点者が調整する

4．結果を確認する
- 原則的に、受験期間終了から約1週間で、結果はウェブ上で公開される
- 受験者各自が結果を確認でき、法人団体受験の場合は、法人側担当者が受験者の結果一覧をウェブからダウンロードできる

◯ TSSTの評価観点とレベル

TSSTでは、下の4つの評価観点を使用します。その4観点を合わせて**総合評価**を行い、レベル1（初級）〜9（上級）までの9段階で能力レベルを提示します。

図3－1 ● TSSTの評価観点

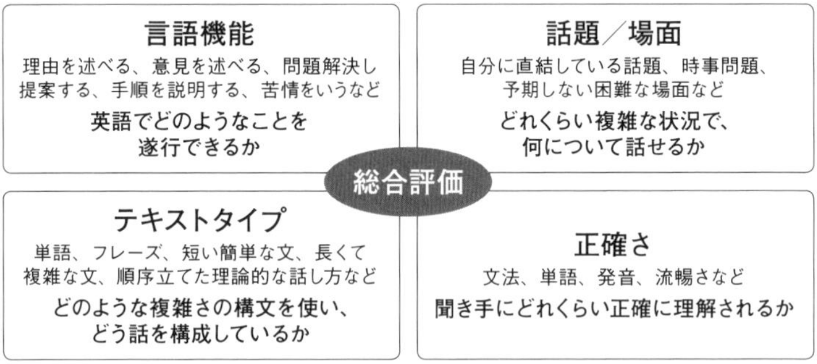

言語機能
理由を述べる、意見を述べる、問題解決し提案する、手順を説明する、苦情をいうなど
英語でどのようなことを遂行できるか

話題／場面
自分に直結している話題、時事問題、予期しない困難な場面など
どれくらい複雑な状況で、何について話せるか

テキストタイプ
単語、フレーズ、短い簡単な文、長くて複雑な文、順序立てた理論的な話し方など
どのような複雑さの構文を使い、どう話を構成しているか

正確さ
文法、単語、発音、流暢さなど
聞き手にどれくらい正確に理解されるか

総合評価

なお、TSSTの9段階のレベルの特徴と各レベルのスピーキングサンプルは、ウェブサイトで確認できます（https://tsst.alc.co.jp/：2018年1月現在）。

TSSTの歴史と半直接テスト

外国語（第二言語）を使って意図を伝達する能力を測るスピーキングテストは、第二次世界大戦中に開発された試験官と受験者が対面して話す形式（**面接型**）にさかのぼります[78]。その後面接型の典型として、全米外国語教育協会（American Council on the Teaching of Foreign Languages：**ACTFL**）によるOral Proficiency Interview（**OPI**）が開発され、世界に広まっていきました。現在では82言語の**ACTFL OPI**が行われています[79]。日本では、英語だけでなく日本語能力を測るテストとしても、ACTFL OPIは使われています[80]。

英語スピーキング能力測定については、初級・中級の学習者が日本人には多いため、初級・中級をより細かく分けることが求められていました。そのニーズに合わせ、中級のレベル分けを増やし、初級者でも話しやすいように絵を2種類使うなどして、ACTFL OPIを修正する形で開発されたのが、TSSTのもとであるStandard Speaking Test（**SST**）です[81]。1997年にACTFLと株式会社アルクが共同開発し、現在も実施されています。また、中学生・高校生向けにSSTを改訂した、High school Oral Proficiency Examination（HOPE）と呼ばれるスピーキングテストも開発されました[82]。

面接型スピーキングテストは、試験官が受験者の能力を直接対面して判定する**直接テスト**（direct test）です。しかし、対面での実施は時間もコストもかかり、実現可能性が低いため、対面式でない形で行いたいという動機が高まっていました。それに対応する形で、**半直接テスト**（semi-direct test）と呼ばれる、受験者は電話やコンピュータに向かって話し、録音を採点者が後で聞いてスコアをつける形式が開発されました。実際に発話を引き出してスピーキング能力を測るという、直接テストが持つ長所を引き継ぎつつ、時間とコストがかかるという実現可能性の低さを克服しようとしたテストです（表3－3参照）。

ACTFL OPIにも半直接テストがあり、Simulated Oral Proficiency Interview

---

78 Fulcher, 1997
79 American Council on the Teaching of Foreign Languages, n.d.
80 牧野他, 2001; Hatasa & Watanabe, 2017
81 荻野, 2002
82 今井・吉田, 2007

(SOPI) というテープに音声を吹き込む形式や、Oral Proficiency Interview by Computer (OPIc) という、インターネット経由でコンピュータが質問を提示し、受験者はアバターと会話をする形式のテストがあります。その流れに沿って、SSTを電話で使う半直接形式に修正したテストがTSSTです。TSSTは、試験官確保の問題、受験場所確保の問題、スケジューリングの問題、採点のためのダビングや保管などの問題を克服すべく、ACTFL OPIに基づき作成されたSSTを土台として、時間や場所などの制約を受けずに受験可能なテストを目指して開発されています[83]。

表3-3 半直接テストの特徴

長所	・実施が容易 ・集団実施が可能 ・採点の信頼性が高くなりやすい ・発話を引き出す手順が統制しやすい ・面接官のトレーニングが必要なく、採点に集中できる ・受験者が受けやすい
短所	・試験官とのやり取りがないため、対話能力が測れない ・現実世界とは大きく異なる形で測る ・採点者は、より熟達度が高い受験者のスコアを低くつけやすい ・より長く、より明瞭な発話をするように、受験者に求められない ・技術的な問題で録音の質が悪いこともある ・マイクに対する恐怖心を持つ受験者がいる ・受験者は、受験を通して学ぶことが少ない ・受験者は、直接テストを好む場合が多い
その他	・直接・半直接テストでのスコアの相関は一般的に高く、平均点はほぼ同じことが多い ・発話を書き起こして詳細に検討すると、違いはどこかでは見られることが多い

注：Kiddle and Kormos (2011) に基づく

○ TSSTの検証

導入が長くなってしまいましたが、TSSTの概要を確認したところで、実際にTSSTをテスティング理論における妥当性検証の枠組みに当てはめて検証していきましょう。まずは基本となる、スピーキングテストでの枠組みについて一般的な内容を紹介していきます。

---

83 金子, 2004

得点化推論について

表3－4は、得点化推論において、「論拠」「前提」「証拠提示のための分析法」をまとめたものです。表3－2（90～91ページ）は4技能の前提をまとめましたが、下の表3－4はスピーキングテストに特化した前提と、その前提についての証拠を得るための分析法をまとめています。分析法については、ラッシュ分析やバイアス分析など、耳慣れない用語も多くあるかと思います。用語解説には簡単な説明がありますが、本書では分析法の詳細を知らなくても、理解できるように説明していきますので、「こんな名前の方法を使用するんだな」という程度に捉えていただければと思います。

テストの妥当性検証をおさらいすると、妥当性検証では複数の主張があり、その過程で推論を複数行っています。それぞれの推論において「こうであると主張したい論」が論拠、その「論拠の背後で考えられている観点」が前提、その「前提を確認し、裏づけるための分析法」が証拠提示のための分析法です。前提と分析法は、それぞれの番号が対応しています。例えば、前提の①を示すために、分析法の①を用いるという具合です[84]。分析法は例で、他にもありえます。

表3－4 ● 得点化推論における、対応する論拠と前提、証拠提示のための分析法

【得点化推論】 テストのパフォーマンスは、意図した特徴を持つ観測得点が得られる手順を使って得点化されている	
論拠	A. テストの実施手順は適切である
前提	①テスト実施者や面接官向けの実施手順と例示を含む十分なサポート文書がある ②テスト実施者や面接官は適度に資格を持つ者である ③テスト実施者や面接官は、テスト実施のために徹底的に、かつ定期的にトレーニングを受けている
分析法	①テスト実施者や面接官へのインタビュー[85] ②テスト実施者や面接官の雇用のポリシーと、その文書化に対する専門家の検証 ③専門家による、テスト実施者・面接官のトレーニング手順の検証。テスト実施者と面接官への面接

---

84 Chapelle et al.とKnoch and Chapelleの枠組みでは、論証構造の中身が若干異なる。Chapelle et al.の「論拠」はKnoch and Chapelleの「推論での主張」。Knoch and Chapelleの「論拠」は主張を分解したり分かりやすく言い換えたりしたものになっていることに注意したい
85 ライティングの例：杉田, 2013

論拠	B. ルーブリックの特性は開発者によって意図されたものと同じである
前提	①分析的なルーブリックの観点は、意図したのと同じように別々の能力を測っている ②ルーブリックのレベル分け（ステップ）によって、受験者の能力が十分に弁別できている（ルーブリックが十分機能している） ③ルーブリックは、テスト目的のために必要となるレベルに受験者を分けることができている
分析法	①因子分析、共分散構造分析 ②多相ラッシュ分析。他の適切な量的検定・質的方法 ③多相ラッシュ分析。2値の尺度では二項・符号検定

論拠	C. 採点者はタスクレベルで信頼性が高く採点できている
前提	①採点者はレベル間でのパフォーマンスの違いを特定できている ②採点者はタスクにルーブリックを一貫して適用できている ③採点者は、ルーブリックにレベルごとに書いてある記述を使え、自分の採点に自信を持っている ④採点者はルーブリック（と分析的ルーブリックの場合に、採点観点）を使うのに徹底的に、かつ定期的にトレーニングを受けている ⑤採点者向けのルーブリックの例示（例：パフォーマンスの例と、それがルーブリックの中のどのレベルに当てはまるか）を含む、十分なサポート文書がある ⑥採点者は適度に資格を持つ者である ⑦採点時には、採点者のパフォーマンスが最適化するようにデザインされている ⑧採点者の特徴のために、構成概念に無関係の系統的な要因が、開発者によって設定された容認可能な程度以上に、採点に影響していない（例：文法の採点に厳しく、他観点に甘いという特徴を持つ採点者がいたとして、その採点傾向が採点結果に大きく影響しない） ⑨（分析的ルーブリックの場合）特定の観点に対する採点者のバイアスの程度が、開発者によって設定された容認可能な範囲内である ⑩タスクタイプや、ルーブリックの観点以外のテスト状況の系統的な要因に対して採点者が示すバイアスの程度が、開発者によって設定された容認可能な範囲内である
分析法	①多相ラッシュ分析。他の適切な量的検定。採点者の言語報告 ②採点者の一貫性を示す統計分析。言語報告を通して集めた採点者の採点プロセス ③採点者の自己レポート。面接またはアンケート ④専門家による採点者トレーニング手順の検証。採点者とテスト実施者への面接 ⑤文書の点検（review）。採点者とテスト実施者へのインタビュー ⑥採点者の雇用のポリシーと、その文書化に対する専門家の検証 ⑦採点時の手順の検証。採点者とテスト実施者へのインタビュー・アンケート ⑧～⑩ラッシュ分析の中のバイアス分析。採点者の言語報告

　同様にして、一般化推論、説明推論、外挿推論、決定推論、波及効果推論についても、表3－5～3－9にまとめていきます。

一般化推論について

表3−5 一般化推論における、対応する論拠と前提、証拠提示のための分析法

【一般化推論】
観測得点は、平行版のタスク間やテストフォーム間、採点者間で一貫した値を示す期待得点の推定値である

論拠	A. 平行なタスク間やテストフォーム間で、安定した値が出ている
前提	①テスト細目（テスト設計図）が明確に書かれている ②安定したスコアを出すためにタスク数は十分である（タスクの信頼性は高い） ③タスクの難易度に幅があり、タスクの間に難易度分布のすき間がない形でタスクが存在している ④タスクが引き出すパフォーマンスはモデルに適合している ⑤同時期に異なるテストフォームを受けたときに、似たスコアが得られる
分析法	①文書の点検 ②古典的テスト理論や多相ラッシュ分析における信頼性や一般化可能性理論 ③古典的テスト理論や多相ラッシュ分析における信頼性[86] ④多相ラッシュ分析における平均平方値 ⑤再テスト法による信頼性

論拠	B. 異なる採点者でも、ある回答に対して同じ採点を行っている
前提	①採点者はテスト全体で、同じ厳しさで、一貫して採点している ②採点者の数は、十分な信頼性を持つスコアにたどり着くのに十分である ③採点プロセスにおいて、テスト状況または採点の実施条件などのために、構成概念とは無関係な要因の影響がスコアに入っていない ④採点の不一致を系統的に修正するために、手順が決まっている
分析法	①テスト全体での採点者の一貫性を示す統計分析（例：古典的テスト理論における信頼性分析[87]、多相ラッシュ分析における平均平方値や一般化可能性理論）。多相ラッシュ分析における採点者の厳しさの分析 ②一般化可能性理論を使った統計的分析[88] ③採点条件が異なる場合での、採点結果の統計分析（例：多相ラッシュ分析。採点条件によって採点プロセスが影響を受けないように行う、採点プロセス・条件の定期的な観察[89]） ④スコアの不一致をどのように解決するかを記載したテスト文書の点検

---

[86] 例：Koizumi, In'nami, & Fukazawa, 2016
[87] 例：Zhou, 2015
[88] 例：Zhou, 2015
[89] 例：Ling, Mollaun, & Xi, 2014

説明推論について

表3-6 ● 説明推論における、対応する論拠と前提、証拠提示のための分析法

【説明推論】 期待得点は、定義された構成概念（言語熟達度）に起因するものである		
論拠	A. ルーブリックは明確に定義された構成概念に基づいている	
前提	①ルーブリックは、正当と認められる理論的なモデル、または熟達度・発達の教育的モデルに基づいている ②ルーブリックの観点と記述子は構成概念をカバーしている（構成概念に無関係、または構成概念を代表していないということはない） ③採点者の採点プロセスは、ルーブリックや理論的な熟達度・発達モデルと一致している	
分析法	①ルーブリックの内容の専門家による点検。テスト開発と文書の点検 [90] ②ルーブリックの内容とテスト開発の文書化プロセスについての専門家による点検 [91]。採点者や他の専門家への面接 ③採点者の言語報告（採点者が、ルーブリックや熟達度・発達の理論的モデルの背後にある重要な要素に基づいて採点している [92]）	
論拠	B. ルーブリックにおける記述子は、理論的な構成概念を反映し、テストの談話においてそれが確認可能である	
前提	①受験者の談話は、ルーブリックでの記述子を反映している ②受験者の談話の関連する特徴は、レベルを弁別している	
分析法	①受験者談話の分析 [93] ②レベル間での受験者の談話の特徴の質的分析 [94]	
論拠	C. 検証対象のテストのスコアは、意図した構成概念と関連している	
前提	①検証対象のテストのスコアと、同じ能力を（一部）測るテストのスコアは、予測通りの程度で相関関係がある（構成概念に無関係の要素が大きく影響していない）	
分析法	①相関分析 [95]。因子分析 [96]。共分散構造分析。共分散分析 [97]。	
論拠	D. テストスコアの内的構造は、理論的な言語能力モデルと一致している	
前提	①テストスコアの内的構造は、意図通りの構造になっている	
分析法	①相関分析。因子分析。共分散構造分析 [98]。多相ラッシュ分析における一次元性の確認	

90　例：Youn, 2015
91　例：Youn, 2015
92　ライティングの例：杉田, 2013
93　例：Frost, Elder, & Wigglesworth, 2012
94　例：Youn, 2015
95　例：平井, 2015; 金子, 2004; Zhou, 2015
96　ライティングの例：小島, 2011
97　ライティングの例：Barkaoui, 2014
98　ライティングの例：Bae, Bentler, & Lee, 2016

外挿推論について

表3−7 ● 外挿推論における、対応する論拠と前提、証拠提示のための分析法

	【外挿推論】 テストの構成概念は、目標言語使用領域での言語パフォーマンスの質を十分説明するものである
論拠	A. テストでのパフォーマンスは、目標言語使用領域で重要な能力を示している
前提	①テストのタスクや発話を引き出す手順は、目標言語使用領域におけるタスクや手順と近く、代表的なものである（真正性が高い） ②タスクや、発話を引き出す手順により、目標言語使用領域で重要な能力が引き出されている ③テストスコアは、目標言語使用領域での言語熟達度を示す他のテストスコアや他の指標（例：自己評価・教員評価）と関連している。テストタスクでのパフォーマンスと目標言語使用領域でのタスクでのパフォーマンスは関連している
分析法	①領域の専門家または言語的に素人の判断 ②談話分析。領域の専門家または言語的に素人の判断[99] ③相関分析[100]。因子分析。共分散構造分析。受験者談話の分析[101]
論拠	B. 採点の手順は、目標言語使用領域における言語パフォーマンスの評価を十分にモデル化している
前提	①ルーブリックの観点は、目標言語使用領域で使われる評価観点を反映している ②採点者は、目標言語使用領域での読み手・聞き手に似た形で、ルーブリックの観点と記述子を使っている ③ルーブリックの観点は、同じ目的でデザインされた他の言語評価におけるルーブリック観点と関連している ④採点者の採点プロセスが同じ目的でデザインされた他の言語評価で見られる採点プロセスに関連している
分析法	①領域の専門家または言語的に素人の判断 ②採点者の採点プロセスと、目標言語使用領域での専門家の読み手・聞き手が頭の中で行う認知プロセスの比較 ③同じ目的でデザインされた2つのテストの観点の比較（詳細な記述子の内容分析） ④同じ目的でデザインされたテスト間での採点者の採点プロセスの比較

99　アルク教育総合研究所, 2016a；金子, 2004
100　アルク教育総合研究所, 2016a, 2016b；金子, 2004
101　Brooks & Swain, 2014

決定推論について

表3-8 ● 決定推論における、対応する論拠と前提、証拠提示のための分析法

【決定推論】前の推論で得られた得点に基づいた決定は、適切で役立つものであり、うまく伝達できている	
論拠	A. 採点結果はスコアの報告に適切で、適切な意思決定を可能にする
前提	①テストは、意思決定に必要なレベルに受験者を弁別できる ②スコアレポートとルーブリックはスコア報告に適しており、使用者による適切な意思決定を可能にする ③テスト使用者は、適切な決定を行うために、ルーブリックやスコアレポート、関連するフィードバックを解釈できる
分析法	①専門家によるレビュー。多相ラッシュ分析などを使った統計分析 ②専門家によるレビュー。テスト使用者への面接 ③テスト使用者への面接。公的なテストの文書の専門家によるレビュー

波及効果推論について

表3-9 ● 波及効果推論における、対応する論拠と前提、証拠提示のための分析法

【波及効果推論】テストの波及効果は、使用者にとって有益なものである	
論拠	A. テストや関連する資料・フィードバックは、テスト使用者の興味を促進するようにデザインされている
前提	①テスト使用者は、将来の指導と学習への情報を得るために、ルーブリックやスコアレポート、関連するフィードバックを解釈することができる ②テストやルーブリック、スコアレポート、関連するフィードバックは、指導へのプラスの波及効果がある ③テストやルーブリック、スコアレポート、関連するフィードバックは、学習へのプラスの波及効果がある ④ルーブリックは、採点者へプラスの波及効果がある
分析法	①テスト使用者への面接 ②教員への面接。教室での観察 ③教員と生徒、その他のテスト使用者への面接。実験研究 ④採点者への面接

表3-4～3-9に挙げた論拠や前提、分析法は包括的なわけではありません。テストの目的や焦点によって、別な新しいものが入る可能性があります。また前提も全部使うのでなく、自分の状況に合わせて選ぶことができます。

◯ TSSTの多相ラッシュ分析による研究

それぞれの推論における、論拠、前提、分析法を示してきました。分析法の中に「**多相ラッシュ分析**」という用語が複数あったかと思います。ここでは、多相ラッシュ分析という手法を用いた筆者による研究を紹介したいと思います[102]。

多相ラッシュ分析はよく使われる手法ですが、概念としては難しいところもあるため、詳細な説明や結果は本書では割愛します。ただ、この手法を用いてどういったことがいえるかを知ることは、テストを選び、使う上でも重要です。そこで、TSSTの中で、多相ラッシュ分析を用いて論証する前提と裏づけについて、説明していきます。

なお、繰り返しになりますが、各推論にはいくつかの前提があります。それぞれについて検証し、プラスの証拠を得ることで、前提が支持され、それにより前提を支えている論拠が支持され、論拠が支えている推論が支持されたと考えます。論拠の下に複数の前提がある場合には、どの程度前提が支持されれば、論拠が支持されたと考えられるのか、決まった規則があるわけではありません。前提が危うそうなものについて、証拠がないときには、その前提・論拠・推論は支持されているとはいえませんが、それ以外のときには、いくつかの証拠が提示された時点で推論が満たされたと考えることが多いようです。

◯ TSSTにおける多相ラッシュ分析を用いた研究課題

「TSSTの検証」の中で、多相ラッシュ分析を使用した課題には下のようなものがありました。多相ラッシュ分析でどういった結果が出ると、下の研究課題ではどういった結論が出るのかを説明していきます。

(1) テストスコアの内的構造は、理論的な言語能力モデルと一致しているか（⇒表3-6 説明推論、論拠D・前提①）
(2) 採点者は同じ厳しさで採点しているか
　　（⇒表3-5 一般化推論、論拠B・前提①）

---

102 評価尺度モデル（rating scale model）を使用

（3）採点者は一貫して採点しているか

（⇒表3－4 得点化推論、論拠C・前提②；表3－5 一般化推論、論拠B・前提①）

（4）タスクの信頼性は高いか

（⇒表3－5 一般化推論、論拠A・前提②）

（5）タスクが引き出すパフォーマンスはモデルに適合しているか

（⇒表3－5 一般化推論、論拠A・前提④）

（6）テスト・ルーブリックは受験者を十分に弁別できているか

（⇒表3－4 得点化推論、論拠B・前提③、論拠C・前提①；表3－8 決定推論、論拠A・前提①）

（7）TSSTスコアの出し方は適切か（構成概念とは無関係な要因の影響がスコアに入っていないか）

（⇒表3－5 一般化推論、論拠B・前提③）

（8）ルーブリックのレベル分け（ステップ）によって、受験者の能力が十分に弁別できているか（ルーブリックが十分機能しているか）

（⇒表3－4 得点化推論、論拠B・前提②、論拠C・前提①；表3－8 決定推論、論拠A・前提①）

（9）採点者とタスク、採点者と受験者、タスクと受験者の間に偏った評価傾向は見られないか

（⇒表3－4 得点化推論、論拠C・前提⑧、論拠C・前提⑩）

多相ラッシュ分析と結果

まず、データをもとに多相ラッシュ分析を行い、そこから先ほどのTSSTの研究課題でどのようなことがいえるのかを読み解いていきます。

使用データ

表3－10 ● TSSTの受験者、採点者、タスクのまとめ

受験者	採点者	タスク
5406名	32名	771問

2015〜2016年の間の半年間に実施されたデータを使用しています（表3－10参照）。TSSTでは1回のテストで採点者は3名関わります。受験者が行うタスクはランダムに選ばれた10個が提示されます。今回は、採点者1がタスク1、3、9を、採点者2がタスク2、4、10を、採点者3がタスク5、6、7、8を採点したデータを使って分析しました。

多相ラッシュ分析

　多相ラッシュ分析を行うにはFacets[103]と呼ばれるソフトウェアが使えます。このソフトを用いて多相ラッシュ分析を行います。受験者、タスク、採点者の3つの要素によってテストスコアが影響すると考え、その3つ（3相）を分析に含めています。ページ数の都合で、分析に使用したFacetsの分析ファイルと結果ファイル、またFacetsの使い方は以下のウェブサイトに掲載しています（http://www7b.biglobe.ne.jp/~koizumi/KoizumiHP.html：2018年1月現在）。

　多相ラッシュ分析では、分析に使ったデータが、分析で仮定している**ラッシュモデル** に **適合**（fit）している場合には適切な結果をもたらしますが、適合していない場合には、結果が適切でないこともあります。データがラッシュモデルに適合しているかを調べるには、基準を設定して、それと値を比較して判断します。その基準の判断時には、インフィット平均平方値[104]（infit mean square：InfitMS）を使いました。適合度の判断基準は2種類用いています。

適合度の判断基準

　1つ目の判断基準は、InfitMSが0.50〜1.50内ならば、ラッシュモデルが予測する一般的なパターンに沿って、データがモデルに適合する[105]というものです。InfitMSが0.50未満であればモデルの予測に一致しすぎると考えます（**オーバーフィット**、**過剰適合**：overfit）。予測に一致するのはよいことではないかと思うかもしれませんが、ラッシュモデルにおいては、データはある程度は予測できない要素を含むもので、予測できすぎてしまうのは、問題だと考えます。一方、

103　Version 3.71.4; Linacre, 2014
104　Eckes, 2011；今回使用のインフィット平均平方値は、情報に重みづけをした平均平方値。中間での不規則なパターンを敏感に探知し、極端な値には影響を受けにくい指標。一方アウトフィット平均平方値は、情報に重みづけをしていない平均平方値。予想外のまれな極端な値を敏感に探知する指標（Linacre, 2017）
105　Linacre, 2017

InfitMSが1.50を超えれば、データとモデルの予測が大きく異なっていると考えます（**アンダーフィット**または**ミスフィット**：underfit or misfit；表3－11参照）。

表3－11 ● InfitMSの値とデータとモデルの関係①

InfitMSの値	0.50未満	0.50〜1.50	1.50より大
示すもの	モデルの予測に一致しすぎる	データがモデルの予測に一致する	データとモデルの予測が大きく異なる

2つ目の判断基準は、表3－12にあるように、InfitMSが0.70〜1.30内ならば、モデルに適合すると考えるものです。0.70未満であれば、モデルの予測に一致しすぎている、1.30を超えれば、モデルの予測と異なりすぎていると解釈します[106]。

表3－12 ● InfitMSの値とデータとモデルの関係②

InfitMSの値	0.70未満	0.70〜1.30	1.30より大
示すもの	モデルの予測に一致しすぎる	データがモデルの予測に一致する	データとモデルの予測が大きく異なる

2つの判断基準を使用したのは、今後のことを考えて、より厳密な検証を行うためです。TSSTは、現在はどちらかというと影響度が小さいテストですが、今後影響力が大きくなる可能性は十分にあり、そのときにも使えるようにと、2つの判断基準を使用しました。

○ **多相ラッシュ分析による研究における結果と考察**

図3－2は結果の全体像を示す変数マップです。0が平均である**ロジット尺度**上で結果が示されています。この尺度上の値（**推定値**：measure）が高くなるにつれて、受験者のスピーキング能力が高く、タスクが難しく、採点者の評価が厳しくなるという意味になります。

---

[106] アンダーフィットは1.50を超えても、2.00までならば測定に問題を起こさず、2.00を超えた場合に問題と考えることもある（Linacre, 2017, p. 272）。故に後の表では、2.00を超えた％も示した

図3−2 ● 多相ラッシュ分析での変数マップ（variable map）

```
+-----+------------+-----------+-----------+-----+
|Measr|+Ss         |-Task      |-Rater     |Scale|
+-----+------------+-----------+-----------+-----+
     |（能力高）   |タスク難   |採点者厳   |
  10 +            +           +           + (9)
     |            |           |           |
   9 +.           +           +           + ---
     |            |           |           |
   8 +.           +           +           + 8
     |            |           |           |
   7 +.           +           +           + ---
     |*.          |           |           |
   6 +*.          +           +           + 7
     |**.         |           |           |
   5 +**.         +           +           + ---
     |**.         |           |           |
   4 +***.        +           +           + 6
     |***.        |           |           |
   3 +****.       +           +           +
     |*****.      |           |           | ---
   2 +*****.      +.          +           +
     |******.     |           |           |
   1 +*******.    +*.         +           + 5
     |*******.    |*****.     |***        |
*  0 * *********. * ********* * ********* *     *
     |*********.  |******.    |***        |
  -1 +*********.  +.          +.          + ---
     |*********.  |           |           |
  -2 +********.   +.          +           +
     |*********.  |           |           | 4
  -3 +********.   +           +           +
     |*********.  |           |           |
  -4 +*********.  +           +           +
     |********.   |           |           | ---
  -5 +********.   +           +           +
     |******.     |           |           |
  -6 +*****.      +           +           +
     |****.       |           |           | 3
  -7 +****.       +           +           +
     |***.        |           |           |
  -8 +***.        +           +           +
     |**.         |           |           |
  -9 +*.          +           +           + 2
     |            |           |           |
 -10 +            +           +           + (1)
     |（能力低）   |タスク易   |採点者甘   |
+-----+------------+-----------+-----------+-----+
|Measr| * = 29     | * = 32    | * = 2     |Scale|
+-----+------------+-----------+-----------+-----+
```

注：Vertical = (1*,2*,3*,S) Yardstick (columns lines low high extreme) = 0,2,-10,10,End で設定

　この結果を数値で表したのが次ページの表3−13です。「受験者」は受験者の能力、「タスク」はタスクの難易度、「採点者」は採点者の厳しさの結果（推定値）を示します。受験者の能力の平均値は−1.73で、平均の0より大きく下ですので、受験者の能力は低めでした。タスクの難易度と採点者の厳しさは0で、これは分析時にそうなるように設定しています。これらの値はお互いに比較可能ですので、受験者はタスクと採点者よりも低め、逆にいうと、TSSTの受験者層と比べると

タスクは難しめで、採点者は厳しめだったことが分かります。

「標準偏差（平均値の欄にかっこ書きしてあるもの）」、「範囲」からは分布のばらつきがうかがえます。ここから分かることは、タスクや採点者と比較すると、受験者のばらつきがより大きいということです。どちらの欄も、タスク・採点者と比較して受験者の方が、値が大きくなっているためです。

「層（strata）」は、受験者の能力・タスク難易度・採点者の厳しさがどの程度ばらついていて、いくつのグループ（層）に分かれるかを示す値です。これにより、受験者は約9グループ（受験者の層の値は8.64）、タスクと採点者は2グループに分かれることが分かります（それぞれ、タスク1.81、採点者2.20）。

信頼性は、受験者とタスクについては、受験者間とタスク間での違いを示すことができているということで、1に近いほど望ましい値で、.7～.8以上を信頼性が高いと考えます。採点者については0に近いほど、採点者の厳しさが違わないということで望ましい値です。

表3-13 ● 3相の記述統計

	平均値 (標準偏差)	最小値～最高値	範囲	層	信頼性
受験者	-1.73 (3.69)	-14.14～12.39	26.53	8.64	.97
タスク	0.00 (0.47)	-1.35～1.77	3.12	1.81	.55
採点者	0.00 (0.35)	-0.89～0.80	1.69	2.20	.66

注：信頼性の.97というのは、0.97の意味。1以上にならない値については、0を省略して書く（American Psychological Association, 2010）

表3-14では、表3-11・12の2つの適合度の基準での結果がまとめられています。どの程度モデルに適合しているかは使用する基準によって変わりますが、解釈は1.50を超えた割合を中心に述べていきます。

表3-14 ● オーバーフィット、適合、アンダーフィットの%

	値<0.70 (overfit)	0.70≦値≦ 1.30 (fit)	1.30<値 (underfit)	値<0.50 (overfit)	0.50≦値≦ 1.50 (fit)	1.50<値 (underfit)	2.00<値 (underfit)
受験者	34.96	43.42	21.55	14.30	70.09	15.54	7.08
タスク	11.28	80.68	8.04	3.11	94.81	2.08	0.00
採点者	0.00	93.75	6.25	0.00	100.00	0.00	0.00

注：満点を取り、フィット値が出ない受験者がおり、合計が100%にならないところもある

分析結果と9の研究課題

これらの結果から、先ほど挙げた9の研究課題（103〜104ページ参照）について見ていきます。多相ラッシュ分析から、どういった結果が導き出されるのでしょうか。

（1）テストスコアの内的構造は、理論的な言語能力モデルと一致しているか

結果：（前提に対する）プラスの証拠が（1つ）示された

分析によって、データの一次元性が満たされていることが分かりました。データの一次元性というのは、「テスト全体が1つのものを測っている」という性質で、これが満たされていました。これは、スコア全体の分散（ばらつき）の中のラッシュ分析結果で説明される分散の割合で判断します。これは80.72%という非常に高い割合でした。これはテストスコアの8割が、測りたい能力によって説明できたということを意味します。2割がそれ以外のもので説明されたというのは問題だと思うかもしれませんが、多様で複雑な要素が影響する言語テストにおいては普通のことです。TSSTではスピーキング能力という1つの構成概念を測ることを意図しており、これが理論的な言語能力モデルとなります。実際のデータではそれが支持され、テストスコアの内的構造は、理論的な言語能力モデルと一致していると考えられ、プラスの証拠となります。

（2）採点者は同じ厳しさで採点しているか

結果：プラスの証拠が示された

表3-13● 3相の記述統計（再掲：あみかけを追加）

	平均値（標準偏差）	最小値〜最高値	範囲	層	信頼性
受験者	-1.73 (3.69)	-14.14〜12.39	26.53	8.64	.97
タスク	0.00 (0.47)	-1.35〜1.77	3.12	1.81	.55
採点者	0.00 (0.35)	-0.89〜0.80	1.69	2.20	.66

先ほどの表3-13を使って読み解いていきます。採点者の厳しさの推定値を用いて検討したところ、1.69ロジットの範囲がありました。また、最も甘い採点

者の数値が-0.89、最も厳しい採点者の数値が0.80でした。この数値を、フェア・スコア（fair score）と呼ばれるTSSTの1～9の尺度に直すと、最も甘い採点者と最も厳しい採点者の間で0.42点の違いになります。TSSTでは1レベルの違いには意味がありますが、今回の結果では、値は1未満ですので統計的には採点者の厳しさの違いは小さいといえます。ただ、採点者の層は2.20となっているので、より厳しい採点者とより甘い採点者という、厳しさが異なる2グループに分かれていることが分かります。ここから、さらに採点者の質を改善する必要があるといえるでしょう。結論としては、採点者の厳しさについて若干の違いがありましたが、大きな違いではないため、プラスの証拠となります。

採点者トレーニングの質などをさらに向上させることが求められるとはいえ、TSSTの実際の運用では、3名の結果の平均が最終スコアになります。また、採点にずれがあった際には、第3の経験豊富な採点者が第1・第2の採点者にフィードバックを行うとのことなので、今回示された採点の厳しさの違いはあまり問題にはならないと思われます。

(3) 採点者は一貫して採点しているか

結果：プラスの証拠が示された

データがモデルに一致するかを見るので、表3-14の「0.50≦値≦1.50」と「0.70≦値≦1.30」の採点者の割合を確認します。前者の値は100.00であることから、広い基準では採点者全員が適合の値を示していることが分かります。「0.70≦値≦1.30」基準での値は93.75であることから、狭い基準でも9割以上の採点者が適合の値を示していました。そのため、採点者の行動は、ラッシュモデルから予想される範囲内で一貫しており、採点者内の一貫性は高いものだといえ、プラスの証拠となります。

表3-14 ● オーバーフィット、適合、アンダーフィットの%
（再掲：あみかけを追加）

	値<0.70 (overfit)	0.70≦値≦1.30 (fit)	1.30<値 (underfit)	値<0.50 (overfit)	0.50≦値≦1.50 (fit)	1.50<値 (underfit)	2.00<値 (underfit)
受験者	34.96	43.42	21.55	14.30	70.09	15.54	7.08
タスク	11.28	80.68	8.04	3.11	94.81	2.08	0.00
採点者	0.00	93.75	6.25	0.00	100.00	0.00	0.00

(4) タスクの信頼性は高いか

結果：プラスの証拠が示された

表3-13によると、タスクの信頼性は.55で、通常求められる.7～.8以上という基準よりは低めでした。タスクの層は約2（1.81）という数値で、今回分析した771のタスクが、2つの難易度に分けられるという結果でした。TSSTのタスクは中級と上級レベルの2レベルで設定しているので、意図通りになっています。レベル設定が少ないと信頼性も低めになることから、タスクの信頼性は十分高かったと考えられます。

(5) タスクが引き出すパフォーマンスはモデルに適合しているか

結果：プラスの証拠が示された

適合度の基準を用いて検討したところ、表3-14で「$0.50 \leq 値 \leq 1.50$」の値は100に近く、94.81でした。これは、ほとんどのタスクが適合基準の範囲内であることを意味し、このタスクがラッシュモデルから予想される範囲内で一貫していた動きをしていることを意味します。つまり、タスクが引き出すパフォーマンスはほとんどモデルに適合しており、プラスの証拠と考えられます。

(6) テスト・ルーブリックは受験者を十分に弁別できているか

結果：プラスの証拠が示された

TSSTのルーブリックは9レベルです。表3-13にある受験者の層を見たところ、8.64で約9でした。そのため、意図したように、TSSTで受験者を9グループのスピーキング能力に分けることができることを意味しています。

(7) TSSTスコアの出し方は適切か
　　（構成概念とは無関係な要因の影響がスコアに入っていないか）

結果：プラスの証拠が示された

多相ラッシュ分析を用いて算出した受験者能力値と、採点者3名の判断によるTSSTスコアの相関関係を調べたところ、非常に強い関係（$r = .95$）が見られました。ここで相関関係があるということは、TSSTの最終スコアは、ラッシュモデルが計算するスコアと同じように出されているということです。TSSTでは、受験者は10個のタスクに回答し、3名の採点者はタスクごとにスコアをつけます。

ここから得られた採点が、統合されて最終スコアになります。結果から、このような最終スコアを出す方法は適切であり、測定したくない余計な要素に影響されていないことが分かりました。そのため、その点でTSSTスコアの出し方は適切で、プラスの証拠となります。

(8) ルーブリックのレベル分け（ステップ）によって、受験者の能力が十分に弁別できているか（ルーブリックが十分機能しているか）

結果：プラスの証拠が示された
ルーブリックの診断は、いままで説明してきたものとは異なる基準[107]を用います。この基準には4つの性質が挙げられていますので、この性質を満たすかどうかをそれぞれ判断していきます。

> 基準①　各レベルの平均難易度推定値と敷居（threshold）の難易度推定値が、レベルが上がるにつれて上がっている。各レベルに少なくとも10個の採点が含まれている
>
> 結果：敷居とは、あるレベルと次のレベルをとる確率が同じになる位置のことです。TSSTでは、各レベルの平均難易度推定値と敷居の難易度推定値は、レベルが上がるにつれて上がっていました。
>
> 　ここでの採点の個数は、ある採点者が、ある受験者のあるタスクについてつけたスコアの個数です。例えば10個の採点というのは、採点者Aが受験者Bのタスク10個の回答を聞いて付与したスコア10個かもしれませんし、採点者A名が受験者10名のタスクCの回答を聞いて付与したスコア10個かもしれません。
>
> 　結果として、一番使用頻度が少なかったレベル9でも、191個の採点があり、各レベルに少なくとも10個の採点が含まれていました。そのため、この基準を満たしています。
>
> 基準②　敷居（またはステップ）の間の差（＝距離）について、隣のレベル同士の距離が1.4ロジット以上、5.0ロジット未満である
> 結果：TSSTのレベル2と3の距離が2.16、3と4の距離が3.57、4と5の

---

107 Bond & Fox, 2015

距離が3.98、5と6の距離が3.22、6と7の距離が2.36、7と8の距離が1.81、8と9の距離が2.06となっており、すべて1.4ロジット以上で5.0ロジット未満でした。

　全体的にはプラスの証拠を提示できました。

基準③　確率曲線（probability curve）において、それぞれのレベルにはっきり頂上がある
結果：レベル2と7の頂上は低めではあるものの、各レベルに頂上があり、条件を満たしていました。

基準④　レベルの適合度統計（level fit statistics）は2.0以内である
結果：すべて1.6以内であり基準を満たしていました。ちなみに、この値が2.0より大きい場合は、ラッシュモデルが予測する評価パターンからかなり離れていると判断され、問題があると考えます。

　もしこの4点の基準を1つでも満たさないものがあれば、レベルを減らす、レベルにおける記述子を修正する、採点者を変更する、採点者トレーニングを改善するなどの対処が必要です。しかし、今回の結果では基準をすべて満たしていたことから、それはあまり必要ないと思われます。結論としては、ルーブリックのレベル分けによって、受験者の能力が十分に区別できていると考えられ、プラスの証拠と捉えられます。

(9) 採点者とタスク、採点者と受験者、タスクと受験者の間に偏った評価傾向は見られないか

結果：プラスの証拠が示された
多相ラッシュ分析の中のバイアス分析と呼ばれる方法を用いて検討しました。それによると、採点者と受験者の組み合わせでは9.33％の偏った採点傾向が見られました。この数字は、ある特定の受験者をより甘く、またはより厳しく採点していたケースが9％ほどあったことを示します。採点者とタスクの組み合わせでは、4.10％の偏った採点傾向が見られました。ある特定のタスクをより甘く、またはより厳しく採点していたケースが4％ほどあったということです。受験者とタスクの組み合わせでは、3.73％の偏った傾向が見られました。

一部採点に偏った傾向が見られましたが、数値を見る限りどの割合も10%以内で少ないため、大きな問題にはならないと考えられます。そのため、証拠としてはプラスと考えました。しかし今後の改善のためには、この偏りが見られたケースを検討して理由の特定を行い、改善策を考える方がよいと思います。また、採点者に対して定期的にトレーニングを行い、その際にバイアス分析の結果を提示して、自分の採点傾向に気づかせ、改善を促していくことが重要です。

◎ TSSTの妥当性についてのまとめと今後の課題

　多相ラッシュ分析を用いた、TSSTの妥当性に関する証拠を挙げてきました。それぞれの証拠は、前提を支持する証拠となり、それが論拠を支持し、推論を支持し、全体としてテストの解釈と使用の妥当性が高いと主張する根拠になっていきます。本書で挙げた研究以外にも、TSSTに関する証拠を挙げている研究は複数あります[108]。多相ラッシュ分析では、多くの観点が検証できますが、すべてができるわけではありません。他のさまざまな分析手法を用いて、必要な分析をしていく必要があります。

　先行研究の結果はページ数の都合で割愛しますが、先ほどの結果と先行研究での結果を総合してまとめると、TSSTの妥当性検証について以下のようにいえます。なお、表の前提の数と、以下に挙げる数は異なるところもありますが、102ページで述べたように、すべての前提が必要になるわけではありません。TSSTの状況で必要となる前提を考え、その数を数えました。

・得点化推論においては、11個の前提に対し、6個のプラスの証拠を提示できた
・一般化推論においては、8個の前提に対し、6個のプラスの証拠を提示できた
・説明推論においては、7個の前提に対し、4個のプラスの証拠を提示できた
・外挿推論においては、7個の前提に対し、4個のプラスの証拠と1個のマイナスの証拠（1人で話す形式のタスクのため、タスクの代表性が高くない）を提示できた
・決定推論においては、3個の前提に対し、1個のプラスの証拠を提示できた
・波及効果推論においては、4個の前提に対し、1個も証拠を提示できなかった

---

108 アルク教育総合研究所, 2016a, 2016b；平井, 2015；金子, 2004；Zhou, 2015

6つの推論の中では、最後の「波及効果」以外の推論に関しては何らかの証拠を挙げることができています。得点化・一般化・説明・外挿の4つの推論については、前提に対して証拠の数が半分以上と多いため、妥当性検証としては進んだ状態です。

　しかし、決定推論と波及効果推論については、ほとんど検証されていません。加えて、得点化・一般化・説明・外挿の4つの推論においては、特に採点者や受験者などの採点・受験プロセスについて検証が不十分です。今後の課題としては、「決定」と「波及効果」、および「プロセス」に関する検討でしょう。

　妥当性検証としては、証拠が集まってきているものの、まだ抜けた部分もマイナスの証拠もあります。そのため、得点化推論から波及効果推論まではつながっておらず、「TSSTスコアはスピーキング能力の構成概念を反映し、TSSTスコアは、使用目的と英語指導・学習に有用である」という最終的に目指す論証を強く主張する段階までは来ていないことが分かります。TSSTの妥当性を強く論証するには証拠がまだ十分ではない状態です。

個別検証：GTEC CBT

　続いて、**GTEC CBT**（Global Test of English Communication Computer Based Testing）のスピーキングセクションにおける採点者の信頼性に関する研究について、妥当性の前提に対する結果を[109]見ていきましょう。GTEC CBTを取り上げたのは、TSSTと異なる点からの妥当性検証の論拠と前提について紹介するためです。

◎ 採点者トレーニングの手順

　分析する前提は「④採点者はルーブリックと採点観点を使うのに徹底的に、かつ定期的にトレーニングを受けている」です。表3−4（97〜98ページ）の得点化推論において、論拠「C. 採点者はタスクレベルで信頼性が高く採点できている」に対する前提です。

　結果としては、前提に対してプラスの証拠が示されたといえます。GTEC CBTの**採点者トレーニング**について、採点者採用前から採点直前、また採点後

---

[109] Koizumi, Okabe, & Kashimada, 2017

に行う点について、以下のような手順で行われていることが分かりました。採点が基準にそって適切に行えるような手順が取られていることが分かります。

【GTEC CBTの採点者トレーニング手順】

> 1週間の採点者トレーニングを行い、サンプル回答を聞きながら採点し、2名の経験のある採点者から指導を受ける。認定テストを受け、十分に正確な採点ができた採点者のみが合格する。
>
> 認定後に、フィールドテストでの採点に参加し、基準をさらに理解するために、自分の採点に対して、フィードバックを受ける。その後2つの採点練習のセッションがあり、実際のフィールドテストで出た回答を採点する。両方のセッションにおいて、2人の採点者が、同じ回答に対して異なるスコアをつけた場合には、経験のある採点者が採点して確認する。経験のある採点者と異なる採点をした採点者はフィードバックを受け、自分の採点スタイルを修正するよう求められる。1回目と2回目で同じフィードバックを受けた場合には、修正できていないため、実際の採点セッションでは採点ができない。また、実際の採点セッションに参加する採点者は、英語力を保つために、講義を聞いたり、小テストを受けたりなどの英語のトレーニングも受けることになっている。
>
> 本番の採点時には2名の採点者が独立して行う。採点がずれた場合、第3の採点者として経験のある者が同じ発話を採点し、最終スコアを決める。

◯ 採点者の偏り（バイアス）

TSSTの場合と同じように多相ラッシュ分析を用います。分析する前提は「⑨特定の観点に対する**採点者のバイアス**の程度が、開発者によって設定された容認可能な範囲内である」です。表3－4の得点化推論において、論拠「C．採点者はタスクレベルで信頼性が高く採点できている」に対する前提です。

結果としては、前提に対してプラスの証拠が示されました。この検証では、GTEC CBTの採点データで採点者13名と評価観点23個の**バイアス分析**を行いました。GTEC CBTの採点では、問いごとに観点が設定されています。例えば「意見展開問題」の1問では、質問の意図に沿って適切な応答ができているか（①意

見、②その理由１つ目、③理由２つ目）と、④流暢さの４観点で採点されています。その結果、偏り（バイアス）があったと判定できたのは、256件中66件（25.78%）でした。採点者によって、ある観点だけ厳しかったり甘かったりするような偏りがあったということです。しかしながら、さらにこれを分析したところ、「ある採点者が流暢さの観点を甘く採点している」などといった系統的なパターンは見られなかったため、観点に問題があるとは考えられず、あまり問題なく許容範囲と判断されました。今後、採点者と観点の組み合わせにおけるバイアスが起きないよう、採点者トレーニングで注意を促していくべきでしょう。

個別検証：TOEFL iBT

続いて **TOEFL iBT** スピーキングテストについて見ていきましょう。ここでは、採点とタスクについて検証していきます。

◯ 採点時間の長さと採点の質の関係

TOEFL iBTの採点について、採点時間の長さと採点者の疲労がどの程度採点の質に影響するかを調べた検証があります[110]。採点者を務めたことがある人ならば実感するかと思いますが、長時間採点することはなかなかの疲労を伴うものです。その疲労が採点にどの程度影響するのか、採点時間によって影響がどう変わるのかは興味深く、重要な観点であるため取り上げます。

検証対象は72名の採点者です。採点者を、下のような４つの採点シフト状況に割り当てて検証しました。

> （１）８時間シフトで、２時間ごとにタスクが変わる
> （２）８時間シフトで、４時間ごとにタスクが変わる
> （３）６時間シフトで、２時間ごとにタスクが変わる
> （４）６時間シフトで、３時間ごとにタスクが変わる
> ※それぞれのシフトには昼休み休憩30分を含む

前提は、「⑦採点時には、採点者のパフォーマンスが最適化するようにデザイ

---

[110] Ling, Mollaun, & Xi, 2014

ンされている」と「③採点プロセスにおいて、テスト状況または採点の実施条件などのために、構成概念とは無関係な要因の影響がスコアに入っていない」です。それぞれ、表3－4の得点化推論の論拠「C. 採点者はタスクレベルで信頼性が高く採点できている」、表3－5の一般化推論の論拠「B. 異なる採点者でも、ある回答に対して同じ採点を行っている」に関連する前提です。

　結論としては、前提に対してプラスの証拠が得られました。4個のタスクに対して約14,000個の発話が採点されましたが、既にスコアが決定した5,446個の発話のスコアと、今回の採点を比較したところ、全体的にはどの条件でも採点の正確さは高いものでした。シフト条件に関係なく、採点の生産性と正確さは時間によって異なり、ウォームアップ（warming-up）、ピーク（peak）、下降（decrement）、最終スパート（end-spurt）のパターンに分かれる傾向があることが分かりました。

　採点者に行ったアンケートによると、4種類のシフトの場合のすべてにおいて、半分以上の採点者が、（午前から始めて）午後に集中力が下がって採点に対する自信が下がり、普通1回でできるところを、音声を2回聞いて判断することなどが増え、最も疲労を感じたことが分かりました。また、8時間のシフトでは、6時間のシフトより疲労を感じたこと、3時間または4時間ごとにタスクが変わる方が、2時間ごとにタスクが変わるより疲労を感じたこと、8時間のシフトで2時間ごとにタスクが変わる形式を最も好んだことも分かりました。実際のTOEFL iBTスピーキングの採点は、8時間のシフトで2時間ごとにタスクが変わる形式で行っていますが、アンケートからも、通常の形を採点者が好んでいたことが分かります。採点者が好む形式であることや、正確さも十分であったことから、現状の方法が適切と考えられます。

◯ テストタスクと現実世界でのタスクの比較

　次に、TOEFL iBTの対象者に、テストのタスクと、現実世界で行われる目標言語領域のタスクの発話を録音して書き起こし、発話の共通点と相違点を明らかにした研究を紹介します[111]。テストと現実世界のタスクは近い方が望ましいですが、発話を実際に詳細に比較したものは少ないため、取り上げます。検証の対象者は、カナダへ留学に来ている30名の大学院生です。TOEFL iBTスピーキングテストの6つのタスクに取り組んでもらい、**半構造化インタビュー**[112]（semi-

---

111 Brooks & Swain, 2014
112 質問内容・文言を事前に決めておき、質問する中で関連する質問もその場で加えて進める面接方法

structured interview）を行いました。対象者の現実世界でのスピーキングタスクは、大学の講義など、アカデミックな口頭での文脈を話すことです。参加者に、授業中に1つ、授業外で1つのスピーキング活動を1か月以内で録音してもらいました。その録音を書き起こし、それぞれの文脈における文法や談話、語彙の特徴を調べ、TOEFL iBTのスピーキングタスクと比較しました。

　検証する前提は「③テストタスクでのパフォーマンスと目標言語使用領域でのタスクでのパフォーマンスは関連している」です。表3－7の外挿推論の論拠「A. テストでのパフォーマンスは、目標言語使用領域で重要な能力を示している」に対するものです。結果としては、この推論に対して1つのプラスの証拠を示すことができました。ですが、プラスとはいっても弱いものでした。

　文法的複雑さ、文法的誤り、談話標識[113]については、「TOEFL iBT＞授業中＞授業外」でした。文法的複雑さの度合いは、TOEFL iBTでのタスクでの発話の場合が最も高く、次に授業中でのタスクが続き、授業外でのタスクで最も低い結果になったということです。テストでは、プレッシャーによる誤りや、対話の少なさによる複雑さや誤りが起こる可能性があり、さらにフォーマルな言語を求められることによる談話標識の増加が考えられます。それで、TOEFL iBTが最も高い割合になったのでしょう。

　接続詞の使用や、語彙レベルについては「TOEFL iBT＝授業中＞授業外」となり、TOEFL iBTと授業中に重なりが見られます。ここでいう接続詞というのは、等位接続詞、従属接続詞などを指します。語彙レベルは、1000語レベルの語、2000語レベルの語、リストなしの語などが指標となります。その他、受身化（passivization）、名詞化（nominalization）、内容語の割合なども加味されています。質問の使用、非公式的な言語の使用は、「授業外＞授業中＞TOEFL iBT」となり授業外で最もよく見られました。直前の例では、TOEFL iBTと授業中の言語特徴は似ていましたが、それ以外は異なっていました。したがって、重なりが見られた側面があったことで、妥当性のプラスの証拠になりますが、同時に大きく重なりが見られなかったことで、その証拠は弱く、外挿推論のつながりが弱いことも示しています。

---

113 *Firstly, on the other hand* など

ライティングテストの妥当性検証

次にライティングテストについて見てみましょう。ライティングテストの妥当性検証においては、スピーキングテストでの妥当性検証と同じ枠組みが基本的に使えます。ここでは、スピーキングテストの妥当性検証であまり触れなかった前提と証拠について触れます。

個別検証：Criterion

　７か月の英語指導の効果を測る目的に、**Criterion**®のライティングスコアを用いるのが適しているかを調べました[114]。対象はある私立大学の日本人学生81名で、５月と７月、12月の３時点でCriterionを使い測定しました。Criterionは、コンピュータ上で行ったライティングを提出するとe-rater®という自動採点システム[115]が瞬時に採点し、１〜６の総合的スコアとライティングの特徴のフィードバックを表示します。フィードバックは、特性フィードバック分析レポートと呼ばれ、文法、語法、構造、文体、構成と発展に対して、改善すべき点についての細かな情報が、テキストに色づけされたりグラフにまとめられたりして提供されます。

　前提は、決定推論の論拠に新たに追加した前提を用います。「スコアは、時間を空けて行ったライティングにおける変化を示す」というものです（表３−８、論拠「A. 採点結果はスコアの報告に適切で、適切な意思決定を可能にする」に対する前提）。

　結論としては、前提に対してプラスの証拠が示されました。測定では、３回同じタスクを使用すると練習効果があると予想されるため、同時推定等化デザインというものを用いました。異なるタスクを等化して同じ尺度でスコアを比較できるようにするためのものです。このデザインを用いて、363名の日本人英語学習者を対象に、異なる４つのタスク[116]を実施し、多相ラッシュ分析を行いました。その結果、４つのタスク間で有意な難易度の差はありましたが、その違いは小さいことを確認しました。違いが最も大きかったタスク間では、１点から６点の総合的ルーブリックの中で、素点で0.15点の違いがありました。この違いも考慮

---

[114] Koizumi, In'nami, Asano, & Agawa, 2015
[115] Educational Testing Serviceによって開発；Burstein, Tetreault, & Madnani, 2013
[116] タスクの１つは３回共通。残り３つは各回で異なるものを使用。共通タスクは等化のみに使い、指導の効果を調べる際には、各回の異なるタスク結果を使用

して、3時点でのスコア差を解釈しました。

対象者の日本人大学生81名は、5月と7月、12月にCriterionでテストを受けました。5つの習熟度別クラスに分かれて、Criterionによるライティング指導を含めた英語指導を受けました。Criterionで出たスコアとマルチレベル分析[117]を用いて分析したところ、最初の測定時から3回目の測定時の間の伸びは平均で0.62点でした。タスクの違いは0.15点でしたので、タスクの違いよりも、伸びの方が大きく、実質的に伸びていると考えられます。エッセーの長さと統語的複雑さも同様に伸びていました。

本研究の問題点は、指導を受けたグループのみで統制群[118]がなく、スコアの伸びが英語授業以外に影響しているかを特定できないことですが、「スコアは、時間を空けて行ったライティングにおける変化を示す」という前提に対するプラスの証拠は示すことができました。

個別検証：TOEFL iBT

先ほどはTOEFL iBTのスピーキングテストについて検証しましたが、今回はライティングです。この研究では、テストが測ろうとしていない能力がスコアに影響していないかを調べており、妥当性検証の中でも重要な観点になっています。

この検証での前提は「①検証対象のテストのスコアは、構成概念に無関係の要素に大きく影響されていない」というものです。表3－6の説明推論の論拠「C. 検証対象のテストのスコアは、意図した構成概念と関連している」に対する前提です。

タイピング力（キーボードを使う技能）は、TOEFL iBTで測ろうとする言語熟達度には入っていません。「タイピング力が欠如していることで起きるテストスコアでの違いは、構成概念には無関係のばらつきの原因となる」という考えのもと、調査を行いました。97名のカナダにいる日本人参加者を、タイピング力（低・高グループ）、英語熟達度（低・高グループ）に分け、TOEFL iBTライティングでのタスク（独立型・技能統合型）のスコアにどの程度影響するかを調べました[119]。

---

117 multilevel analysis; Mizumoto, 2016b 参照
118 要因Aの効果を調べる際に、その要因を取り入れたグループ（実験群：experimental group）に対して、要因Aとは無関係だがそれ以外は同じグループ（統制群：control group）を設ける方がよい。統制群で変化がなく実験群で変化していたときには要因Aの影響で変化したといえるなど、2群のスコアの比較により厳密に要因の影響を調べることができる
119 Barkaoui, 2014

参加者は、タイピング力を測るために2分間のオンラインタイピングテストを受けました。分析に使用した「**純タイピング速度**」は「総タイピング速度（タイピングの誤りの修正なしに1分あたりでタイプした語数）」に「タイプの正確さ（すべてのタイプした語の中で、正確にタイプした語の割合）」をかけたもので算出されます。

　純タイピング速度が40WPM（word per minute：1分あたりの語数）以上の人が、タイピング力が高いグループへ、30WPM以下の人が、タイピング力が低いグループへ分けられました（このタイピングテストは最初に行われ、31～39WPMの人はその後の調査には加わりませんでした）。この参加者は、TOEFL iBTライティングの独立タスクを手書きで1つ書き、1週間後に、別な独立タスクと技能統合型タスクをこの順で、コンピュータ上で書きました。

　結果として、前提「検証対象のテストのスコアは、構成概念に無関係な要素に大きく影響されていない」に対する弱いマイナスの証拠を得ました。分析によると、英語熟達度が低いグループでは、タイピング技能によるライティングスコアの違いは見られませんでした。一方、英語熟達度が高いグループでは、タイピング技能の高い人が、低い人よりも有意に高いライティングスコアを取っていました。しかしその影響の程度は小さいものでした。これは、タイピング力がライティングスコアに弱く影響している証拠として考えられます。

個別検証：ケンブリッジ英語検定

　ケンブリッジ英語検定にはテストの種類がいくつかあり、そのうち、5つのテストにはライティングがあります[120]。ライティング採点時に用いる**ルーブリック**（mark scheme）について、レベルの異なるテストごとに古いルーブリックを改訂しました[121]。この研究では、ルーブリックの作成過程が丁寧に述べられており、テストを選び、使う場面でも、このような作成過程をへてルーブリックが作られていると知ることは参考になります。

　この検証での前提は「①ルーブリックは、正当と認められる理論的なモデル、または熟達度・発達の教育的モデルに基づいている」と「②ルーブリックの観点

---

120 Preliminary (PET)；Cambridge English：First (FCE)；Cambridge English：Advanced (CAE)；Cambridge English：Proficiency (CPE)；Cambridge English：Business Certificates (BEC)
121 Lim, 2012

と記述子は構成概念をカバーしている」です。表3－6の説明推論の論拠「A. ルーブリックは明確に定義された構成概念に基づいている」に対する前提です。

　結論としては、前提に対するプラスの証拠となりました。ルーブリック改訂時には、ケンブリッジ所属の専門家と外部の専門家に、理論に基づいて修正案を出してもらい、それを取り入れて改訂案を作りました。意図した構成概念が含まれているかも確認しました。次の段階で、内部・外部の専門家が、記述の適切さや難易度を確認し、小規模にテストを行って採点したデータが意図通りかを調べました。それに基づきルーブリックを改訂した後、大規模にテストを実施し、ルーブリックの使いやすさや信頼性、採点者の意見を検討し、修正しました。その結果、4観点（内容・コミュニケーションの達成度、構成、言語）の分析的ルーブリックが完成しました。その過程の記述を検討することで、前ページの2つの前提を満たす形で進められたことが分かり、プラスの証拠が提示されました。

　ここで述べたケンブリッジ英語検定のルーブリック作成手順や、スピーキングでのGTEC CBTの採点者トレーニング検証の例からも分かるように、妥当性検証では、テスト開発・運用方法を専門家が丁寧に確認し、適切な手順が取られているかを判断して妥当性の証拠とすることができます。これは、第2章の具体的な分析法の例でも挙げていましたが、妥当性検証というと、テストのデータを分析して検討するというイメージを持つ方もいますので、それだけではないということを強調しておきたいと思います。

リスニングテストの妥当性検証

ここからは、リスニングテストについて研究を示しながら見ていきます。

リスニングテストでの枠組み

90ページで述べたように、リスニングテストの検証に用いる枠組みは、スピーキングやライティングの場合と大きく異なります。リスニングテストでよく用いられる多肢選択式問題では、採点者によってスコアが変わるということが起こらないためです。自由記述式の場合であっても、採点者が関わる度合いはスピーキングやライティングより小さくなっています。ただリスニングテストにおいても、ルーブリックを使って採点する場合は、それに対応した前提の設定が必要になります。

ここでは、表3－15～3－20にあるように、原則多肢選択式のテストの場合の枠組みを示しています。他の形式の場合には、スピーキングやライティングの枠組みから関連する表現を、下記の表へ追加することが必要です。

表3－15 ● 得点化推論における、対応する論拠と前提、証拠提示のための分析法

【得点化推論】 テストのパフォーマンスは、意図した特徴を持つ観測得点が得られる手順を使って得点化されている	
論拠	A. テストの実施手順は適切である
前提	①テスト実施者向けの実施手順と例示を含む十分なサポート文書がある
分析法	①文書の点検[122]
論拠	B. 採点のための解答が適切である
前提	①採点のための解答やルーブリックが適切である（正解が1つの場合には、1つの正解しかない；複数の正解がある場合には、採点基準が構成概念を測るのに適切である）
分析法	①専門家による判断[123]

---

[122] 例：Aryadoust, 2013; Cheng & Sun, 2015
[123] 例：Aryadoust, 2013

論拠	C. タスクやテストフォームの統計的特徴が適切である
前提	①タスクやテストフォームの分析結果が適切である ②統計的分析が定期的に行われている。修正事項があれば修正されている ③データは採点に用いた尺度モデルに適合している
分析法	①専門家による判断[124]。文書の点検 ②専門家による判断。文書の点検。分析の際の手順の検証 ③項目応答理論やラッシュ分析などでの分析[125]

表3−16 ● 一般化推論における、対応する論拠と前提、証拠提示のための分析法

【一般化推論】 観測得点は、平行版のタスク間やテストフォーム間、採点者間で一貫した値を示す期待得点の推定値である	
論拠	A. 平行なタスクやテストフォーム間で、安定した値が出ている
前提	①テスト細目(テストの設計図)が明確に書かれている ②安定したスコアを出すためにタスク数は十分である(タスクの信頼性[内的一貫性]は高い) ③タスクの難易度に幅があり、タスクの間に難易度分布のすき間がない形でタスクが存在している ④タスクが測る能力は一貫している ⑤同時期に異なるテストフォームを受けたときに、似たスコアが得られる ⑥尺度化や等化が適切に行われている
分析法	①文書の点検[126] ②古典的テスト理論やラッシュ分析における信頼性、一般化可能性理論[127] ③古典的テスト理論やラッシュ分析における信頼性 ④ラッシュ分析における平均平方値 ⑤再テスト法による信頼性 ⑥尺度化や等化の際の手順の検証[128]

表3−17 ● 説明推論における、対応する論拠と前提、証拠提示のための分析法

【説明推論】 期待得点は、定義された構成概念(言語熟達度)に起因するものである	
論拠	A. テストは明確に定義された構成概念に基づいている
前提	①テストの構成概念は、正当と認められる理論的なモデル、または熟達度・発達の教育的モデルに基づいている ②テストで求められる言語知識・プロセス・方略は、理論的な予測と一致している

---

124 例:Dunlea, 2015; Kumazawa, Shizuka, Mochizuki, & Mizumoto, 2016
125 例:Dunlea, 2015; Kumazawa et al., 2016
126 例:Cheng & Sun, 2015
127 例:Kumazawa et al., 2016
128 例:Dunlea, 2015

分析法	①テスト・内容の専門家による点検。テスト開発と文書の点検 ②受験者の言語報告。受験者へのアンケートや面接	
論拠	B. 検証対象のテストのスコアは、意図した構成概念と関連している	
前提	①検証対象のテストのスコアと、同じ能力を（一部）測るテストのスコアは、理論的に予測される形と程度で関係がある（テストの構成概念に関係ない要素を測っている度合いが小さい）	
分析法	①相関分析。因子分析。共分散構造分析[129]。テスト・内容の専門家による点検[130]	
論拠	C. テストスコアの内的構造は、理論的な言語能力モデルと一致している	
前提	①テストスコアの内的構造は理論と一致している（テストスコアの内的構造は、予測通りの構造になっている）	
分析法	①相関分析。因子分析。共分散構造分析[131]。ラッシュ分析における一次元性の確認	

表3－18 外挿推論における、対応する論拠と前提、証拠提示のための分析法

【外挿推論】 テストの構成概念は、目標言語使用領域での言語パフォーマンスの質を十分説明するものである		
論拠	A. テストでのパフォーマンスは、目標言語使用領域で重要な能力を示している	
前提	①テストやテストタスクには真正性がある（目標言語使用領域を代表している） ②タスクにより、目標言語使用領域で重要な能力が引き出されている ③テストスコアやパフォーマンスは、目標言語使用領域での言語熟達度を示す他のテストスコアや他の指標（例：自己評価・教員評価）と関連している	
分析法	①領域の専門家または言語的に素人の判断[132] ②領域の専門家または言語的に素人の判断[133] ③相関分析。因子分析。共分散構造分析。ラッシュ分析[134]。CEFRとの基準設定[135]	

---

[129] 例：Aryadoust, 2013; Kumazawa et al., 2016; Kunnan & Carr, 2017
[130] 例：Kunnan & Carr, 2017
[131] 例：Kumazawa et al., 2016
[132] 例：Pardo-Ballester, 2010
[133] 例：Aryadoust, 2013
[134] 例：Kumazawa et al., 2016
[135] 例：Dunlea, 2015

表3−19 決定推論における、対応する論拠と前提、証拠提示のための分析法

【決定推論】パフォーマンスの質の推定値に基づいた決定は、適切で役立つものであり、うまく伝達できている	
論拠	A. 採点結果はスコアの報告に適切で、適切な意思決定を可能にする
前提	①テストは、意思決定に必要なレベルに受験者を弁別できる ②スコアレポートのレイアウトはスコア報告に適しており、使用者による適切な意思決定を可能にする ③テスト使用者は、適切な決定を行うために、スコアレポート、関連するフィードバックを解釈できる
分析法	①専門家によるレビュー。ラッシュ分析などを使った統計分析[136] ②スコアレポートのレイアウトの専門家によるレビュー[137]。テスト使用者への面接 ③テスト使用者への面接。公的なテストの文書の専門家によるレビュー

表3−20 波及効果推論における、対応する論拠と前提、証拠提示のための分析法

【波及効果推論】テストの波及効果は、使用者にとって有益なものである	
論拠	A. テストやスコアレポート、関連するフィードバックは、テスト使用者の興味を促進するようにデザインされている
前提	①テスト使用者は、将来の指導と学習への情報を得るために、スコアレポート、関連するフィードバックを解釈することができる ②テストやスコアレポート、関連するフィードバックは、指導へのプラスの波及効果がある ③テストやスコアレポート、関連するフィードバックは、学習へのプラスの波及効果がある
分析法	①テスト使用者への面接[138] ②教員への面接・アンケート[139]。教室での観察 ③教員とテスト使用者への面接・アンケート[140]。実験研究

---

136 例:Kumazawa et al., 2016
137 例:Sawaki & Koizumi, 2017
138 例:Sawaki & Koizumi, 2017
139 例:Hama & Okabe, 2016; Sawaki & Koizumi, 2017
140 例:Allen, 2016; Sato, 2017; Sawaki & Koizumi, 2017

個別検証：VELC Test

　日本の大学において、英語熟達度測定とクラス分けが目的のVisualizing English Language Competency Test（**VELC Test**®）について妥当性検証を行いました[141]。4,407名の大学生のデータを用い、Kaneの論証に基づく妥当性の枠組みに沿って検証をしています。VELC Testにはリスニングだけでなくリーディングも入っていますが、受容技能テストの包括的な妥当性検証例として、ここで取り上げます。論証する前提は以下の通りです。

（1）タスクの分析結果が適切である
　　（⇒表3−15 得点化推論、論拠C・前提①）
（2）データは採点に用いた尺度モデルに適合している
　　（⇒表3−15 得点化推論、論拠C・前提③）
（3）タスクの信頼性は高い
　　（⇒表3−16 一般化推論、論拠A・前提②）
（4）テストスコアの内的構造は、予測通りの構造になっている／検証対象のテストのスコアと、同じ能力を測るテストのスコアは、理論的に予測される形と程度で関係がある
　　（⇒表3−17 説明推論、論拠C・前提①）／（⇒表3−17 説明推論、論拠B・前提①）
（5）テストスコアは、目標言語使用領域での言語熟達度を示す他のテストスコアや他の指標（自己評価）と関連している
　　（⇒表3−18 外挿推論、論拠A・前提③）
（6）テストは、意思決定に必要なレベルに受験者を弁別できる
　　（⇒表3−19 決定推論、論拠A・前提①）
（7）テスト使用者は、将来の指導と学習への情報を得るために、スコアレポート、関連するフィードバックを解釈することができる
　　（⇒表3−20 波及効果推論、論拠A・前提①）

---

[141] 例：Kumazawa et al., 2016

○ (1) タスクの分析結果が適切である

結果：プラスの証拠が示された

古典的テスト理論における項目難易度（item facility）、項目弁別力（item discrimination）と呼ばれる項目の質を分析する手法を用いたところ、ほとんどのテスト項目が問題ない範囲で機能していることが分かりました。

○ (2) データは採点に用いた尺度モデルに適合している

結果：プラスの証拠が示された

ラッシュ分析で、易しい項目では能力が高い受験者は正解し、一方難しい項目では、能力が低い受験者は不正解になりやすいなど、項目で起こりそうなパターンを予想しました。予想とデータのパターンが近い場合に、データがモデルに適合していると考えます。その結果、すべての項目のデータがラッシュモデルに適合していたことが分かりました。

○ (3) タスクの信頼性は高い

結果：プラスの証拠が示された

多変量一般化可能性理論という手法を使用して、信頼性を技能別に分析したところ、リスニングでは .73、リーディングでは .86、2つを合わせて .89と高い信頼性が示されました。

○ (4) テストスコアの内的構造は、予測通りの構造になっている
検証対象のテストのスコアと、同じ能力を測るテストのスコアは、理論的に予測される形と程度で関係がある

結果：プラスの証拠が示された

共分散構造分析を用いてVELC Testの内的構造を調べたところ[142]、作成時に意図していたように、語彙・リスニング・リーディングの3つの下位構造（因子）が確認できました。検証対象のVELC Testと同じような能力を測ると考えられる **TOEIC**®（Test of English for International Communication）と比較したところ、両者の間には強い相関関係があることが分かりました。

---

[142] 靜・望月, 2014

○ **(5) テストスコアは、目標言語使用領域での言語熟達度を示す他のテストスコアや他の指標（自己評価）と関連している**

結果：プラスの証拠が示された
550名の大学生に自己申告で、英語で何ができるかという20問のアンケートに答えてもらい、テスト項目と一緒にラッシュ分析を行いました。その結果、「リスニング・リーディング項目が意図した能力」と「受験者ができるといったこと（自己評価）」が関連していることが示されました。

○ **(6) テストは、意思決定に必要なレベルに受験者を弁別できる**

結果：プラスの証拠が示された
受験者がいくつのグループに分かれるかを調べるために、ラッシュ分析で、7大学について大学ごとに分析したところ、受験者分離指標は2.55～3.36を示しました。つまり、テスト結果で受験者を2～3のレベル層に分けることが可能だということです。クラス分けの際に2～3のレベル層に分けることが目的であれば、適切と考えられます。

○ **(7) テスト使用者は、将来の指導と学習への情報を得るために、スコアレポート、関連するフィードバックを解釈することができる**

結果：弱いプラスの証拠が示された
VELC Testのスコアレポートには、「①VELC Test全体、セクションごと、技能ごとのスコアと各レベル」「②TOEIC Testスコア推定値」「③英語力の記述と今後必要な学習」「④各技能での状況別Can-Do記述」「⑤スキルごとの正答率と全国標準正答率、今後のアドバイス」が載っています。これらの情報を使えば、後の学習に役立ちうると研究者たちは主張しています。しかし、テスト使用者への面接などを通して、実際に役に立っているのか検証が必要でしょう。

（1）～（7）の検証を通して、得点化推論から波及効果推論までの6つの推論に対するプラスの証拠が提示されたため、「テスト実施者はVELC Testを使って、日本人大学生のクラス分けの決定を妥当に行うことができる」と研究者たちは述べています。ただ、「テストスコアを解釈し使う際には、実施者は、テスト

スコアの誤った解釈や使用を避けるために、VELC Testの必要な情報を参照するべきである」[143]とも述べています。

個別検証：IELTS

Chapelle et al.[144]に基づき、得点化、一般化、説明、外挿の推論についてIELTS™ (International English Language Testing System) リスニングテストの妥当性検証をした研究を紹介します[145]。本書で紹介する前提4つは、この研究で検討した4つの推論のうち3つに対応します。

> （1）テスト開発と実施のプロセスは標準化され、文書化されている（テスト実施者向けの実施手順と例示を含む十分なサポート文書がある）
> 　　（⇒表3－15 得点化推論、論拠A・前提①）
> （2）複数の正解がある場合には、採点基準が構成概念を測るのに適切である
> 　　（⇒表3－15 得点化推論、論拠B・前提①）
> （3）テストの構成概念に関係ない要素を測っている度合いが小さい
> 　　（⇒表3－17 説明推論、論拠B・前提①）
> （4）タスクにより、目標言語使用領域で重要な能力が引き出されている
> 　　（⇒表3－18 外挿推論、論拠A・前提②）

◯ （1）テスト開発と実施のプロセスは標準化され、文書化されている

結果：プラスの証拠が示された

文書を読み解き、内容を検討する過程をへて、標準化された手順を踏んでいることが確認されました。この手順は、受験者に完全に同じ形式のテストを提示するためにデザインされたもので、ケンブリッジ大学英語検定機構が開発したすべてのテストはこれに基づいて作られているということです。

---

143 Kumazawa et al., 2016
144 Chapelle et al., 2008
145 Aryadoust, 2013

◯　(2) 複数の正解がある場合には、採点基準が構成概念を測るのに適切である

結果：マイナスの証拠が示された

意図するリスニング技能を評価するのに正解が明瞭で適しているかを専門家が判断したところ、正解の例として採点基準に書かれていない回答の中には正解にしてよいものがあることが示されました。これは複数の正解がある場合に、採点基準が包括的に適切に作られていないということを示唆します。

◯　(3) テストの構成概念に関係ない要素を測っている度合いが小さい

結果：マイナスの証拠が示された

共分散構造分析を行い、テスト全体で測っているものをモデル化した結果、構成概念と無関係の要素に影響を受けない項目もありましたが、構成概念と無関係の要素に影響を受ける項目もあることが示されました。例えば、IELTSのリスニングには、書いてある内容と音声によるメッセージを一致させるマッチング形式がありますが、これは書いてある内容を読み取る必要があるため、書き言葉と話し言葉のモードを行ったり来たりして解く必要があります。これはリスニングの構成概念では重要でないプロセスですので、構成概念に無関係の要素であるスコアのばらつきを生む可能性があります。

◯　(4) タスクにより、目標言語使用領域で重要な能力が引き出されている

結果：プラスとマイナスの証拠が示された

テキストやタスクを分析したところ、アカデミックと非アカデミックなテキストが使われ、この点は目標言語使用領域をカバーしているというプラスの証拠となりました。しかし、測っているリスニング技能が限定されており、特に詳細や言い換え、明示的にはっきりと述べられている情報を理解する能力を多く測っていました。これですと、推論したり、発話内行為の意味を解釈したり、結論を導いたりする力はあまり測られていないことになり、改善点があることが分かりました。

　(1)～(4)から最終的に、IELTSのリスニングは、「全体的には、妥当性論証を支持する証拠が一部得られたものの、証拠を弱める多種多様な結果は、複

数の妥当性の推論と推論のネットワークの強さを弱めてしまい、全体的な妥当性論証は不十分に思える」[146]と述べられています。

個別検証：TOEIC

　TOEICを何度も受験する人は多いですが、何度も受験したときのスコアに変化があるのかは気になるところです。ここで紹介する研究[147]は、日々の英語使用の割合とスコアの伸びの関連という重要な観点から、妥当性を調べています。検証すべき前提は「③テストスコアは、目標言語使用領域での言語熟達度を示す他の指標と関連している」です。表3−18の外挿推論の論拠「A．テストでのパフォーマンスは、目標言語使用領域で重要な能力を示している」に対する前提です。

　結果としては、目標言語使用領域での指標との関連という点で、プラスの妥当性の証拠を示しました。4年間に6回TOEICを受験した19,855名の受験者について、スコアの変化があるかどうか、アンケートの回答とスコアの変化に関連があるかどうかを調べました。受験と受験の間の期間は受験者によって異なっていますので、マルチレベル分析[148]を用いて、6回分のスコアに対して、「受験間の期間の長さ」と「英語の日常的使用の度合い」が与える影響を検討しました。英語の日常的使用の度合いは、「日常生活で、英語をどのくらいの時間使わなくてはなりませんか」という質問に0％、1〜10％、11〜20％、21〜50％、51〜100％の5つの割合で回答してもらいました。

　「受験間の期間」と「英語使用の度合い」によって、TOEICリスニング・リーディングスコアがどう変化するかを調べたところ、この2つの要素は、どちらもスコアに影響を与えることが分かりました。「受験間の期間」については、受験期間が延びるにつれ、毎回の受験での平均が2.31〜2.63点上昇していました。6回の受験の間に、平均で11.55〜13.15点伸びたことになります。また、「英語使用の度合い」は、上記の質問項目で1段階増えるにつれ（0％が1〜10％になるなど）、リスニングが2.74点上昇、リーディングが2.72点上昇していました。

　一般的に、「受験間の期間」が長くなればなるほど、英語学習をより多く行う

146　Aryadoust, 2013
147　Wei & Low, 2017
148　multilevel modeling; Mizumoto, 2016b参照

ため、スコアが伸びることが予想されます。「英語使用の度合い」も同様で、多く使う機会があればスコアが向上すると予測できます。今回の研究結果は、伸びの程度は非常に小さいですが、その予測に沿ったものでした。よって、「テストスコアは、目標言語使用領域での言語熟達度を示す他の指標（この研究では、受験期間と英語使用の度合い）と関連している」という前提を満たしたといえます。

リーディングテストの妥当性検証

リーディングテストの妥当性検証も、研究を示しながら見てみましょう。リーディングテストの妥当性検証の枠組みは、リスニングテストと同じものを使うことができます。

個別検証：英検

WeirとO'Sullivan and Weir[149]の枠組みに基づいて、**英検**の妥当性検証を行いました[150]。一部リスニングを含むリーディングのタスクや文章を、文脈的・認知的特徴や、採点と外部基準の観点で、級ごとに調べています。ここで取り上げる前提は3つです。

> （1）タスクやテストフォームの分析結果が適切である
> 　　（⇒表3－15 得点化推論、論拠C・前提①）
> （2）尺度化や等化が適切に行われている
> 　　（⇒表3－16 一般化推論、論拠A・前提⑥）
> （3）テストスコアは、目標言語使用領域での言語熟達度を示す他の指標と関連している
> 　　（⇒表3－18 外挿推論、論拠A・前提③）

◯ （1）タスクやテストフォームの分析結果が適切である

結果：プラスの証拠が示された

実際に使われたテストタスクとテキストについて、**専門家の判断**とコンピュータを使った分析（**自動化解析**）を用いました。専門家は、長い経験のある項目作成者と内容確認の担当者で、判断基準に基づいて内容を判断しています。自動化解析については、「語彙プロファイルや語彙レベルを調べる指標」、「テキストや統語的な複雑さの指標（例：リーダビリティ指標）」、「首尾一貫性（coherence）と

---

149 Weir, 2005; O'Sullivan & Weir, 2011
150 Dunlea, 2015

結束性（cohesion）を調べるメタ談話的指標」の観点で調べています。英検1～4級までのそれぞれ21個のリーディング問題を選びました。

　さまざまな観点から専門家が調べたところ、級間で違いが見られました。具体的には、トピック、抽象性、明示性（問いの答えが明示的にテキストに書かれているか）、重要な情報の場所（正解を得るには、1文内、文間、パラグラフ間のどこを読む必要があるか）で違いがありました。自動化解析でも、意図していた7つのレベル（英検1、準1、2、準2、3、4、5級）の区別が適切にでき、級間で明確なレベルの違いがあることを示しました。つまり、級ごとに違いが出るよう作成されたテストを分析した結果、確かに級ごとに違いが出たので、「タスクやテストフォームの分析結果が適切である」といえます。

◯　（2）尺度化や等化が適切に行われている

結果：プラスの証拠が示された

7つの級を1つの難易度の尺度上で比較可能にするために、ラッシュ分析を用いて、テストの間に共通の項目を入れて「**垂直尺度化**」という作業を行いました。その後、共通項目を入れた、適切な難易度の級のテストを受験者に実施して、最初に作った尺度に載せていき、比較していきます。これを「**水平尺度化**」といいます。

　尺度化の結果、級ごとに823～3750問を1つの尺度に載せることができました。ラッシュ分析では、よく起こるパターンをモデルとし、データのパターンと近ければ適合していると考えます。項目ごとにモデルへの適合を調べたところ、1級・準2級・3級ではすべての項目がモデルに適合しました。準1級・2級では1項目のみ適合せず、4級では20項目、5級では103項目が適合しませんでした。数で見ると多く感じるものもありますが、割合で考えると、適合しなかった級でも、その割合は小さいものでした。異なる技能やタスク形式だけでなく、級内、級外でも全体的には1つの能力を測るという一次元性の仮定が満たされていたことが示されました。尺度化したことで、7つの級の難易度が比較できるようになり、級の難易度の平均値は明確に異なることが分かりました。

◯　（3）テストスコアは、目標言語使用領域での言語熟達度を示す他の指標と関連している

結果：プラスの証拠が示された

英検を外的な熟達度の枠組み（CEFR）に関連づけるために**基準設定**（standard setting）を行いました。1級と準1級について先に基準設定を行い、2〜3級を次に行いました。4級と5級は到達度テストの意味合いが強いために本分析に入れず、後でCEFR-Jに当てはめ、5級はA1.1レベル、4級はA1.2レベル、3級はA1.3レベルとしました。

英検1級がC1レベル、準1級がB2レベル、2級がB1レベル、準2級がA2レベルと最初に仮予想し、Basket法と修正Angoff法という2つの基準設定の方法で検証しました。Basket法は、「どのCEFRレベルの受験者だったら、この項目を正解できるか」という問いに判定者が答える形です。修正Angoff法では、「あるレベルだとぎりぎり認定できる最低レベルの受験者が100名いたときに、対象の項目を正解できるのは何人か」という問いに判定者が答える形で、基準を決めていきます。例えば、英検1級のときには「C1レベルとぎりぎり認定できる受験者が100名いるときに、対象の項目を正解できるのは何人か」という風に答えます。その答えを集約して、各級とCEFRレベルを関連づけていきます。その結果、英検の5つの級をCEFRレベルと関連づけることができました。

個別検証：台湾のテスト General English Proficiency Test

日本の大学入試センターにあたる、台湾のLanguage Training and Testing Center（LTTC®）が開発したGeneral English Proficiency Test（**GEPT®**）という4技能テストがあります。そのテストの上級レベルと、TOEFL iBTのリーディング・ライティングタスクを比較し、どの程度似ていて、どの程度異なっているかという**比較可能性**（comparability）を調べました[151]。検証する前提は「①該当テストでのスコアは、他のテストスコアなどと、理論的に予測される形で関係がある」というもので、表3-17の説明推論の論拠「B. 検証対象のテストのスコアは、意図した構成概念と関連している」に対応します。

結果として、弱いプラスの証拠が示されました。スコアの分析については、台湾かアメリカに住む184名の受験者にGEPTを受けてもらい、2年以内に受けたTOEFL iBTスコアを提出してもらいました。共分散構造分析を使ってモデル化した結果、GEPTとTOEFL iBTの2つのテスト項目はテストごとに分かれず、

---

151 Kunnan & Carr, 2017

リーディングとライティングごと1つにまとまった構造（因子）となりました。これは、2つのテストが測る技能が非常に近いことを示します。同じ技能を測るため、強い関係が予想されましたので、プラスの証拠が提示されました。しかし、理論的には2つのテストは別の構造になることが予想されましたが、1つにまとまってしまったことで、弱いプラスの証拠と考えられます。

4技能テストの波及効果の検証

4技能テスト全体についての妥当性を検証した研究を示したいと思います。4技能テストの検証の場合も、スピーキングテストやリスニングテストの説明の際に挙げた枠組みが使えます。決定推論と波及効果推論は、技能ごとで分けずにテスト全体で検討することが多いので、その例を挙げていきます。決定推論と波及効果推論は、妥当性検証の中では歴史的にあまり扱われてこなかった観点ですが、テストを使う際には判断材料として用いられることが多い重要なポイントです。

個別検証：TEAP

TEAP受験が生徒の英語学習へ与える影響を調べました[152]。(a) 4技能のTEAPを受験時に使った学生、(b) 2技能（リーディングとリスニング）のTEAPを受験時に使った学生、(c) 使わずに伝統的な入試を受けて入学した学生、計355名の学生に対して、アンケートを行いました。アンケートではテスト準備について尋ね、どの程度どの英語学習法（英語のニュースを見る、英語で日記を書くなど）を使って勉強したかを調べています。合わせてインタビューの分析も行っています。前提は「③テストは、学習へのプラスの波及効果がある」で、表3－20の波及効果推論の論拠「A. テストやスコアレポート、関連するフィードバックは、テスト使用者の興味を促進するようにデザインされている」に対応しています。

結果としては、前提に対する弱いプラスの証拠が得られました。分析では、3グループの学生が受験勉強で使っていた勉強法に違いはあまり見られず、共通して「過去問のリーディング問題をやる、語句を覚える、文法を勉強する、英語を日本語に訳する」などを中心的にしていました。ただ、(a) 4技能テスト受験者は、他のグループより、「英語教員と英語で話す、スピーキングの過去問を解く、スピーキングテストで役立つ語句を暗記する」ことをしていました。また、(a, b) 2技能・4技能のTEAP受験者はともに (c) 伝統的な入試を受けたグループより、「英語のニュースを見たり聞いたりする、英語で電子メールやオンラインメッセージのやり取りをする、英会話学校に通う」ことをしていました。しかし、スピーキングとライティングの勉強は、リーディング・文法・語彙の勉強よりも頻度が

[152] Sato, 2017

少なく、4技能テストを受けた学生が受験に向けてコミュニケーション志向の活動を行っていたわけではありませんでした。限定的ですが、技能による波及効果の違いが少し見られました。

　インタビューの結果からは、受験勉強の内容は、テストとは関係のない要因にも影響を受けていたことが分かりました。例えば、「英語学習は語彙と文法に焦点を当てるべき」といった受験者の捉え方や、教員の指導やアドバイスといったものです。つまり、TEAPを入学試験に使うだけでは、受験者の学習法はあまり変わらず、むしろ教員の指導実践に影響を受けるということです。ここから、教員の評価リテラシーを高めることが必要といえるでしょう[153]。

個別検証：IELTS

　4技能テストのIELTSを大学入学後に受験したときの波及効果を調べました[154]。ある大学の大学生300名が、IELTS対策の授業は受けずにIELTSを2回受験し、アンケートに答えました。前提は「③テストは、学習へのプラスの波及効果がある」です。表3－20の波及効果推論の論拠「A．テストやスコアレポート、関連するフィードバックは、テスト使用者の興味を促進するようにデザインされている」に対応します。

　結果として、弱いプラスの証拠が得られました。アンケート分析の結果から見えてきたのは、学生は「テストに関するタスクや教材を使用して準備していたこと」、「4技能テストの準備にいままでの学習・テスト受験経験を使用していたこと」です。経験からリスニング・リーディングに焦点を当てた学習を行い、スピーキング・ライティングについては、1人で学習することが難しいので、勉強を止めるか、何かよさそうな方法を使っていたことも分かりました。「友人などからのアドバイスにしたがった」という学生もいました。IELTSについてオンラインでの情報提供はありますが、学生からは、「テストが何を求めていて、どう準備すべきか、どうスコアを伸ばすべきかが分からない」という反応があったそうです。テストがあるから学習により身が入ったともいえそうですが、プラスの証拠としては限定的な結果です。

---

153 TEAPの波及効果の他の研究は、Green（2014b）、Allen, Nagatomo, and Suemori（2017）参照
154 Allen, 2016

個別検証:大学入試への4技能テスト導入の波及効果

　大学入試4技能化の波及効果を調べるために、GTEC CBTを受けた165名の中高の日本人英語教員にウェブ上でアンケートに答えてもらい、106名から返信を得ました[155]。前提は「②テストは、指導へのプラスの波及効果がある」です。表3−20の波及効果推論の論拠「A. テストやスコアレポート、関連するフィードバックは、テスト使用者の興味を促進するようにデザインされている」に対応するものです。

　結果として、弱いプラスの証拠が示されました。106名にアンケートしたところ、「質問A:大学入試でのコミュニケーションにより焦点をおく変化で、中高の英語教育へプラスの影響があると思いますか」という問いに対しては56%の教員がYesと答えました。この56%の中で92%が「自分の指導を今後変える(または既に変わった)」と答えました。質問Aに対してNoと答えた教員は11%で、そのうち92%が「自分の指導を今後変える」と答えました。質問Aに対してYesでもNoでもない「その他」を選んだ教員は33%で、そのうち86%が「自分の指導を今後変える」と答えました。「その他」を選んだ教員からは、「どのような変更があるか十分な情報がないと思うため、判断できない」という反応がありました。記述式の回答からは、コミュニカティブな指導は「単純な会話に焦点を当てるため、英語熟達度を伸ばすことはできない」など誤解をしていたり、変化に対する不安を示したりした教員もいることも分かりました。全体として、半数以上が「大学入試改革が中高への英語教育へのプラスの影響がある」と考え、その中でほぼ全員が「自分の英語授業を変える」と言っていることから、プラスの波及効果が観察されましたが、そう考えていない教員もある一定の割合でいました。また、GTEC CBTを受けた教員による回答結果のため、より代表的な層の英語教員に対して調査が今後必要です。さらに、4技能テスト導入により実際の指導内容や方法が変わるかが気になるところです。

---

155 Hama & Okabe, 2016

4技能テストのスコアレポートの検証

スコアレポートは、特に決定推論や波及効果推論に影響を与えるものですので、それ自体についても妥当性検証を行います。

個別検証：GTEC for STUDENTSと英検

　この研究ではGTEC for STUDENTSと英検のスコアレポートに書かれている内容の比較を行い、3つの高校に所属する16名の高校生と5名の教員に、スコアレポートをどのように捉えているか、またどのように使っているかについて意見を求めました[156]。検証する前提は4点ありました。

> （1）スコアレポートのレイアウトはスコア報告に適しており、使用者による適切な意思決定を可能にする
> 　　（⇒表3－19 決定推論、論拠A・前提②）
> （2）テスト使用者は、将来の指導と学習への情報を得るために、スコアレポートと関連するフィードバックを解釈することができる
> 　　（⇒表3－20 波及効果推論、論拠A・前提①）
> （3）関連するスコアレポートとフィードバックは、指導へのプラスの波及効果がある
> 　　（⇒表3－20 波及効果推論、論拠A・前提②）
> （4）ルーブリックと関連するスコアレポートとフィードバックは学習へのプラスの波及効果がある
> 　　（⇒表3－20 波及効果推論、論拠A・前提③）

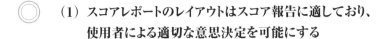

（1）スコアレポートのレイアウトはスコア報告に適しており、使用者による適切な意思決定を可能にする

結果：プラスの証拠が示された

Roberts and Gierl（2010）の枠組みを用いて、GTEC for STUDENTSと英検の

---

156 Sawaki & Koizumi, 2017

生徒用スコアレポートと補助教材にどのような要素が入っているのか、また改善点はないかを専門家の判断のもとに調べました。表3－21にある「よいスコアレポートの実践の原則に基づく分析観点」で2テストのスコアレポートを分析しました。

表3－21 ● よいスコアレポートの実践の原則に基づく分析観点

結果の報告の形式
1. 尺度（テスト全体の結果がどのように報告されているか。例：連続尺度、レベルごと）
2. 解釈の参照（集団基準準拠 [norm-referenced] か目標基準準拠 [criterion-referenced] か、つまり相対評価か絶対評価か）
3. 評価ユニット（受験者の言語プロファイルを提供するために、テストスコアがどの程度の詳細さで報告されるか）
4. 測定の誤差（テストの信頼性と測定誤差の情報が報告されているか）
結果提示の方法 (mode)
1. 数値を出しているか
2. 図や絵を使っているか
3. テスト結果を記述するのに文で書いているか
4. 結果を伝えるための媒介（例：紙・電子媒体）は何か
5. デザインの原則を適用しているか（例：レイアウト、段落の使用、記述スタイル、本文のフォント・サイズ、色、図表）
6. 他のコメント

注：Roberts and Gierl（2010）に基づく

　その結果、それぞれのテストのスコアレポートで、適切な工夫がされていることが分かりました。ただ、テストにつきものの「測定の誤差」の情報については、両方のスコアレポートで記述がないため改善が必要でしょう。

(2) テスト使用者は、将来の指導と学習への情報を得るために、スコアレポートと関連するフィードバックを解釈することができる

結果：プラスの証拠が示された

生徒は3～4名のグループごとに、2つのテストのスコアレポートについて別々にインタビューを受けました。その内容を分析したところ、2つのテストにおいて「レポートの情報は分かりやすく、全体や技能間の主な結果の意味も問題なく理解できる」と答えました。フィードバックの中のCan-Do記述についても、2つのテストで「自信ややる気が出た」というコメントがあった一方、「Can-Do記述は自分の能力レベルを正確に記述していない」という意見もありました。勉強のアドバイスについては、GTEC for STUDENTSでは、現在のレベルと次の目

標が書かれており、ワークブックのどこを勉強したらよいかの指示が提示されていました。それに対して生徒は「十分明確だ」と答えましたが、一部の生徒は「ワークブック以外で、現実社会で繰り返し行えるような言語使用タスクについてもアドバイスが欲しい」といっていました。英検のレポートについては、セクションごとにフィードバックがあり、言語使用タスクと現実世界での言語使用タスクに基づいて、今後どのようなタスクをどのように行うべきかについてアドバイスがあります。それに対して「かなり抽象的」といった生徒もいましたが、全体的には「比較的具体的なアドバイスだ」と生徒は感じていました。GTEC for STUDENTSのライティングに対するフィードバックには詳細なコメントや記述がありますが、それに対してプラスの意見を多くの生徒が述べました。しかし「下線の意味が分かりにくい」、「採点者に誤りを直してほしい」、「コメントは英語でなく日本で書いてほしい」などの要望が出ました。レポートの内容とデザインについては、どちらのテストも全体的に評価されており、結果提示の方法の点では図やグラフが目を引いたとのコメントがありました。一方、文章の説明が理解しにくいなどの意見も出ました。

教員へは1～3名のグループでインタビューを行い、2テストの生徒用スコアレポートと、GTEC for STUDENTSの教員用スコアレポートについて話を聞きました。すべてのレポートについて、「とても詳細でレポートできる情報はすべて入っている」などのコメントにあるように、非常に満足していました。英検の生徒用スコアレポートはGTEC for STUDENTSの生徒用レポートと比べて短く、情報も少ないですが、教員は「どちらも十分に詳細」だと感じていました。結果提示の方法に対する教員のコメントも肯定的で、図表の情報を多く使っていることに対して特に評価は高いものでした。総じて肯定的な意見が多く、両者のスコアレポートはテスト使用者にとって、理解しやすいものであるといえます。

◯ (3) 関連するスコアレポートとフィードバックは、指導へのプラスの波及効果がある

結果：弱いプラスの証拠が示された

どのようにスコアレポートを使ったかについて、教員に対してインタビューで尋ねたところ、生徒用スコアレポートは2つのテストでともに「まったく、またはほとんど使わなかった」とのことでした。GTEC for STUDENTSの教員用スコアレポートについては、指導に一部しか使わなかったとのことでした。あまり使

わなかった理由としては、情報を見直す時間がなく、興味がないことが主な理由でした。指導に一部使用したのは、GTEC for STUDENTSのスコアの変化と、1分あたりの読んだ語数（WPM）の変化で、教員会議で話題にしたり、生徒の激励に使ったりするとのことでした。リーディング・リスニングの1問ごとの難易度の情報も提示されていましたが、教員は興味がなく使ってもいませんでした。その理由として、問いごとの情報は細かすぎて、生徒の伸びの一般的な傾向を見るのに役立たず、1問1問よりはセクションごとなど、より大きめの情報を好むためでした。ライティングのフィードバックについては、「注目をしており、テストの分析的ルーブリックを授業中にも使う。得点が高い生徒と平均的な生徒のライティングを、例として提示して指導にいかす」などの報告がありました。これからいえることは、スコアレポートを指導に使った証拠は限られ、プラスの証拠としては限定的なものであるということです。

（4）ルーブリックと関連するスコアレポートとフィードバックは学習へのプラスの波及効果がある

結果：弱いプラスの証拠が示された

生徒のスコアレポートの情報の使用については、生徒へのインタビューによってかなり限定的であることが分かりました。レポートにあった長所と短所を覚えていて、そこの領域に注目して学習した生徒は、一部でした。テスト直後にテスト問題や答えが公開されますが、一部の生徒しかそれを用いて復習をしていませんでした。妥当性のプラスの証拠としては限定的といえるでしょう。

マイナスの証拠について

最後に重要な補足となりますが、第3章で紹介した検証研究の中には、マイナスの証拠（反証）が出たものもありました。マイナスの証拠が出たということはその推論は弱いということを意味します。したがって、その推論を強めるために、テスト作成者側はその点に関するプラスの証拠を提出するための検証をしたり、マイナスの証拠に関するテストの部分を改善したりすることが求められます。それを行わないと対応する推論も妥当性論証も弱いままになります。

マイナスの証拠が出たときには

　テストを選ぶ側としては、「**マイナスの証拠**が出ているテストは、そうでないテストよりも妥当でないので、選択を避けよう」と単純に考えるのは適切ではありません。検証をしたからこそ弱点が見つかったわけで、その結果を受けてテスト作成者が改善やさらなる検証を自分たちで行ったり、外部に依頼したりするきっかけになることが重要です。丁寧に厳密に分析すると、マイナスの証拠も出てきやすくなるものです。ですから、検証せずに自分たちの主張だけを行っている場合、マイナスの証拠は出ないとしても、だからといって妥当性が高いわけではありません。テスト使用者は、短絡的に考えないことが重要です。

　第2・3章で触れてきた妥当性の概念と妥当性検証法で、テストの妥当性が高いというためには多様な観点からの詳細な分析が必要なことが分かったと思います。その知識を拡張する形で、実際に既存のテストを選び、使うために、どのようにしたらよいかを次章で述べていきます。

　最後に再度強調しておきますが、妥当性検証にはいままで挙げた論証の枠組み（表3－4～3－9、表3－15～3－20）の推論や論拠、前提、証拠がすべて必要なわけではありません。テストの目的やテスト選択の目的に沿って、必要な点を選ぶことになります。目的によっては、得点化、一般化、説明、決定のみを推論として設定し、その中の一部を論拠・前提・証拠として挙げることも可能です。その点も覚えておいてほしいと思います。

まとめ

Chapelle et al. (2008) と Knoch and Chapelle (in press) に基づいた「論証に基づく妥当性検証の枠組み」に沿って、妥当性検証にはどのような観点と検証方法があるのかを紹介した。論証に基づく妥当性検証の枠組みでは、テストに関する「主張（claim）」があり、主張は「基盤（grounds）」に基づいて行う。基盤から主張を行うときには、「推論（inference）」を複数設定する。推論は、自分の状況に合わせて選択できるが、以下を考慮する。

・必須の推論：「得点化」・「一般化」・「説明」・「決定」
・入れるか選択できる推論：「外挿」・「波及効果」

妥当性検証での観点は、受容技能と発表技能の場合で大きく異なる。スピーキング・ライティングは、リスニング・リーディングの観点にさらに分析する観点が追加される。

妥当性検証の具体例から、妥当性検証の一部としてどのような分析が可能かを知ることができる。本書で挙げた、妥当性検証の中で設定する推論や論拠、前提、証拠は、すべて必要なわけではない。テスト自体の目的やテスト選択の目的に沿って、必要な点を選ぶべきである。

マイナスの証拠（反証：rebuttal backing）が出たテストについて、その推論は弱いため、その推論を強めるために、テスト作成者側はその点に関するプラスの証拠を提出するために検証したり、それに関するテストの部分を改善したりしなくてはならない。テストを選ぶ側としては、「マイナスの証拠が出ているテストは、そうでないテストよりも妥当でないので、選択を避けよう」と単純に考えるべきではない。検証をしたからこそ、弱点が見つかったわけで、その結果を受けてテスト作成者が改善やさらなる検証を、自分たちや外部に依頼して行うきっかけになることが重要である。一般に、丁寧に厳密に分析すると、マイナスの証拠も出てきやすくなる。テスト使用者として、短絡的に考えないことが重要である。

Column 3

多様な妥当性の捉え方に関して

　第2章で述べたように、妥当性の捉え方に対してはいろいろな考えがあり、妥当性検証へのアプローチも複数あります。それぞれに利点・欠点があり、どのアプローチ・枠組みを使うかはテストに関わる方それぞれに任せられています。その中で、筆者はChapelleの枠組みの利点を重視し、本書で中心的に紹介してきました。

　妥当性や検証法に対して多様な考え方があるのはよいことで、妥当性理論の深化を示すともいえます。しかし注意したいのは、発表したり文章にまとめたりする際、多様な考え方がある中で、自分はどの考えを取るのかを意識し、それを明示することです。これがないと、聞き手や読み手は発信者がどの立場であるかが分からないため、自分が用いる枠組みや一般的な枠組みの観点から内容を吟味することになり、誤解が生じることもあります。建設的な議論を行うためにも、テストの妥当性について語る際には、その提案者や定義、妥当性の中に含まれる要素や検証方法について、最初に述べたいものです。

　もう1つの観点として、妥当性を初めて学ぶ人にどのように伝えるのがよいかという問題があります。「テストで測ることを意図した能力が測れているか」という妥当性の定義は、現代の妥当性の定義からすると古いものですが、その古い定義がいまでも教科書的な文献に載っていることが多いです（Markus & Borsboom, 2013）。それは、初学者の方には理解が難しいためだと思います。しかし、伝統的な妥当性の定義に問題があるために現在の定義に変わったわけで、現在の定義のエッセンスを伝える努力はすべきだと思います。私の限られた経験では、丁寧に説明すればMessickの定義は分かっていただけると思います。ただ、Kane以降の論証に基づく妥当性検証を分かりやすく伝えるのが、なかなか難しいと感じます。そのため、私自身、論文を書く際に主な読者層を考えて、書き方を変えるときもあります。初学者の方への伝え方としてもう1

つ悩むのが、信頼性や波及効果など、妥当性と関連する概念をどう紹介するか、テスト作成や使用で重要な要素をどう説明するかです。信頼性や波及効果は、Messickの定義では妥当性の一部になりますが、分けて説明した方が分かりやすい場合があります。これは、他の著者も同様なのでしょう。例えば以下の本では、テストで重要な要素としてそれぞれ違う形で紹介しています（用語は本書のものに合わせています）。ここで例として挙げたのは、すべて言語テスティングの入門書で、初めてテストを作成したり、解釈したり、使ったりしたい方、テストの理論を学びたい教員や大学院生などを意識した本ですので、機会があればお手に取ってほしいと思います。

《言語テスト全般を扱った、英語で書かれた主な本》

Hughes（2003a; 翻訳は2003b）：テストが満たすべき条件：①妥当性、②信頼性、③波及効果、④実現可能性

Brown and Abeywickrama（2010）：テストをテストするための基準（原則）：①実現可能性、②信頼性、③妥当性、④真正性、⑤波及効果

Douglas（2010）：言語テストの倫理的な使用に関わるもの：①信頼性、②妥当性

Brown（2014）：①信頼性、②妥当性

Green（2014a）：効果的な評価システムの質（評価を有用にする特徴）：①実現可能性、②信頼性、③妥当性、④有益な波及効果（「他の真正性やバイアスのなさなどが重要でないというわけではない」と書いてある）

《言語テスト全般を扱った、日本語で書かれた2017年出版の主な本》

笠原・佐藤（2017）：①妥当性、②信頼性、③波及効果、④実現可能性

根岸（2017）：①妥当性、②信頼性、③波及効果、④実現可能性：Hughes（2003a）を引用

小泉・印南・深澤（2017）：①妥当性、②信頼性、③実現可能性（信頼性・真正性・波及効果を含む広い意味での妥当性も紹介）

正頭（2017）：①妥当性、②信頼性、③実現可能性、④真正性、⑤波及効果

　それぞれの本は、方向性は一致しているものの、細かなところで微妙に異なっていて、この扱いの違いによって初学者の理解が難しくなっている面もあるか

もしれません。妥当性の中に波及効果や真正性を入れる場合も、そうでない場合もあると分かっている人ならば、ある本には波及効果があり、別な本にはないのも理解できると思うのですが、そうでない人が複数の本を読んだ場合に、言語テストで何が重要なのかが混乱する面があるかもしれません。そうかといって、どの本でも統一というのは難しいと思います。基本的には、共通点と相違点に注意しながら、まずは共通点の方を特に頭に入れるようにすると分かりやすいかもしれません。本書では、現代の妥当性理論を多くのページ数を割いて扱えるという、めったにない機会をいただきましたので、丁寧な説明を心がけました。

第4章
テストを適切に選び、使う方法

前章までで、妥当性の捉え方と、どのような形で妥当性検証を行うかについて具体例を挙げながら述べてきました。本章では、それらをふまえながら、英語4技能テストを選んだり使ったりする際にどのようなプロセスを経て行ったらよいのかを具体的に述べていきます。

テストを適切に選ぶ　152
テスト選択時の悩み：解決編　186
テスト使用のステップ　190
テスト使用時の悩み：解決編　210

テストを適切に選ぶ

テストを比較して選ぶには、この章で示す問いに答えながら進めるとよいでしょう。問いに答えていく上で最初に考えるべきなのは、「波及効果」という考え方です。波及効果とは、「テストや教育システムが、指導や学習へ与える影響」を意味します。

テスト選びのステップ

　第3章までの内容にも、「**波及効果推論**」というものがありました。波及効果をテストの妥当性の観点として取り入れたものが、「波及効果推論」です。テストを使うことで、意図した波及効果も、意図しない波及効果も起きる可能性があります。それを選ぶ際には、この波及効果を最初に考えておくことで、適切な選択ができるようになります。次から問いに対応する形で、解説を加えていきます。

【テストを作る・選ぶ際に考えておくべき点】

> Q1. テストを使うことで、どのようなプラスの波及効果が起こることを期待しているか
>   ① プラスの波及効果を意図している受験者は誰か。その受験者はどのような影響を受けるか
>   ② それ以外に誰が影響を受けるか。どのような影響を受けるか
> Q2. Q1.の波及効果以外のどのような目的でテストを使いたいのか（例：選抜、成績付与）
> Q3. テストによって、受験者の言語能力の何について知りたいのか
> Q4. 知りたい情報を得るために、どのような評価法が使えるか（例：ポートフォリオ、面接、観察）
> Q5. Q4.の評価法の中で、テストを使う必要はあるか
> Q6. Q5.で「はい」の場合、既存のテストは使える状態か
>   <u>Q6.の問いを検討するときに次の①〜⑨に答えながら行う</u>
>   ① 必要な情報を提供してくれるテストは既に存在するか
>   ② 期待しているプラスの波及効果が起こると考えられるテストか

③ 使用目的に適したテストか
④ 知りたい受験者の言語能力が十分測れるテストか
⑤ そのテストは、意図した受験者に適切か
⑥ テストタスクは、目標言語使用領域でのタスクに対応しているか
⑦ テスト開発者は、テストの意図した使用を正当化する証拠（妥当性検証に必要な証拠）を十分提供しているか
⑧ そのテストは使用できるか。実施する・受けさせる余裕はあるか。実施したり外で受験を課したりする際に、どのような資源（人、資材、時間、料金）が入手可能か
⑨ そのテストについて、他に気になる点はあるか

Q7. Q5.で「いいえ」の場合に、自分でテストを作る必要はあるか
「はい」の場合、次の①～③に答える
① テスト開発時に、証拠を提示しながら、テスト（得点に基づいた解釈と使用）の妥当性が高いことを主張できるか
② ①で必要なプロセスを含め、テスト開発に必要な資源はどのようなものか
③ どのような資源を持っており、入手可能か

注：Bachman and Palmer（2010, p. 148, p. 265）に基づく

テストの波及効果（Q1）

　波及効果とは、先ほども述べたように、テストや教育システムが、指導や学習へ与える影響のことです。社会への影響も含めて**インパクト**（impact）ということもあります[157]。「**波及効果の局面**」としては、次のようなことがあります[158]。

① どのようなテストでも実施すれば起こる影響か、あるテストが特有に持つ影響か（specificity）
② 強い影響か、弱い影響か（intensity）
③ 影響が長期間続くか、短期間続くか（length）

157　渡部, 2016
158　Watanabe, 2004a

④ 意図した影響があるか、意図しない影響があるか（intentionality）
⑤ プラス（positive）の影響があるか、マイナス（negative）の影響があるか（value）

その中で、「Q1.①**プラスの波及効果**を意図している受験者は誰か。その受験者はどのような影響を受けるか」では、意図したプラスの影響を考えます。大学入試のテストであれば、普通は高校生か浪人生への学習への影響が強く長く続くことを期待し、大学入学者の英語力が学習の結果、高くなることを期待するでしょう。

しかし、意図したプラスの波及効果ばかりが出るとは限りません。そのため、「Q1.②それ以外に誰が影響を受けるか。どのような影響を受けるか」では、上で挙げた「波及効果の局面」①〜⑤について、受験者以外に対してどのように波及効果が現れるかを意識して答えます。

◯ 波及効果の理論を知る

先ほど、波及効果が何を意味するのかを押さえましたが、受験者、受験者以外にどのような波及効果が現れるかを理解するには、波及効果に影響を与える事柄・波及効果の理論について知る必要があります。過去の2つの波及効果研究を参考に、具体的に説明します。まず、Watanabeが示したのは、**波及効果に影響する要因**についてです。以下の5つがあります[159]。

（1）テストそのもの：テスト方法、内容、測定技能、テスト目的、テストの使い方
（2）テストの位置づけ：テストの重要度、教育の中での位置づけ
（3）人的要因：教員養成・研修、教員の信念やタイプ、学習者のニーズ・熟達度
（4）マイクロ的文脈：学校の雰囲気、学校の文化（例：進学校か。進学実績を重要視するか）
（5）マクロ的文脈：どのような社会か

---

159 Watanabe, 2004a, 2004b

(3) について少し補足すると、例えば教員の信念やタイプには、入試・テストに強く影響される教員か、多様な指導法に親しんでいる教員かなどがあります。どれだけ教員が入試問題を分析しているかも関わります。学習者のニーズ・熟達度は、これによってタスク選択をするかどうかを指します。生徒が文法を苦手とするときには文法課題を行ったり、課題が適度な難易度になるようにタスクを修正したりするかといったことが例です。波及効果は、このようにテストそのもの以外からの影響もあるため、予想は簡単ではありません。

　一方Greenは、波及効果がプラスかマイナスか、また強いか弱いかを予測するモデルを提唱しました[160]。このモデルでは、テストで測りたいと思っている能力、つまり「焦点となる構成概念（focal construct）」と「テストデザインの特徴（タスク形式、内容、複雑さなど）」には重なる部分と、重ならない部分があると考えます[161]。測りたい能力は、現実世界で実際に使う能力であることが多いです。その「焦点となる構成概念」と「テストで実際に測る能力」には重なりもありますが、ずれもあり、重なった部分からはプラスの波及効果が、ずれた部分から**マイナスの波及効果**が起こりやすいと予想します。

　こうした重なりの観点以外にも、波及効果に影響する要因を挙げています。

（1）テストの重要さの認識
　　重要なテストで、難易度の認知が適度に難しい（challenging）場合には強い波及効果が起こる。重要なテストでも、易しい・難しすぎると捉えられると波及効果は弱くなる。重要でないテストでは、難易度がどう捉えられようと、波及効果は弱くなる。
（2）関係者
　　利害関係者、コース提供者、教材作成者、出版社、教員、学習者
（3）参加者の特徴・価値
　　テストが求める要求の知識・理解。テストの要求にこたえる資源（resources）を持つか。テストの要求を受け入れるか

160　Green, 2007
161　タスク形式の特徴については、飯村(2016)、片桐(2016)参照

(3)について例を挙げると、第3章で紹介したTSSTは固定電話からかけると無料ですが、携帯電話からかけると通話料がかかります。これを知っていることが、「テストが求める要求の知識・理解」にあたります。固定電話を持っていることが、「資源を持つ」ということで、固定電話が使えないときに、通話料を支払って携帯電話でテストを受けることが「テストの要求を受け入れる」ことです。こうした場合に、固定電話を持たない人が不満な気持ちで携帯電話を使ってテストを受けたとすると、プラスの波及効果は起きにくいだろうということです。

　先ほど、「焦点となる構成概念」と「テストで実際に測る能力」には重なりもありますが、ずれもあり、重なった部分からはプラスの波及効果が、ずれた部分からマイナスの波及効果が起こりやすい、と述べました。その「ずれ」について、Yanagawaによると、現実のリスニングとセンター試験でのリスニングテスト（2007〜2009年度分の分析）には、以下のずれがあります[162]。

> (1) 聞く機会が何回あるか
> (2) ためらい (hesitations) の有無
> (3) ターン (turn) のかぶりの有無
> (4) 3人以上の会話の有無
> (5) アクセントの多様性の有無
> (6) 第二言語話者の有無
> (7) 話が直線的に進むか
> (8) 推論を求める問いの有無
> (9) 短縮、弱形、同化、脱落 (sandhi-variation) などの有無
> (10) 自然な発話速度の有無

　(1)でいえば、センター試験は音声を2回聞くことができますが（2018年1月現在）、現実では普通1回です。こうした現実とのずれからマイナスの波及効果が生じてきます。また他にも、スピーキングで「人に向かって話し、適宜対話が入るのか（現実）、発話をマイクに吹き込むのか（テスト）」の違い、「対話者が束縛なく話すか（現実）、対話者である面接官の発話はほぼ決まっているか（テ

---

[162] Yanagawa, 2012

スト)」、「質問や意味交渉する機会があるか」の違いなど、実世界とテストでは一致しない部分が出てきます。これらは、さまざまな受験者にできるだけ同じ条件で受けてもらうために、テストの標準化としてはやむをえないことです。

このようにいろいろな要因を考えた上で、Q1.①で予想されるプラスの波及効果と、Q1.②で意図しないが起こってしまうマイナスの波及効果を意識しておきます。

受験者を考える

「Q1.①プラスの波及効果を意図している受験者は誰か。その受験者はどのような影響を受けるか」を検討する際には、記載にある「受験者」を記述する必要があります。受験者の詳述は当たり前に思えるかもしれませんが、コア受験者グループ以外に、少数の受験者グループがある場合が多く、スムーズにテストを使うためには、そのような受験者層を意識しておくことが大切です。例えば、聴覚障がい者が受験する場合に、リスニングを含む4技能テストでどのように対処するか、LGBT (Lesbian, Gay, Bisexual, and Transgender) を含むさまざまなタイプの受験者がいる中、不用意に性別を尋ねる質問項目が記入すべき内容としてテストに入っていないかなど、受験者層を考えることによって、気づく点はたくさんあります。Bachman and Palmerは受験者を考える上で参考になる、受験者の一般的な特徴を考える観点を挙げています[163]。

> (1) 個人的特性
> (2) トピックについての知識がどれだけあるか
> (3) 言語能力のレベルとプロファイル
> (4) 異なる種類のテストタスクに対する予想される情意的反応

(1) は「年齢、性別、国籍、在留資格、在住期間、母語、教育のレベルと種類、あるテストに対する準備や経験の種類と量に関連する部分」が例です。(3) の言語能力を考える際には、CEFRレベルなど、何らかの基準に基づいて全体的なレベルを記述するとよいでしょう。講義を聞く、新聞を読むなど、さまざまな言

---

163 Bachman & Palmer, 2010

語使用タスクを行う際に、どの程度のことができるかも分かる範囲で記述します。プロファイルについては、得意な技能や分野と苦手なものを確認します。例えば、リーディングは得意だが他技能は苦手で、特にリスニングにおいて1回だけ聞いて問いに答える形が不得手である、といった具合です。（3）は特に受験層を日本の平均的な高校3年生として考えるならば、平成27年度英語力調査結果（高校3年生対象）が例として参考になります。これによると、リーディングとリスニングの平均はCEFRレベルのA1の上、スピーキングとライティングはA1の下で、受容技能が発表技能よりもやや高い傾向であることが分かっています[164]。そのためこれを参考に記述することもできます。学習指導要領で指定された語彙数なども参考になります。（4）は、不安や動機づけなどを意味します。日常のリスニングは問題なくできるが、リスニングテストになると不安を強く感じて本来の力が出せないなどテスト不安が強い人もおり、考慮が可能かを検討します。

テストを使う目的（Q2）

次に「Q2.波及効果以外のどのような目的でテストを使いたいのか」というテストの目的について押さえていきます。**テスト使用の目的**にはさまざまなものがありますが、例えばBrownは、使用目的を3つに分類しています[165]。

> （1）言語学習者の評価のための使用
> （2）言語プログラム評価のための使用
> （3）研究での使用

（1）は「入学・入社・入国の前に行う選抜や審査のための評価、クラス配置のための評価、診断的評価、進捗状況の評価、到達度の評価」などを指します。（2）は「形成的・総括的なプログラム評価」、（3）は「仮説検証のための使用、研究の道具としての使用」を意味しています。

言語テストの使用目的を明示する際、目的が2つ以上ある場合もありますが、その場合もどれが主目的かを意識することが重要です。まずは、その主目的が果

---

164 文部科学省, 2016
165 Brown, 2013

たされるかをもとにテストを選び、複数候補がある場合には、2つ目の目的に合うもの、3つ目の目的に合うものと順に絞っていくことになります。

　注意しなければならないのは、あるテストについて使用目的に適しているかという観点で妥当性検証が行われたとしても、その後、別な使用目的のために使うときには、ある目的のためにされた妥当性検証の結果がそのまま使えるわけではないことです。研究向けに作成されたテストを、授業の診断的評価の目的で使い始めるなど、作成時に意図していない目的のために使う場合、**変化のための更新**（change retrofit）と呼ばれる、新しい目的のために使うことが十分に妥当であるかを調べる検証が必要になります[166]。

測りたい言語能力／構成概念（Q3）

　「Q3. テストによって、受験者の言語能力の何について知りたいのか」を考えていきます。いままでの章でも何度か触れたかと思いますが、これが「構成概念（construct）」にあたります。構成概念は「テストが測るよう意図された概念や特徴」、つまり言語テストの場合には「テストで測りたい能力」と一般に定義されます。また、「テストが実際に測っているもの」を構成概念と呼ぶこともあります[167]。

◯ 言語能力モデルを考慮する

　言語能力を考えるときに、モデルを使用することがあります。モデルとは、知識や能力、使用、現象、パターンなどを、抽象的に記述したものです。テストで測りたい能力を考える際に、言語能力のモデルとしてどのようなものがあるかを知っておくのは参考になります。構成概念として、言語能力のモデルの一部を使うこともできますし、全部を対象とすることもできます。根拠があるのであれば、独自に構成概念を設定することもできます。

　言語テスティング研究においては、さまざまなモデルが提案されてきました。参考となるものを紹介します。

---

166 Fulcher, 2013
167 Chapelle, 1998; 例：テスト作成時に「スピーキング能力全般」を構成概念としていても、テスト形式が発話を録音する形なら、テストで実際測る能力での構成概念は「対話能力を除いたスピーキング能力」となる

Canaleのコミュニケーション能力モデル

まずはCanaleのコミュニケーション能力モデル[168]を見てみましょう。このモデルは4つからなります。

> （1）文法能力（grammatical competence）
> （2）談話能力（discourse competence）
> （3）社会言語学的能力（sociolinguistic competence）
> （4）方略的能力（strategic competence）

（1）は「言語の文法・音声・語彙・発音についての能力」を示します。（2）は、「2文以上をつなげた文章を読んだり聞いたりし、書いたり話したりする能力」のことです。（3）は「言語を状況に合わせて適切に使う能力」、（4）は「さまざまな手段を使って、コミュニケーションを成功させようとする能力」を意味しています。

Bachman and Palmerの言語能力モデル

Bachman and Palmerは、先ほどのCanaleのモデルを再構成しました[169]。**Bachman and Palmerの言語能力モデル**によると、言語能力（language ability）は、言語知識と方略的能力からなるとされています。

> （1）言語知識（language knowledge）
>   ①構成的知識（organizational knowledge）
>   ②語用論的知識（pragmatic knowledge）
> （2）方略的能力（strategic competence）
>   ①目標設定（goal setting）に関する能力
>   ②見積もり（appraising）に関する能力
>   ③計画（planning）に関する能力

（1）の言語知識は、①構成的知識と②語用論的知識からなります。①は、「語

---

168 Canale, 1983
169 Bachman & Palmer, 2010

彙や文法、音声を使って、発話や文章をどう構成するか、そのような発話・文章をどう理解するかに関する知識」です。②は、「発話や文章を、コミュニケーションの目的に合わせて用いることに関する知識」です。例えば、公的な場で丁寧な語を選んで話すといったことです。

（２）の方略的能力は、Canaleの定義より広いものをカバーし、コミュニケーションや他の認知的な活動を成功させるための高次の方略を使う能力を意味します。これには①～③の３つの観点があります。①は、「行うべきテストタスクを特定・選択すること、タスクが終わったかどうかを決定する力」です。②は、「タスクを成功させるために、タスクの特徴を分析する力」、「タスク完了に必要な、関連した領域の知識が使えるかを調べるために、トピック・言語両方に関する自分の知識を見積もることができる力」、「どの程度タスクに成功したかを評価する力」です。③は、タスクの成功に必要な「トピックに関する知識」と「言語知識」の領域から、必要な要素を選択する力です。「タスク遂行に必要な要素を実行のために計画し、タスクをいつ始めるかを選択する力」を意味しています。

方略的能力を具体例に見ていきます。80分の筆記テストでリーディングの大問が４つ、ライティングが１つあるとします。このとき、どこから始めるか、ライティングがどの程度書けたら終わったとみなすかなどを判断するのが①「目標設定に関する能力」です。リーディング問題でどのようなトピックが扱われており、どのようなタスクが入っているか、それぞれのタスクについて、自分の知識でどの程度出来そうかを見積もるのが②「見積もりに関する能力」です。リーディング内の語彙問題を解くときに、自分の語彙知識で解ければそれを使い、解けなければ前後の文脈を読んで、答えを絞り込むときに使うのが③「計画に関する能力」です。これらの能力と、トピックについての知識や受験者の個人的特徴などの要素が影響し合い、現実世界やテストでのタスク遂行が行われると考えられます。

Hulstijnの第二言語熟達度モデル

Hulstijnの第二言語熟達度モデル[170]は、「コア要素」と「周辺的要素」の２つの要素からなります。

「コア要素」とは、「基本的な発話や文章を理解し、産出するために必要な知識」です。音声・音韻（phonetic-phonological）、形態素・音韻（morpho-phonological）、

---

170 Hulstijn, 2015

形態素・統語（morpho-syntactic）、語彙・語用論（lexical/pragmatic）的な知識が必要とされています。その他に、「理解・産出のための処理に要する速度」、「コミュニケーションの状況に適した言語形式や、2文以上の談話についての構造の知識」などもコア要素に入ります。「周辺的要素」には、対話能力（interactional ability）、方略的能力、メタ言語学的知識（例：言語をどう理解し産出するかについての知識）が入ります。話し言葉・書き言葉の違いなど言語形式の多様性についての知識も周辺的要素に入ります。

　このように、言語能力に何が含まれるかについて、詳細に記述が行われてきましたが、どれか1つを皆が一致して使うようなモデルはありません[171]。さまざまな言語モデルを参考にしながら、測りたい能力を決定する必要があります。

◯ 下位技能を考慮する

　3タイプの「言語能力モデル」を押さえたところで、次はそれらの能力の下位に位置する能力について見ていきましょう。言語能力モデルは、通常4技能を含めて考え、技能ごとに、**下位技能**として、細かい技能（能力）に分けて考えます。

　各技能で必要な要素や下位技能については、いろいろな分け方があります。ここではBrown and Abeywickramaから引用し、各技能に含まれる下位技能を2つに分けて、マイクロスキル（狭い下位技能）とマクロスキル（広い下位技能）として紹介します[172]。彼らの定義は細かすぎず、雑すぎでもないため、構成概念を捉えるときに役立つと思うためです。なお、この下位技能の中には、テストでは使われない能力も入っています。テストに限定しない広い状況で使われる能力のリストになっています。

【スピーキングの下位技能】

《マイクロスキル（microskill）》
1. 英語の音素間や異音（allophones）間での違いを表現する
2. 異なる長さの言語の固まり（chunks）を表現する
3. 英語のストレスパターン、ストレスのある・ない位置の語、リズム構造、イントネーション（intonation contours）を表現する

171　Dunlea, 2015
172　Brown & Abeywickrama, 2010

4. 語句の短縮形（reduced forms）を表現する
5. 場面や目的に合わせて、適切な数の語句を使う
6. 速さを適宜変えて、流暢な発話を生み出す
7. メッセージの明瞭さを高めるために、自分の発話をモニターして、多様な方略的手段（例：ポーズ、フィラー、自己訂正、撤回［backtracking］）を使う
8. 名詞・動詞などの文法的品詞、時制・一致・複数化などのシステム、語順、パターン、規則、略形（elliptical forms）を使う
9. 適切な句・ポーズグループ・呼吸段落（breath groups）、文構成要素を使って、自然な構成要素で発話を生み出す
10. 異なる文法形式（grammatical forms）を使って、ある特定の意味を表現する
11. 話し言葉の談話で、*To begin with, In contrast* などの構成や流れを示す表現（結束的要素：cohesive devices）を使う

《マクロスキル（macroskill）》
12. 状況・参加者・目標に沿って、話し方を適切に変える
13. 対面の会話において、適切なスタイルや、使用域（registers）、含意（implicature）、冗長性（redundancies）、語用論的慣習（pragmatic conventions）、会話のルール、発言権（floor）を保つことと得ること、会話の遮りなどの状況に合わせた表現を使う
14. 出来事間の関係を伝え、核となる考えと周辺的な考え、出来事と感情、新情報と旧情報、一般化と例示などの関係を伝達する
15. 話し言葉とともに、表情的特徴や動作（kinesics）、ボディランゲージ、その他の非言語的なヒントを伝える
16. キーワードを強調する、言い換える、語の意味を解釈するための文脈を提供する、表現が思いつかないときに周囲に助けを求める、対話者がどの程度自分を理解しているかを正確に見積もるなどの、一連のスピーキング方略を使う

【ライティングの下位技能】

《マイクロスキル》
1．英語の正しい書き方（書記素：graphemes; 正字法：orthographic）のパターンを表現する
2．目的に合わせて、効率のよい速さで書く
3．適切な重要な表現を使い、適切な語順を使う
4．適切な文法システム（時制・一致・複数化など）やパターン、規則を使う
5．異なる文法形式を使って、ある特定の意味を表現する
6．書き言葉の談話で、As mentioned above, In conclusion などの談話標識を使う

《マクロスキル》
7．書き言葉の談話で、比喩や擬人法などの修辞的表現（rhetorical forms）と定型表現（慣習：convention）を使う
8．形式と目的に沿って、書き言葉で、書き手の意図を適切に伝える
9．出来事間の関係を伝え、メインアイディアとそれを支えるアイディア、新情報と旧情報、一般化と例示などの関係を伝達する
10．文字通りの意味と含意された意味を区別して書く
11．書き言葉のテキストの文脈で、文化的に特化した参照物（例：キリスト教の文化で13は不吉を意味する）を誤解のない形で正確に伝える
12．正確に読み手の解釈を見積もり、書く前に使える手段（prewriting devices）を使い、第1草稿を流暢に書き、言い換えや同意語を使い、友人や教員にフィードバックを求め、そのフィードバックを修正・改訂（revising and editing）に使うなどのライティング方略を使う

【リスニングの下位技能】

《マイクロスキル》
1．英語の異なる音を区別して聞く
2．短期記憶に異なる長さの言語の固まりを保持する

3. 英語のストレスパターン、ストレスのある・ない位置の語、リズム構造、イントネーションと、情報を伝える際のそれらの役割を理解する
4. 語句の短縮形（reduced forms）を理解する
5. 語と語の境界を区別し、重要な語句を理解し、語順パターンとその重要性を解釈する
6. 速さが異なる発話を処理する
7. ポーズ、誤り、訂正などを含む発話を処理する
8. 名詞・動詞などの文法的品詞、時制・一致・複数化などのシステム、パターン、規則、略形（elliptical forms）を理解する
9. 文構成要素を見つけ、主要な構成要素と、主要でない構成要素を区別する
10. 異なる文法形式を使って表現された、ある特定の意味を理解する
11. 話し言葉の談話で、*First, Thank you for listening* などの構成や流れを示す表現（結束的要素：cohesive devices）を理解する

《マクロスキル》
12. 状況・参加者・目標に沿って、発話のコミュニケーションの機能を理解する
13. 現実世界の知識を使って、状況・参加者・目標を推測する
14. 聞こえてきた出来事や考えに基づき、結果を予測し、出来事間の関係を推測し、因果関係を演繹（deduce）し、メインアイディアとそれを支えるアイディア、新情報と旧情報、一般化と例示などの関係を見つける
15. 文字通りの意味と含意された意味を区別する
16. 意味を読み解くために、表情や動作（kinesic）、ボディランゲージや他の非言語的ヒントを使う
17. キーワードを見つける、文脈から語の意味を推測する、助けを求める、理解したことや理解していないことを示すなどの、一連のリスニング方略を使う

【リーディングの下位技能】

《マイクロスキル》
1. 文字や、音素を生み出す文字の組み合わせについての、英語の独特な書記素（graphemes）や正字法（orthographic）のパターンを区別する
2. 短期記憶に異なる長さの言語の固まりを保持する
3. 目的に合わせて、効率のよい速さで読む
4. 重要な語句を理解し、適切な語順とその重要性を解釈する
5. 名詞・動詞などの文法的品詞、時制・一致・複数化などのシステム、パターン、規則、略形（elliptical forms）を理解する
6. 異なる文法形式を使って表現された、ある特定の意味を理解する
7. 書き言葉の談話で、結束的要素を理解し、節間や節内での関係を示す際にそれが果たす役割を理解する

《マクロスキル》
8. 書き言葉の談話での、比喩や擬人法などの修辞的な定型表現と、その解釈での重要性を理解する
9. 形式と目的に沿って、書き言葉のテキストのコミュニケーションの機能を理解する
10. 背景知識を使って、スキーマを活性化することによって、明示的に書かれていない文脈を推測する
11. 書いてある出来事や考えなどに基づき、出来事間の関係を推測し、因果関係を演繹（deduce）し、メインアイディアとそれを支えるアイディア、新情報と旧情報、一般化と例示などの関係を見つける
12. 文字通りの意味と含意された意味を区別する
13. 文化的に特化した参照物（culturally specific reference）を見つけ、それを、適切な文化的スキーマの文脈で解釈する
14. 一連のリーディング方略を使う。例は、スキャニング（名前、日付、キーワードなどの特定の情報を求めて読むこと）とスキミング（要点やメインアイディアを求めて読むこと）や、*Lastly, In other words* などの構成や流れを示す談話標識を見つけること、文脈から語の意味を推測すること、テキストの解釈に必要な背景知識を思い出す（活性化する）ことである

Q3.で構成概念を書き出す際には、関わる下位技能をすべて入れて記述することもできますが、詳細になりすぎる可能性もあります。その場合には、重視したい下位技能を意識しておくと、テスト選びの際にそれが入っているものを意識して選びやすくなります。

◯ 文脈を考慮する

言語能力のモデルや技能の要素を考える際には、言語能力や技能を構成概念と捉えることが多いです。しかし、実際のパフォーマンスでは文脈の影響も無視できない程度に大きいことが認識され、文脈を構成概念に入れて解釈する捉え方も広まってきています。

言語テストで使われる「**文脈**（context）」という用語には、狭い意味と広い意味があります[173]。狭い意味の文脈は、タスクの特徴やコミュニケーションの状況のように、言語テストでの出来不出来（パフォーマンス）に影響する要因を意味します。例えば、多肢選択式と自由記述式のテスト形式の違いも文脈の違いになりますし、スピーキングで対面式か録音式か、採点者がトレーニングを受けており経験豊富か否か、ルーブリックは総合的に１つのスコアを出す採点形式（holistic scoring）のものか、観点ごとにスコアを出す分析的な形（analytic scoring）かなども文脈の違いとなります。一方、広い意味での文脈は、「言語テストが開発されて使われる、より広く社会的な環境（milieu）」を指し、政治的・社会的・教育的文脈を含みます。例えば、「大学入試の文脈では、波及効果の考慮が大切だ」というときは広い意味の文脈です。構成概念の定義においては、普通は狭い意味の「文脈」を意味しています。

◯ Chapelleの構成概念の定義の仕方

Chapelleは構成概念の定義の仕方を、（１）**特性的定義**（trait definition）、（２）**行動主義的定義**（behaviorist definition）、（３）**相互作用的定義**（interactionalist definition）の３つに分類し、構成概念の定義でどれを取るかを明示することを求めています[174]（168ページ表４－１参照）。Bachmanは（３）相互作用的定義をさらに３つに細分化し、構成概念の定義法が５種類になっています[175]。この

---

173 Jin, 2017
174 Chapelle, 1998
175 Bachman, 2007

定義によって、テストスコアをどう解釈するかが変わってきます。

表4-1 ● 構成概念の定義の種類

1. 特性的定義（能力に焦点を当てた定義）	
定義	文脈とは独立して定義された人の特徴として記述
典型的な評価の種類	個別項目テスト形式を使った評価、技能ごとの評価、能力に焦点を当てたタスクに基づく評価
例	語彙の広さ、旧 TOEFL のストラクチャー問題（読解文章などとは独立に個別項目で測定）

2. 行動主義的定義[176]	
定義	文脈の特徴として記述
典型的な評価の種類	成果に焦点を当てたタスクに基づく評価
例	診察の文脈で書いた語彙使用の質（医者が患者の病状を尋ねて書く文脈において、状況に適した用語を使ったか）

3. 相互作用を最小限に考慮した定義[177]	
定義	文脈に関連した、人の特徴として記述（文脈より特性重視）
典型的な評価の種類	文脈で使用されるときの、背後にある能力に焦点を当てたタスクに基づく評価
例	診察の文脈で書いたときに見られる語彙の広さ、医学の文章における語の定義の理解

4. 相互作用を中程度に考慮した定義[178]	
定義	ある状況で行動する、人の特性として記述
典型的な評価の種類	文脈における能力に焦点を当てたタスクに基づく評価
例	多様な診察の文脈における語彙使用の適切さ

5. 相互作用を強く考慮した定義[179]	
定義	あるタスクの状況で行動するときの、人の変化する特性として記述
典型的な評価の種類	ダイナミック・アセスメント（評価のタスク中の変化を想定）診断的評価
例	診察の文脈における語彙使用の伸び

注：1〜5の解説はMislevy（2013）、Jamieson（2014）、Bachman（2007）に基づく

---

[176] タスクに焦点を当てた定義；Norris, Brown, Hudson, & Yoshioka, 1998
[177] Chapelle, 1998
[178] Chalhoub-Deville, 2003
[179] He & Young 1998

「1．特性的定義」では、文脈とは独立して能力のみを定義し、「〜の能力」のような形で定義します。「2．行動主義的定義」では、文脈の特徴のみで考えて能力を想定せず、「〜の文脈におけるパフォーマンス」のような形で定義します。「相互作用的定義」では、能力が文脈によって変わることを認め、「〜の文脈における…の能力」のような形で定義します。

「相互作用的定義」とは、実用主義的（pragmatic）世界観に基づき、テストパフォーマンスは「特性（能力）」・「状況的な特徴」と、この２つの相互作用の結果生まれたものと捉える見方です。相互作用的定義には３つの種類があり、違いは以下です。「3．相互作用を最小限に考慮した定義」では、能力と文脈は別個で、言語使用・パフォーマンスは能力と文脈の相互作用によって生まれると捉えています。「4．相互作用を中程度に考慮した定義」では、文脈における個人の能力（ability-in-individual-in-context）を構成概念と捉え、能力と文脈は別個で、能力は文脈との相互作用によって変化すると考えます。「5．相互作用を強く考慮した定義」では、能力・行動・活動は個人の特性ではなく、能力と文脈は切り離せず、参加者が使う資質は局所的で、参加者全員によって共同で作り上げられると捉えます。

このように構成概念の定義に使える理論や方法は多様なものがありますが、それを考慮しつつ、テストを選ぶ際には、目的や状況によってどのような構成概念を測るかを決めます。高校生の到達度を測ることが目的のテストであれば、学習指導要領の記述をもとに構成概念を決めることになります。大学入試で使うテストであれば、選抜という目的を重視し、上で挙げたような「〜の技能・能力」のような形で定義することも可能です。ただ選抜目的でも、学習してきた技能・能力の測定を重視したり、テストの指導・学習へのプラスの波及効果を意図したりするのであれば、学習指導要領の記述と密に関連づけることが大切です。

多様な評価法とテストの利点（Q4・Q5）

学習者の能力について情報を得る方法は、テストだけではありません。**代替評価**（alternative assessment）と呼ばれる評価法も含めて幅広く考えてから、テストの形がよいのかを確認するのが「Q4.知りたい情報を得るために、どのような評価法が使えるか」と「Q5.評価法の中で、テストを使う必要はあるか」です。

テストという形で情報を得る以外に、**ポートフォリオ**（portfolio）、**ジャーナ**

ル（journal）、**話し合い・面接**（conference and interview）、**観察**（observation）を使うことができます。また教員評価でなく、**自己評価・相互評価**（self- and peer-assessment）を行うこともできます[180]。

　ポートフォリオは、生徒の努力や進歩、到達度を確認するために生徒の作品を意図的に集めたものです。ポートフォリオの中に、ライティングのエッセーや完成原稿、レポート・プロジェクト・プレゼンテーションの概要、プレゼンテーションの録音や録画、日記や個人的な振り返り、講義のメモなどを入れ、この中にテストスコアを入れることもあります。

　ジャーナルは「目標に向かっての考えや感情、反応、評価、アイディア、または進歩についての記録を取ったもの」です。普通は、全体の構成や言語表現、正確さにあまり注意を向けずに書いたものを指します。

　話し合いでは、作品の向上を促進するために、生徒が書いた草稿について話し合います。ポートフォリオを一緒に見直したり、口頭発表の計画についてアドバイスをしたり、全体的な進捗状況について確認したりします。

　面接は、話し合いの一部です。口頭発表を評価したい、生徒のニーズや学習スタイル、好みを確認したい、コースの評価をしてもらいたいなどの目的のために行います。

　観察は、授業内で生徒を観察することで、どの教員も行っていることだと思います。どこを観察するかを決めておき、観察で分かったことを記録します。

　自己評価・相互評価には、「特定のパフォーマンスを行った後に、自分または周りのクラスメートが評価する形」、「一般的な能力について評価する形」、「自分の目標設定のために、過去のパフォーマンスを振り返り、進歩を定期的に確認する形」、「生徒が自分で作ったテストやルーブリックを使う形」などがあります。自己評価・相互評価では、評価の精度を上げるために、教員評価を提示し、自分の行った評価とずれを確認できるような機会を設けるとよいとされます。

◯ 標準化テストの長所と短所

　「代替評価」と「テスト」はどのように違うのかを知るために、民間試験のような**標準化テスト**の長所と短所を確認しておきます（表4－2参照）。テストを選ぶとしても、このような特徴を理解した上で行いたいものです。

---

180 Brown & Abeywickrama, 2010

表4−2 ● 標準化テストの長所と短所

長所
・容易に手に入る完成物がある (readily available product) ・大勢に対して容易に実施できる ・採点・スコア報告手順が効率化されている (streamlined) ・事前に妥当性検証が確認されていることが多い

短所
・テスト使用者が不適切にテストを使用する可能性がある ・テストのバイアスがある可能性がある ・間接テストを使う場合は、十分なパフォーマンスのサンプルを引き出さないかもしれない ・多肢選択式には、権威があるように見え、妥当性や信頼性が高いと受験者は信じてしまいがちである (appearance of authority)

注:Brown and Abeywickrama(2010, pp. 145-150)に基づく。間接テストの例は、語順並び替え問題でライティング力を測ること

既存のテストの入手可能性(Q6)

ここでは「Q6.既存のテストは使える状態か」を考えるために、Q6.①〜⑨に答え、自分の状況に適したテストがどれかを確認します。Q6.に答えるためには、テストの中身の詳細な検討が必要です。

◯ Q6. ① 必要な情報を提供してくれるテストは既に存在するか

テストの情報をインターネットなどで探します。大学入試の4技能テストであれば、「英語力評価および入学者選抜における英語の資格・検定試験の活用について　基礎資料」(http://4skills.jp/qualification/pdf/20160531.pdf:2018年1月現在、以後「基礎資料」[181])にある資料をダウンロードして確かめることができます。

◯ Q6. ② 期待しているプラスの波及効果が起こると考えられるテストか

波及効果について考えたQ1.①で、受験者の学習が促進されるというプラスの影響を期待したとします。それが起こりそうかについては、テストや「基礎資料」を見てその影響がありそうかを考える方法もありますが、自分のテスト使用に似た状況で行われた実証研究を探して、あればそれを根拠とする方が安全です。

---

181 英語4技能資格・検定試験懇談会, 2016

実証研究の探し方としては、第1に、テスト選択の対象になっているテストのウェブサイトにある情報を探します。それぞれのテスト機関が情報を載せていますが、残念なことに必要な情報が見つかりにくいものもあります。その場合は、第2の方法として、テスト機関と関連した機関がないかを探し、あればそこの情報を探します。これでも見つからないときには、検索エンジンに頼ることになります。一般の検索エンジンだとヒットしすぎる場合には、Google Scholar など学術系報告書を対象にしたものを試すとよいと思います。また、第1、2の方法でテスト機関が出した報告書や論文が見つかったとしても、第3の方法で、外部の研究者が行った研究を探すと、より多くの研究結果を複数の視点から探すことができます。第4に、関連する学会に参加し、情報を集める方法もあります。例えば、第3章で紹介したTEAPの波及効果研究[182]は、学会に参加して研究を知りました。第5に、関連する書籍から情報を得られるときもあります。

Q6. ③ 使用目的に適したテストか

　Q2.で考えた「目的」に合うテストがどれかを探します。4技能テストを入試に使う目的の場合は、その目的が満たされるテストかを調べます。「基礎資料」に書かれている主な目的の中には、どのような力を測るかが書かれています。例えば、ケンブリッジ英語検定であれば「学習者が実生活のさまざまな状況において、コミュニケーションのために英語をどのように使うことができるかを評価する」ことが主な目的になっています。これはケンブリッジ英語検定における、構成概念やテストの解釈の記述なので、入試の選抜目的に使えるかどうかを調べるには、別な資料を見る必要がありそうです。

　ただ、ケンブリッジ英語検定は大学入試選抜のための候補テストとして挙がっているため、その用途に使えるだろうと推測はできます。厳密には、テストの使用目的にどう書いてあるか、入試を含む選抜の目的で使った過去の例はあるかなどを調べていきます。ケンブリッジ英語検定であれば、テストを選ぶ理由の記載もあり[183]、日本の大学入試においても使用例があることが分かります[184]。

---

[182] Allen et al., 2017; Sato, 2017
[183] UK university applications：http://www.cambridgeenglish.org/why-choose-us/
[184] 「日本国内の大学入試でケンブリッジ英検が活用できる大学一覧」：https://www.21lri.co.jp/cambridge/page7_2.html

Q6. ④ 知りたい受験者の言語能力が十分測れるテストか

Q3.で確認した「測りたい言語能力」と、「候補になっているテストで測れる能力」を比較します。

例えば、ケンブリッジ英語検定であれば、「基礎資料」には「学習者が実生活のさまざまな状況において、コミュニケーションのために英語をどのように使うことができるかを評価する」ことが「主な目的」とあります。そのため、「実生活のさまざまな状況において必要な英語を使う」能力が構成概念だと分かります。ここで書いてある構成概念と自分が考えていた構成概念が一致するか、少なくとも２つの間にずれがないかを確認する必要があります。

測りたい言語能力とテストで測れる能力について確認した上でテストを選ぶことは基本的なことであり、そこがずれることは考えられないと思う方もいるかもしれません。しかし、測りたい言語能力とテストで測れる構成概念がずれている例は実はあります。その点を調べた研究を紹介します。大学では「単位認定」という制度を持つところがあり、その制度では指定した英語テストの資格やスコアを提出することで、英語の授業が免除され、その分の単位が認定されます。18の国立大学と28の私立大学の公開されているウェブサイトにあるシラバスを分析し、日本の英検、TOEFL、TOEICを使った**単位認定制度**について調べたところ[185]、１大学あたり58.50個の英語の授業に対して、単位認定で授業が免除になる制度があることが分かりました。その中で、約３分の１の単位認定制度で、「①コースで伸ばす目標の技能」と「②単位認定制度で使われているテストで測る技能」の間にずれが見られました。特に、４技能を伸ばす意図の授業では、約60％（国立大学で62.44％、私立大学で63.37％）で①と②にずれがあり、リスニング・スピーキングの授業でも約60％（国立大学で61.26％、私立大学で65.29％）でずれがありました。４技能の授業であれば４技能の育成が、リスニング・スピーキングの授業ならばこの２技能が授業目標であるところを、単位認定で使っているテストは、TOEICリスニング・リーディングや、リスニング・リーディング・文法を測るTOEFLの紙版テスト（paper-based test：PBT）であり、「コースで伸ばす目標の技能」と、「単位認定制度で使われているテストで測る技能」にずれがあったのです。これは、テスト使用者側の改善が求められる事例です。

---

[185] In'nami & Koizumi, 2017

測りたい力と測れる力にずれを起こさない、ということは基本ではありながらも、「測りたい言語能力」と「候補になっているテストで測れる能力」が完全に一致しないこともありえます。その場合には、どこがずれているかを意識しておき、可能な対策を考えておきます。ずれがあるとマイナスの波及効果が起きることが多い[186]ためです。対策としての例は、4技能育成を目的としたクラスに単位認定を行うにもかかわらず、テストで測る技能が受容技能であったとします。その場合に、テストで測れていない発表技能について、エッセーを書かせたり、英語の面接を行ったりして確認すれば大きなずれを防ぐことができます。

◯ Q6. ⑤ そのテストは、意図した受験者に適切か

Q1.①で確認した「意図した受験者」の特徴と候補のテストの情報に齟齬がないかを確認します。「基礎資料」では、「主な受験者層」という欄があり、例えばGTEC for STUDENTSであれば「中学生・高校生」と書いてあります。合わせて、受験者のレベルやプロファイルに合っているかも確認します。GTEC for STUDENTSではCEFRのA1からB2までを測れるとあり、一般的な日本人高校3年生のA1レベルをカバーしています。

大学入試であれば、受験者層の全体のレベルがテストのレベルに入っていることよりも、合否判定の分割点の近辺がきちんと測れるかを考えることが大切です。例えば、その分割点がA1とA2の境のあたりであれば、A1とA2はテストの難易度に入っていることが必要です。

◯ Q6. ⑥ テストタスクは、目標言語使用領域でのタスクに対応しているか

目標言語使用領域(target language use [TLU] domain)とは、「言語を使うことを受験者が求められるテスト外の状況」であり、そこの領域で求められるタスクを目標言語使用タスクと呼びます[187]。これを設定するのは、テストスコアを受験者の言語能力と解釈し、「テストに出題された特定の言語タスクができる」という意味を超えて、「目標言語使用領域での言語使用タスクでできる」という意味に一般化して解釈できるようにするためです。これは第2・3章に出てきた外挿推論に関連しています。

---

186 Green, 2007
187 Bachman & Palmer, 2010

目標言語使用領域の設定の仕方は2つあり、「**言語指導領域**（language teaching domain）」と「**実生活領域**（real life domain）」です[188]。言語指導領域は、「指導や学習の目的で言語が使われる状況」で、実生活領域は、「指導や学習以外の目的で言語が使われる状況」です。

　テストを選ぶ際には、自分の目標言語使用領域でのタスクを決め、それが候補のテストのタスクに似ているかを調べます。できるだけ一致している方が、真正性（authenticity）が高くなり、プラスの波及効果が起こりやすいため、可能ならば一致しているタスクが入っているテストを選びます。

　Sawakiによると、個々の大学が入試に向けた目標言語使用領域を明示する際には、重要な利害関係者（stakeholder）グループのニーズと価値を適切に反映させることが必要です。Sawakiは**ニーズ分析**として、ある1大学で数学と地球科学の専門の授業を担当する教員6名に半構造化インタビューを行いました。求められる英語の技能について尋ねたところ、学部生では主にリーディングが必要で、他技能は限定的、大学院レベルでは4技能が求められることが分かりました。大学入試の4技能化については、教員は全般的に支持を示しました[189]。

　このような形で、アドミッション・ポリシーと合わせて、ニーズ分析の結果を目標言語使用領域に加えていくこともできます。Sawakiの場合のように、4技能をテストするとしても、重視したいのはリーディングという場合もあるでしょう。リーディングを重視しつつ4技能テストを行うためには、求めるスコアの基準をリーディングだけ高くして、それを実現する方法があります。リーディングはCEFRレベルでB2を、それ以外はB1を求めるといった形です。

　目標言語使用領域は「基礎資料」に載っており、例えば、TEAP CBTでは主な目的として「大学に入学後、指導・学習における場面で遭遇する可能性の高いアカデミックな内容に関する言語」と挙げています。出題意図として、「思考力・判断力・表現力」「技能統合型」「情報活用能力」があり、その説明があります。

　TEAP CBTで使われるタスクについては、さまざまなものがあります。このテストのタスクは、リーディングとリスニングは多肢選択式のタスク、スピーキングでは、インターネットを介しての対面式で、ライティングはコンピュータで英文をタイプする形です。この情報を使って、意図した目標言語使用領域とテストのタスクが近いかを確認します。

---

188 Bachman & Palmer, 2010
189 Sawaki, 2017

この「⑥テストタスクは、目標言語使用領域でのタスクに対応しているか」という観点は重要ですが、程度問題で、他の観点とのバランス関係のところもあります。第２章でテストの有用性の枠組みを解説しましたが、妥当性にはさまざまな要素があり、一方が高くなると、別の要素が低くなる関係にあります。さまざまな形式のタスクを使うと、目標言語使用領域でのタスクには対応していることも多くなり、真正性は高まりますが、タスク間で異なる要素を測ることになるため、タスク間の安定性（信頼性）は低くなり、また実施可能性が低くなる傾向にあります。そのため、テストタスクが、目標言語使用領域でのタスクにある程度対応していることを基準とし、完全な一致を求めないなど、広くバランスを取った形で考える必要があります。特に妥当性検証で「外挿推論」を含めないときには重視しないことになります。

妥当性要素のバランスを考える

　妥当性に関連するさまざまな要素のバランス関係（**妥当性要素のバランス**）を考える上で参考になる例を挙げます。Ockeyは、妥当性の要素の中の４観点に焦点を当て、その４観点の間のバランスを、スピーキングテストの場合について長所、短所という形でまとめています[190]。妥当性の定義については、第２章でも既に触れていますが、再度触れます。

・構成概念（に関する）妥当性（construct validity）
・教育（に関する）妥当性（instructional validity）
・信頼性（reliability）
・実現可能性（practicality）

　構成概念妥当性について、Ockeyは、スピーキング能力の構成概念を、(a) 対話能力（interactional competence）、(b) 音韻（phonology）の適切な使用、(c) 語彙と文法の適切で正確な使用、(d) 適切な流暢さの４つに分け、これを幅広く測れるタスクを妥当性が高いと考えました。教育妥当性とは、どの程度テストタスクやテストの内容が、ある文脈でのカリキュラムや指導の実践と一致している

---

190 Ockey, 2017

かを指します。日本の状況であれば、学習指導要領との対応の度合いを意味するでしょう。テストやタスクの真正性と相互性、波及効果などに関わる妥当性と考えられます。信頼性は、何度か出てきていますが、テストの安定性です。スピーキングテストの場合は、採点者間や採点者内の信頼性が特に重要です。実現可能性については、テストがある文脈においてどの程度実現可能な形で実施できるかです。テスト開発・維持にかかるコスト、採点の容易さ、実施に必要な時間、必要な資源が手に入るか[191]を考慮する必要があり、スピーキングテストの場合は特に、人の実施者・採点者を集められるか、実施者・採点者にかかるコスト、機械による自動採点に必要とされる技術、テスト実施に必要な空間とコンピュータの調達などが関わってきます。

スピーキングテストの主なアプローチの長所と短所

Ockeyは、スピーキングテストを5つの主なアプローチに分け、このアプローチごとに、左記の4観点からの長所と短所を説明しています（表4-3参照）。この記述はスピーキングテストの一般的な特徴を述べていますが、特に日本での大学入試で使う場面を念頭においたものになっています。

表4-3 ● スピーキングテストにおける主要な5つのアプローチの長所と短所

アプローチ		構成概念妥当性	教育妥当性	信頼性	実現可能性
(1) 人が実施・人が採点型	①面接官との対面型	高	中程度	高	低
	②受験者対話型	高	高	中程度	低
(2) コンピュータで実施・採点型		低	低	高	高
(3) コンピュータで実施・人が採点型	①対話なし型	中程度	中程度	中程度〜高	低
	②対話あり型*	高	高	中程度〜高	低

注*：チャットボット、人工知能、人工会話物、口頭対話システム（chatbots, artificial intelligences, artificial conversation entities, and spoken dialog systems）使用

「(3) コンピュータで実施・人が採点型、①対話なし型（面接官や受験者間で対話がなく、マイクに発話を吹き込む形）」を例に説明します。これは、TOEFL

191　Davies et al., 1999

iBTのスピーキングタスクが一例です。この形式では、構成概念妥当性は中程度です。タスクに関しては、スピーキングの多くの要素を測っていますが、対話能力を測っていないためです[192]。

教育妥当性は中程度です。TOEFL iBTには文章を読んだり、聞いたりした内容について話すタスクがあり、これは高校で「読んで聞いた内容について考えを述べる」という学習指導要領の記述と一致しています。しかし、授業で行う「情報や考えを伝え、話し合い、他の人の発話に応答する」ことは、テストタスクには入っていないため、中程度と判断されます。

信頼性は、採点者トレーニングが効果的かによりますが、一般的には中程度から高い程度の信頼性が期待できます。222名の日本人大学生が、6つのTOEFL iBTタスクを受けた際のタスク間の信頼性（クロンバックのアルファ係数：Cronbach's alpha coefficient）を調べたところ、.82と高いものでした[193]（0～1の範囲で1に近づくほど信頼性が高い）。より多様な受験者層である場合には、より高い信頼性が報告されています。

実現可能性は、実施されたとしても低いと考えられます。多くのコンピュータが必要ですし、配信技術も必要です。人が採点するのでコストがかかり、短時間に採点しなければならない場合は、多くの採点者が必要です。

このように、「（3）コンピュータで実施・人が採点型、①対話なし型」では、構成概念妥当性・教育妥当性・信頼性が中程度は保証される分、実現可能性が低くなっている形式といえます。

一方、「（1）人が実施・人が採点型、①面接官との対面型」だと、構成概念妥当性と信頼性は高く、教育妥当性が中程度、実現可能性が低い程度という判断になっています。対話能力などスピーキングの構成概念として測りたいものが測れるタスクを入れ、採点の安定性を保証すると、実現可能性が低くなる関係にあります。また、「（2）コンピュータで実施・採点型」では、信頼性と実現可能性は高いですが、構成概念妥当性と教育妥当性が低くなっています。採点の安定性と実施の容易さが確保されると、構成概念や教育に関する妥当性が下がるという関係にあります。

このように、構成概念妥当性、教育妥当性、信頼性、実現可能性の中でどれか

---

192 Ockey, Koyama, Setoguchi, & Sun (2015) や Wagner (2016)、Brooks and Swain (2014) によると、このタスクタイプは流暢さ、発音、文法・語彙などはかなり測れるが、対話能力は測れない
193 Ockey et al., 2015

が高くなれば、別な要素が低くなる関係にあり、どれも高いテストというものは存在しません。テストを選ぶ際には、これらの観点の中で、どこを特に重視するかを考える必要があります。

Q6. ⑦ テスト開発者は、テストの意図した使用を正当化する証拠（妥当性検証に必要な証拠）を十分提供しているか

ここでは、テスト機関が必要な情報を報告しているかを確認します。その確認のために必要なステップを以下にまとめます。

(1) 自分のテストの解釈と使用目的に基づき、含める推論を決める

自分が決めたテストを使う目的では、どのような妥当性の推論を行うことになるかを考えます。具体的状況を想定しましょう。テストを、ある大学の入学試験で入学者選抜のために使用するとします。この目的でテストを解釈し、使用する状況を考え、6つの推論（得点化、一般化、説明、外挿、決定、波及効果）を設定します。しかし、第3章で述べたように、すべての推論を行う必要はありません。表3-1（88ページ参照）に挙げたような組み合わせで、途中段階を抜かすことも可能で、得点化、一般化、説明、決定の推論のみを行うこともあります。この場合は、図4-1のように設定します。

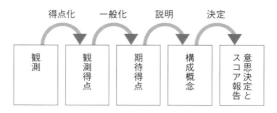

図4-1 ● 4つの推論（得点化、一般化、説明、決定）を設定した場合の妥当性検証の枠組み

なお、第2章で解説したように、妥当性や妥当性検証の捉え方は、専門家の間でも意見が分かれ、それぞれに利点と弱点があります。本書ではChapelle et al.の論証に基づく枠組みを使っていますが、自分で納得のいく枠組みを使って進めるのがよいと思います。

(2) (1) の推論ごとに、論拠・前提・分析法を選ぶ

（1）で考えた推論に対して、関連する論拠と前提、前提に対応する証拠提示のための分析法のどれを確認するかを決めます。表3－4～3－9（97～102ページ参照）、表3－15～3－20（124～127ページ参照）にある表現をもとに、確認したいものを選んでいきます。紹介した包括的なものだと、1つの技能の推論ごとに、複数の前提が挙げられています。この中から関連するすべてを選ぶのも1つの方法です。たくさん前提がある中で、特に重要なものだけを選ぶ方法もあります。

ちなみに、表3－4～3－9、表3－15～3－20では包括的なものを目指して、考えられるすべての記述を入れましたが、抜けもあると思います。テスト使用者が気になる点を挙げ、それが表に入っていない場合には、加えていくことができます。

例えば、表3－6の説明推論のC①の「構成概念に無関係の要素が大きく影響していない」というのは、本書を執筆しながら抜けに気づいて筆者が加えました。スピーキングテストで声を録音する形式の場合、同じ部屋で多くの受験者が同じタスクを行い、マイクに向かって一斉に話すことになります。その場合、「他の受験者の声が気になって、静かな環境であれば話せる人も話せなくなってしまうことも多いのではないか。また、他の人が使った語句などを聞いて、自分の発話の中に取り入れて、スコアが上がる人がある一定数いるのではないか」と考えました（実際には、他の受験者の発話を聞いてから自分の発話を考える余裕はないことが多いと思いますが）。そして、それを既存の前提に当てはめようとしたときに、それに当てはまるものが書かれていないことに気づき、加えました。「自分が受けたときに気になる点があった」、「問題になるような事例を友人から聞いた」という経験から、それがテスト全体として問題ないのかを調べるために、表に入っていなければ、前提や証拠提示のための分析法を自分で加えていくというのは、よいことです。いままで見過ごされていた、テストの妥当性を弱める反駁（rebuttal）を行うきっかけにもなるかもしれません。ただ、自分や友人数名の経験は、妥当性検証の証拠としては非常に弱いものになります。テストとして大きな問題があると述べるためには、厳密な研究デザインで行った、結果をある程度一般化できる研究の、結果に基づく証拠が必要です[194]。

---

[194] 寺澤, 2015; 浦野・亘理・田中・藤田・髙木・酒井, 2016参照

(3) (2)で作った枠組みに沿って、証拠があるかを確認する

(2)までで考えた枠組みが、妥当性検証における「解釈的論証」となります[195]。それに当てはめる形で、どのような証拠がテスト機関や外部の研究者の研究で提示されているかを探します。

「基礎資料」には「問題の作成過程」「実施方法・試験時間」「出題形式」「成績の表示方法」「評価基準」「受験者・学校へのフィードバック」「結果再発行・学校からの問い合わせ等」「CEFRとの関係に関する研究等」「基準集団」の情報があり、その情報が妥当性の証拠として使える場合もあります。例えば、TOEICの場合には、妥当性検証で得られた証拠がウェブサイトにまとまっています[196]。そこでは、第2章で出てきたBachman and Palmerの評価使用論証(AUA)を使って、一般の方でも分かりやすい表現でまとめてあります[197]。

ここで注意点が2点あります。第1に、研究報告の参加者層と自分の受験者層が大きく異なる場合には、研究結果が自分のテストの文脈で当てはまるかを考える必要があります。例えば、熟達度が幅広いグループで得られた証拠が、非常に狭い熟達度層の自分の受験者の場合に当てはまるかを検討するということです。6つの推論の中で「得点化推論」の証拠はそのまま使えることが多いかもしれないですが、それ以外の推論における証拠では、能力層の違いで結果が違ってくる場合もあるでしょう。もちろん、決定があまり重要でない場合には、既存の結果をそのまま利用することもあるでしょうが、大学入試など、重要な決定に使われる場合には、より慎重になる必要があるかもしれません。

第2に、テストの開発時点で妥当性検証を行っていたとしても、テストの運用が始まった後に、妥当性検証を再度行うことが必要です。最初の妥当性検証後にテストやシステムの修正を普通に行いますので、その後適切になったかを見る必要がありますし、運用後は大規模に実施を行い、波及効果も伴うため、より厳密な妥当性検証が求められるためです[198]。

---

195 Chapelle et al., 2008; Kane, 2006
196 https://www.ets.org/jp/toeic/research
197 詳細は、Schmidgall (2017) 参照。他に、例えばケンブリッジ英語検定の構成概念はWeir, Vidakovič, and Galaczi (2013)、各技能の妥当性検証のまとめは、Taylor (2011、スピーキング)、Shaw and Weir (2007、ライティング)、Geranpayeh and Taylor (2013、リスニング)、Khalifa and Weir (2009、リーディング) 参照
198 例:TOEFL iBTでは、試行テストの段階でテストの内的構造を調べ (Sawaki, Stricker, & Oranje, 2009)、運用開始後に、再度調査し発表した (Sawaki & Sinharay, in press)

(4) (3)から分かった証拠の有無やその質を考慮しながら、選ぶのに適切なテストかを考える

強い証拠が十分示されているのであれば、テスト選択に迷いはありませんが、十分でない場合には判断に迷うかもしれません。十分調べた上で証拠が不十分なときに、必要であればテスト機関の担当者に問い合わせをしてもよいと思います。学会などの展示会場で尋ねるのも1つの方法です。ウェブサイトで公表していないだけで、内部調査での報告書があるかもしれませんし、ない場合には、テスト機関がその点を検証するきっかけになります。

Q6. ⑧ そのテストは使用できるか。実施する・受けさせる余裕はあるか。実施したり外で受験を課したりする際に、どのような資源（人、資材、時間、料金）が入手可能か

下の項目をもとに、資源の入手について考えます。大学入試での場合には、外部で受験の場合が多いでしょうが、必要な資源と自分や受験者の持つ資源を比べて考えます。

【実施時に必要な資源の種類】

> （1）人的資源（例：採点者、テスト実施者、事務的サポート）
> （2）資材資源（実施の部屋などの空間、ビデオ・DVD再生機・コンピュータなどの設備）
> （3）時間（実施にかかる時間）
> （4）（1）～（3）を準備するのにかかる金銭的コスト、受験料

【学校外で受験時に必要な資源の種類】

> （1）時間（受験自体と受験準備にかかる時間）
> （2）金銭的コスト（受験料、受験地に行くための交通費、宿泊費）

Q6. ⑨ そのテストについて、他に気になる点はあるか

①〜⑧までに含まれていない点で、気になることがあれば、ここで検討します。例えば、大学入試のような重要な決定に使われるテストにおいては、「そのテストでは、不正が行われないような対処をしているか」が気になるかもしれません。その際、4点は確認したいところです。第1に、**替え玉受験**ができないような本人認証システムがあるか。例えば、IELTSやTOEFL iBTでは受験時にパスポートなど顔写真入りの証明書を持参することになっており、受験者の顔、顔写真と名前の一致を確認されます。この確認がないと不正が可能となり、問題となるでしょう。

第2に、**カンニング**ができない形式になっているか。これについてはどのテストでも考慮されていると思いますが、試験監督の巡視体制の確立などが求められます。

第3に、テスト実施に際して、直接指導している教員が生徒にテストを実施する形を認めず、正式な会場で受験したスコアしか認めないなどの実施体制にしているか。ないことを祈りますが、指導教員が実施に関わると、意図的に実施時間を長くする、解答のヒントを事前やテスト中に与えるなどの不正が起きないという保証はありません。

第4に、ある受験者グループについて、テストスコアの出し方を変えるようなことがないか。これについては、テスト機関外からは直接確認できないことですが、そのような変更がなされないように監視の目を光らせておくことは必要だと思います。

大学入試に関わる民間試験の場合には、「大学入試英語成績提供システム参加要件」に「不正、情報流出等の防止策および不測の事態発生時の対処方策の公表」とありますので、今後詳細が発表されていくと思います。

自分でテストを作る必要はあるか（Q7）

この問いに「はい」の場合には、本書が主に意図した範囲を超えていますので、テスト作成に特化した文献[199]をご参照ください。テストを作るとしても、一か

---

[199] 例：Bachman & Palmer, 2010; Brown, 2014; Hughes, 2003a; Norizuki, 2016; 笠原・佐藤, 2017; 小泉・印南・深澤, 2017; 根岸, 2017

ら作るのか、既存のものを修正するのかという選択肢があります。

「Q7.①テスト開発時に、証拠を提示しながら、テスト（得点に基づいた解釈と使用）の妥当性が高いことを主張できるか」は、「Q6.⑦テスト開発者は、テストの意図した使用を正当化する証拠（妥当性検証に必要な証拠）を十分提供しているか」で検討したような要素を、テスト開発者の観点から考えていきます。「Q7.② ①で必要なプロセスを含め、テスト開発に必要な資源はどのようなものか」と「Q7.③どのような資源を持っており、入手可能か」は、Q6.⑧で出てきた「資源の種類」の要素を考慮します。

Q1.～Q7.に答えた後に

テストを選ぶ目的で本書を読んでいる方は、Q6.①で使えそうなテストは「存在する」と答え、Q6.②～⑨を検討して選ぶことになります。しかし、②～⑨のすべてにおいて合格というテストはあまりないと思います。それよりは、②～⑨のどこかはOK、それ以外は「少し問題はあるが容認可能。一部は、判断できない。一部は問題がある」というような判断になるのではないかと思います。その場合、どのように決めたらよいのでしょうか。

第2章や「Q6.⑥テストタスクは、目標言語使用領域でのタスクに対応しているか」で書いたように、テストが役立つかは、さまざまな要素のバランス関係によります[200]。②～⑨の判断で「問題がある」と1つでも判断された場合には使用を控えた方が安全だと思いますが、それ以外の場合には、自分のテストを使う文脈において、②～⑨のどれを特に重視するかを決め、その点で満足が行くテストを選ぶことになります。

例えば、波及効果やその他の妥当性の要素についての研究がないため分からず（Q6.②、⑦）、テストタスクが目標言語使用領域でのタスクから離れたものが入っており（⑥）、不正への対策が公表されていないため分からない（⑨）としても、テスト使用目的に適しており（③）、4技能が測れ（④）、受験者の能力がカバーされており（⑤）、受験地と受験料の点で受けやすい（⑧）ことがあったとします。③、④、⑤、⑧を重視するのであれば、このテストを選ぶことになりますし、②、⑥、⑦、⑨を重視する場合にはそのテストは選ばないということになります。テ

---

[200] Bachman & Palmer, 1996

スト選択で重視する観点を考える際には、1つの観点だけにこだわるのでなく、複数の観点を重視し、バランスを取るように意識することが大切です。

　⑦の妥当性の証拠の確認については、複数の要素と手順が必要なため専門家でも判断が難しいところです。そのため、専門家でない方に⑦を適切に行うことを求めるのは難しいというのは理解しています。⑦については、少なくとも、このような観点で分析するのが望ましいということを理解していただければ嬉しく思います。テスト使用者や利害関係者に、妥当性の証拠について分かりやすく提示するのは、テスト機関や言語テスティング研究者が積極的に取り組むべき課題です。

テスト選択時の悩み：解決編

ここで、第1章でテスト選びに迷っていた大学教員のA・B・C・Dさんに、本書を読んでもらった後に、再登場願いましょう。

大学側がテストを選ぶとき

（以下、A：大学教員Aさん、B：大学教員Bさん、C：大学教員Cさん、D：大学教員Dさん）

D：なんだか難しいですね。たくさん考えることがありますね。

B：本当ですね。テストのことがこんなに専門的に研究されているとは初めて知りました。

A：得た知識をもとに、まずはできるところから始めましょう。Q1.～Q7.のステップに沿って考えていけばいいんですよね。

C：そうですね。そうすると、こんな感じですか。

本学（○○大学：国際教養学部と理工学部と医学部がある）の場合：

Q1. テストを使うことで、どのようなプラスの波及効果が起こることを期待しているか

　　　答：テストに向けて学習することで、受験者の英語の4技能が伸びるという波及効果を期待している

① プラスの波及効果を意図している受験者は誰か。その受験者はどのような影響を受けるか

　　　答：本学を受ける層の受験者。4技能テストに向けて学習することで、4技能を伸ばす意欲が高まり、学習時間が伸び、英語力が伸びるというプラスの波及効果がある

② それ以外に誰が影響を受けるか。どのような影響を受けるか

　　　答：受験生を指導する高校教員や予備校・塾講師は、4技能テストに合わせて指導内容を変えるだろう。指導方法が変わるかは、受けるトレーニングや自己学習によるだろう

Q2. Q1.の波及効果以外のどのような目的でテストを使いたいのか（例：選抜、成績付与）
　　答：選抜が主な目的

Q3. テストによって、受験者の言語能力の何について知りたいのか
　　答：英語の4技能を使う力。その中で重視する技能は学部によって異なる。国際教養学部では、スピーキングの中でも対話力と表現力を重視。理工学部ではリーディング重視で、特に、局所的よりは全体的に理解する力と、速読する力を重視。医学部では4技能重視で、特に思考力・判断力・表現力を重視

Q4. 知りたい情報を得るために、どのような評価法が使えるか（例：ポートフォリオ、面接・観察）

Q5. Q4.の評価法の中で、テストを使う必要はあるか
　　答：テストが目的に最も適しているため、使う必要がある

Q6. Q5.で「はい」の場合、既存のテストは使える状態か
　　Q6.の問いを検討するときに次の①〜⑨に答えながら行う
　① 必要な情報を提供してくれるテストは既に存在するか
　　答：大学入試の要件をパスしたテストが本学でも候補である

　② 期待しているプラスの波及効果が起こると考えられるテストか
　　答：4技能テストならば、何らかのプラスの波及効果が期待できると考えられる。ただし、それについての研究は限られている。ウェブサイトに、受験後の学習をサポートする情報が載っていてプラスの波及効果が起こりやすそうなテストもある

　③ 使用目的に適したテストか
　　答：「基礎資料」の活用例かウェブサイトのどちらかで入試が言及されているテストのみ適していると考える

第4章　テストを適切に選び、使う方法

④ 知りたい受験者の言語能力が十分測れるテストか
   答：学部ごとに検討する必要がある
   「基礎資料」の「出題意図」「出題形式」を見ると、同じ４技能を測るテストでも測っている力が微妙に異なっている。Q3.の回答で書いたように学部ごとに重視したい能力が異なるため、重視したい技能で充実した「出題意図」「出題形式」を取っているテストを選ぶ

   本学の国際教養学部では、スピーキングで対話力が測れるタスクを入れているテストが望ましい

   本学の理工学部では、リーディングで局所的よりは全体的に理解する力を問う（些末な語彙・文法を問う問題ではなく、段落内の２文以上の間の理解や、段落間の関係の理解を問う問題が多く入った）テストで、かつ速読する力を測るために長い英文を複数提示するテストが望ましい

   本学の医学部では４技能重視で、思考力・判断力・表現力を測れるように工夫したタスクが入ったテストが望ましい

⑤ そのテストは、意図した受験者に適切か
   答：各学部が、合否の判定とするのに意図したレベルは、候補のテストはすべてカバーしている

⑥ テストタスクは、目標言語使用領域でのタスクに対応しているか
   答：リーディング・リスニングテストで多肢選択式問題など、目標言語使用領域でのタスクに一部対応していないものもあるが、大規模テストではこの程度のずれは容認可能と考える

⑦ テスト開発者は、テストの意図した使用を正当化する証拠（妥当性検証に必要な証拠）を十分提供しているか

>   答：ウェブサイトからすぐに情報が十分見つかるテストと、そう
>   でないテストの差が大きい。妥当性の証拠を幅広く出してい
>   るテストから選ぶようにする
>
> ⑧ そのテストは使用できるか。実施する・受けさせる余裕はあるか。実施したり外で受験を課したりする際に、どのような資源（人、資材、時間、料金）が入手可能か
>   答：**受験料に違いがあり、1万円以内で受けられるのが望ましいが、この点は重視しない**
>
> ⑨ そのテストについて、他に気になる点はあるか
>   答：**不正への対処については、ほとんどのテストで記載がないため、問い合わせる必要がある**

D：これを考えていく中で、いくつかのテストに絞られましたね。1つに絞った方がいいのでしょうか。

B：1つに絞るとなると、学部によって違うテストを選ぶことになりますが、いいですか。

A：それは、外からの見え方の問題もありますから、この会議だけでは決められませんね。可能性のあるテスト候補をいくつか挙げておくという形にしましょう。

　最初は、言語テスティング研究の知識をあまり持たない状態で、聞きかじった知識で議論していましたが、今回の議論では、Q.1〜Q.6のステップに沿って検討することができています。最終的なテスト選択の判断には、言語テスティング研究の観点以外も入ることになるでしょうが、テストの長所・短所を洗い出し、バランスの取れた議論をするためには、言語テスティング研究の観点が役に立ちます。

テスト使用のステップ

これまで、テストの選び方について説明をしてきましたが、ここからは、テストの使い方について見ていきましょう。テストを適切に使うためには、テスト前、テストスコア返却時、そしてテスト後に行うべきことがあります。特に、指導と評価を改善し、生徒の学習が進み、テストのプラスの波及効果が大きくなるような方向でまとめています。ここでは、教員の役割の観点からまとめていますが[201]、ここでの教員とは、予備校・塾講師や家庭教師などを含めた広い意味でいっています。

テストの前後の指導時の留意点

テストを使うときには次の5点に注意したいものです。

◯ （1）テストやデザインなどを生徒に予告し、慣れさせる

テストを受けることやその目的を予告し、生徒の意識を高めます。テストのデザインやテストで要求されている力に触れます。テスト形式や構成、採点方法に慣れ、それに向けて勉強するような時間を作ります。

◯ （2）テスト受験技術だけを上げる指導は避ける

テスト準備を2種類に分けて考えます[202]。1つ目の準備は、テストでのタスクに生徒を慣れさせることを目的としたものです。この準備は、指示や時間配分、コンピュータを使うテストならば、その操作や手順などに慣れるために行います。この準備によって、テストで求められている力を発揮できるようになり、構成概念に関係ない要因の影響を防ぐことになり、テストの妥当性を高めることになります。これは「（1）テストやデザインなどを生徒に予告し、慣れさせる」ことと一致します。

2つ目の準備は、テストタスクに焦点を当て、テスト受験の技術に熟練させるために行います。これは、テストで問われている能力を伸ばすためというよりは、スコアを上げるための技術の向上に焦点があります。例えば、多肢選択式問題で長い選択肢は正解になりやすいなど、正解・不正解の選択肢の見分け方について

---

201 波及効果研究のWatanabe（2004b）や、教室での評価スタンダードをまとめたKlinger, McDivitt, Howard, Rogers, Muñoz, and Wylie（2015）をもとに作成
202 Popham（1991）、Fulcher（2010）に基づく

長時間をかけて指導するようなものです。このような指導は、「**スコア汚染**（score pollution）」と呼ばれ、倫理的でないため避けるべきです[203]。これは「（2）テスト受験技術だけを上げる指導は避ける」ことと一致します。

テストに向けて指導していると、第1と第2のテスト準備がはっきり分けられない場合もあります。しかし、第1の準備のみを行い、それ以外は、実質的な言語能力を上げることを意識して授業を組み立てたいものです。

◯ （3）使用タスク・トピックは幅広く選ぶ

（2）で触れた第1のテスト準備のために授業でテストタスクを練習するとしても、使用するタスクやトピックは、テストのものに限定されない幅広いものを使う方がプラスの波及効果が現れやすくなります。

◯ （4）生徒や保護者へ説明する

英語力自体を伸ばす活動をしていると、テスト対策をしていないように見えるときもあります。そうするとテストを中心に指導してほしいという要求が、生徒や保護者からあるかもしれません。しかし、テスト対策と明らかに分かるような活動だけをすることには弊害が多くあります。長期的に見て、全体的な英語力が十分伸びず、テストスコアも停滞すること、またテストスコアを上げることが最大の目的になり、英語学習への意欲が持てなくなること、偏った知識・能力を持つことになり、テスト以外の場面で英語を使う機会があったときに使えないことなどです。テスト対策ばかりを行うことで、こうした目に見えない損失があることを伝えた方がよいと思います。

◯ （5）指導と評価を改善するために、研修に積極的に参加し理解を深める

特に次の観点について理解を深めることが大切です。

① テストのデザインやテストで要求されている力
② テストタスクと現実世界で求められるタスクの違い。テストタスクが現実タスクを代表しているわけではないこと[204]

---

203 Haladyna, Nolen, & Haas, 1991
204 Green, 2007

③ テスト技術の指導だけを教えた場合に起こる見えない損失（隠れたコスト）があること
④ テストの標準化は、テストの質を保つために必要であるが、指導でも同じようにする必要はないこと。授業では現実世界に近いタスクを扱う方がよいこと。指導とテストで形式を一致させてしまうことで、伸びる力を限定してしまうこと（例：スピーキングテストで、録音する形だとしても、授業では対話型など別な形式でも授業やテストを行うべき）
⑤ 自らも波及効果を起こす主体であること。全体的に、テストを使うことで生徒の学習にプラスの影響が起きるかは、自分たちの指導にかかっていること[205]

テストスコア返却前と返却後の留意点

テストスコアの返却前と後には下記の4点を考慮します。

○（1）資料を丁寧に読み取る

スコアレポートや、教師用資料などの読み方を確認します。全体やクラスの平均、標準偏差などの読み方や意味を知り、生徒の属する集団の特徴を頭に入れます。加えて、指導生徒の特徴や長所・短所を知り改善点を意識します。テスト結果から得た知識や技術は、指導だけでなく、生徒の評価をする際にもいかすようにします。

○（2）テストスコアの性質を知る

2回以上そのテストを受けている場合や、CEFRレベルに基づいて別なテストの結果と比較するような場合には、テストの誤差（197ページ参照）があることを意識し、一喜一憂しないようにします。平均への回帰（206ページ参照）という統計的にスコアが変化する現象も頭に入れておきます。誤差や、平均への回帰を意識しながら、スコアの若干の上下には動じず、実質的なスコアの伸びを求めた指導を行います。

---

[205] Cheng & Curtis, 2004; Kim & Isaacs, in Press

◯ (3) 生徒にスコアレポートを適切に返却する

　スコアレポートが返ってきたら、できるだけ早く返却します。返却時には、スコアレポートの読み取り方を生徒に伝えます。全体やクラスの平均、標準偏差などの読み方や意味を伝え、生徒の属する集団の特徴を伝えます。説明は、全体に向けてよりは、クラスを分割して小さなグループで行う方が伝わりやすいでしょう。スコアレポートを丁寧に読み、今後の学習にいかせるように、活動を取り入れます。例えば、スコアレポートを読ませた後に、自分の長所と短所、今後特に伸ばしたい点をまとめさせる、結果に基づいて今後どのような学習をするかを書かせたり、話し合わせたりするなどが考えられます。

　2回以上そのテストを受けている場合や、CEFRレベルに基づいて別なテストと比較するような場合には、(2) で述べたような誤差や平均への回帰があるため、若干のスコアの違いには一喜一憂しないように伝えます。また、定期的にテストの結果などにも触れ、次のステップを意識させます。テストの情報を学習にいかすように生徒に働きかけることが重要です。

◯ (4) テストを授業の改善に役立てる[206]

　生徒のテスト結果に基づいた活動を授業に組み込みます。特に指導が必要な生徒には個別に働きかけるとよいでしょう。具体的には、目立って正答率が低い問いやセクションについて、再度テストの解き直しをさせ、生徒が苦手とする箇所を確認させます。授業では類似問題を解かせ、解説を定期的に加えます。**PDCA**（Plan-Do-Check-Act）サイクルのCheckの一部として、テスト結果を校内のテストや評価方法の改善に利用したり、年間の計画を再検討したりしてもよいでしょう。

スコアレポートに含めるべき要素

　スコアレポートや補助教材を渡したり、さらなる助言をしたりすることは、テストフィードバックと呼ばれ、授業でも民間試験でもテスト使用の際に大きな役割を果たします[207]。効果的なテストフィードバックは、教員や生徒、その他の

---

206 深澤, 2017参照
207 Huhta, 2014

テスト使用者、利害関係者が適切にスコアを使うのを促進します。第3章で見たように、スコアレポートやフィードバックが指導や学習を促進していると、テストの妥当性検証の「波及効果推論」の証拠になります。

表4－4では、スコアレポートに入れるべき要素がまとめられています。表4－5は表4－4をより具体的に書き出したものです[208]。

表4－4 ● スコアレポートに入れるべき要素

量的
・技能／特性（attribute）、下位技能のプロファイル、分析的／多特性的な（multi-trait）スコア ・テストの設問ごとのスコア ・セクションごとのスコアとその重みづけ ・図表などの、スコアの情報の視覚的な提示（visual representation and presentation）

質的
・特性（attributes/traits）／下位技能、局面の言語的な記述 ・特性のスコアレベルの言語的な記述 ・受験者の思い違い（misconceptions）、誤り、誤った理解（errors, and faulty understandings）についての言語的フィードバック ・リメディアル的な学習活動に向けた紹介や方向づけ（referrals and routing）の情報

注：Lee（2015）からの引用

表4－5 ● スコアレポートに入れるべき具体的内容

（1）受験者個人の合計得点、セクション合計得点、到達目標ごとの得点
（2）受験者全体の合計得点平均、セクション合計得点平均、到達目標ごとの平均点
（3）受験者の全項目の回答、正答率、正解・解説
（4）各項目の教科書中の出題箇所
（5）学習アドバイス
（6）各項目と到達目標の関連性
（7）復習問題
（8）Can-Doレベル、CEFRレベル
（9）測定の誤差の情報

注：（1）〜（8）は佐藤・熊澤（n.d., p. 14）から、（9）は Roberts and Gierl（2010）からの引用

---

208 教室の定期テストでのスコアレポートの具体案は、上山（2014）、小泉（2017a）参照

スコアレポートに入れる要素を選ぶ際には、3点を考慮すべきです。

第1に、民間試験も学校内試験も含め、テスト開発者はテスト目的によって、何をスコアレポートに入れるかを考える必要があります[209]。もし主な目的が診断的評価ならば、表4－4と表4－5にある要素を、より多く入れるべきです。

第2に、スコアレポートをテスト使用者がどう捉えるかも考える必要があります。ここでのテスト使用者は、受験者や教員だけでなくスコアを利用する人全般を意味しています。例えば、ある高校生の集団は、レポートのすべての情報を読んでいるわけではなく、中の数字やグラフを一般的に好んでいました。つまり、より詳細な情報を必ずしも求めていなかったこと、スコアレポートの情報を学習にあまり利用していなかったことがうかがえます[210]。一方、詳細なフィードバックを全体的に好む受験者もいます[211]。このように、どの程度の量や質を提示すべきかは対象者やテストの性質によるため、テスト機関はスコアレポートが効果的かを調べる必要があります。また、情報が提示されていても、それをテスト使用者や利害関係者が理解できるかは分かりません。そのため、教員やテスト機関が、個人やグループに対してスコアレポートの読み方や活用方法を説明する機会を設ける必要があります[212]。

第3に、抽象的な情報と具体的な情報をどの程度入れるかを考えます[213]。入れる情報はある程度抽象的である必要があります。それは（信頼性や、構成概念の代表性やテストの内的構造のような）心理測定的で詳細な特性はスコアレポートに入れないとしても、ある程度の一般性を適度に保たないといけないためです。一方で、受験者やテスト使用者が将来の学習のために容易に理解できて使えるぐらいの程度に、情報は具体的に提示される必要があります。そこで、具体性と抽象性を両方加味した結果の提示が求められます。例えば、1問ごとの結果は何ができて何ができていないかが具体的に分かりやすいかもしれませんが、たまたまその問題ができた・できなかった可能性があります。「～の知識・技能」のように語るためには、ある程度の設問をまとめて、信頼性がある程度保証されるセクションごとなどに、どういう結果だったかを示す必要があります。

---

209 Huhta, 2014
210 Sawaki & Koizumi, 2017
211 Knoch, 2012
212 Knoch, 2012; Sawaki & Koizumi, 2017
213 Lee, 2015

テスト問題全面公開の利点と欠点

　最近、テストの診断的な使用が注目を集めており、言語テスティングの分野において、焦点が選抜・スクリーニング志向のテスティングから、より学習志向の評価へパラダイムシフトが徐々に起きています[214]。**学習志向の評価**（learning-oriented assessment）や**学習のための評価**（assessment for learning）は言語テスティング研究において大きな流れとなり、テストを学習プロセスの中にどのように組み込んだらよいかが世界的に議論されています[215]。

　日本においては、評価が学習に役立つべきだという考えは古くから一般的で、教室評価以外でも大規模テストの場合でも重視されてきました。そのために、本来検討すべき、構成概念や信頼性などに関する検討が厳密にされてこなかった面があります[216]。その1つの例が、テスト直後に問題を全部公開する（**テスト問題全面公開**）制度で、日本のテスト文化を顕著に表す事例です[217]。テスト問題を全部公開することには大いに利点があります。自己採点が可能となるので間違った問題を勉強することができ、学習に役立つ仕組みとなるからです。ただ、解答とテスト問題がすべて公開されていても、多くの学習者が見直し、学習に使うという保証はありません[218]。

　一方、すべてのテストの問題公開には欠点もあります。まず、問題を公開しなければ、よい問題を**共通項目**（anchor item）として数回実施することにより、過去数回と今回の結果を同じ尺度で比較できる技術（**項目応答理論**）が使えますが、問題を公開することでその技術が使えなくなり、本来は比較できないスコアを比較するという原始的な方法を多くの場合に取ることになります。またテスト全体の難易度などの質の調整についても、この技術を使うことによって事前に各テスト項目の難易度が分かるために簡単にできますが、問題全面公開の現状では、テスト作成者の経験と勘によって行われていることが多くなります[219]。さらに、問題を公開することでテスト作成により大きなコストがかかります。よい問題を作るのはプロでも容易ではありません。その中で、よい問題も含めて全部公開す

---

214 Lee, 2015
215 Jones & Saville, 2016参照
216 Kuramoto & Koizumi, in press
217 光永, 2017
218 Sawaki & Koizumi, 2017
219 本番テスト以前に同じテスト問題を公開しない条件で事前実施し、難易度などを知った上でのテスト構成は可能。実施後に等化することも可能（例：斉田, 2014）だが、利用範囲は限定される

ることにより、テスト作成に膨大な費用がかかってしまい、結果として受験料などのコストが高くなっているのです。評価が教育へプラスの波及効果をもたらす形で実施されるべきという理念は尊重されるべきですが、構成概念や信頼性など、妥当性に関する観点も含めて、どこを重視すべきかの議論が必要でしょう。教室評価では、教育への波及効果を最も重視すべきでしょうが、大規模テストにおいては、他の面とのバランスを考える必要があります。

テストの誤差

　ここからは、実際に受け取るテストスコアの見方について見ていきましょう。スコアには誤差（**テストの誤差**）があり、絶対的なものではありません。このことを知っておくと、数点の差に振り回されることがなくなり、実質的な差を意識することができます。

　テストの点数を比較し、AさんはBさんより1点高い、クラスXの平均点はクラスYの平均点より1点低いなどと話す場面はよくあると思います。しかし、テストは1点の差が意味を持つほど精密なものではありません。どんなに丁寧に作ったとしても、テストには誤差があります。では、どのような理由で誤差が起こるのでしょうか。理由はさまざまですが、テストに含まれる問題項目の内容や形式から来るもの、テスト全体の内容や形式から起こるもの、採点方法に由来するものなどに分類することができます。

◯　誤差が起きるとき（1）：問題項目の内容

　テスト項目の内容の例を考えてみます。英語テストの一部に、アニメの内容の読解の問題項目があったとします。アニメ好きの生徒の中には、他の英文はほとんど読めないとしても、アニメの問題項目だけは正解できる生徒がいることでしょう。この場合、英語に関係ない知識のために、一部の生徒は本来の英語力より高い点数が取れる可能性があります。このテストでは英語力を測るテストスコアの中に、こういった誤差が含まれることになります。

　このような誤差を避けるために、テスト作成者は一部の生徒だけが知っているトピックは避けて出題すべきでしょう。生徒の誰も知らないか、全員知っているものを選ぶことを心がけるとよいと思います。

◯ 誤差が起きるとき（2）：問題項目の形式

　英語力は低いが、多肢選択式で正解を選ぶのが得意な生徒や、教員の出題パターンを見抜くのが得意な生徒はいます。このような生徒は、英語力以外の力を使ってより高いスコアを取っており、そのスコアにも誤差が入っていると考えられます。このような誤差を避けるためには、テスト内の形式をすべて同じにせず、多くの形式を取り入れるように心がけたり、出題パターンが同じにならないように気をつけ、何回か分のテストを比較してパターンがないことを確認したりするなどで対処をしたいものです。

　いままで挙げた例は、測ろうと意図する英語力よりも、誤差が入って点数が高くなった例ですが、誤差で点数が低くなることもあります。例えば、英文の並び替え問題の形式に慣れていない生徒は、正解となる英文が分かったとしても、「3番目と5番目に来る単語を答えなさい」という指示を読み取れず、不正解になるかもしれません。また、指示文を英語にした場合、指示内容が理解できずに間違うこともあるでしょう。これは本来ならば点が取れた場面で、問題形式のために点数が下がってしまう例です。このような誤差を避けるためには、新しいテスト形式や指示は、テスト前に授業で扱っておく、テストに単純な問題と解答例をつけておくなどの対策が考えられます。

◯ 誤差が起きるとき（3）：テスト全体の形式

　テスト全体の形式から起こる例も挙げてみます。英語テスト問題を紙に両面に印刷して提示すると、誤って表面だけを答えて、回答を止めてしまう生徒がいます。その生徒の不注意とはいえ、本来の英語力よりは低い点数をその生徒は取ることになり、それもテストの誤差となります。

　この種の誤差が生まれないようにするためには、表面の最後に「続きは裏面へ」と書いておく、テストの口頭での指示に「両面ありますので、気をつけてください」と入れておくなどの方法が考えられます。

◯ 誤差が起きるとき（4）：採点やその他の原因

　採点時に入ってくる誤差もあります。ライティングの採点で、英文が乱暴な字で書かれていて、読みにくいと採点者Aが感じ、点数を下げたとします。前もって考えていた評価基準に「字の美しさ」を入れていないときには、採点者Aは本

来の点数よりも低い点数をつけることになります。採点者Bは正しい基準にしたがって採点していたときには、採点者間でずれが生じます。これも誤差と考えられます。また、採点開始時には基準を厳密に適用していた教員が、時間がたつにつれて疲れ、だんだん採点が甘くなったり厳しくなったりすることもあります。これも採点者内で起こる誤差です。

　誤差を避ける対策も挙げておきます。「字の美しさ」に採点が影響されないためには、評価基準を明確にして、字の美しさによっては点を上下させないことを注意事項に挙げておくことができます。採点時の疲労の影響を防ぐには、ある一定数の採点を行ったら休憩を取るようにしておくとよいでしょう。

　これ以外にも、同じテストを天気のよい日に受けた場合と、台風で雨漏りやすきま風が入る日に受けた場合とでは、テストスコアが違ってきます。さらに、同じテストでも、構造や形式は同じですが、内容が異なるテストフォームが複数ある場合があります。テスト作成時には、難易度の平均値やばらつきが同じになるように努力し、スコアが比較可能になるように、リンキングなどの調整を行いますが、微妙に違いがあることはあります。その場合、フォーム1とフォーム2を受けた人では、若干のスコアが異なることがあり、これも誤差です[220]。

◯ 誤差と信頼性

　このように、テストの誤差が入ってくる原因はさまざまなものが考えられます。また、誤差は「信頼性」と表と裏の関係にあります。「信頼性」とは、既に述べましたが、テストが一貫した結果を示す程度、スコアの安定性・一貫性のことです。

　テストの誤差が大きければ、テストは一貫したスコアを出せなくなり、信頼性が低くなります。反対に、信頼性が高く結果が一貫しているテストは誤差が小さくなります[221]。

　テストスコアに誤差が入らないようにするためには、テスト作成・実施・採点のときには必要な対策をとり、誤差ができるだけ小さくなるようにすべきです。とはいえ、テストの誤差は綿密な計画を実行することで減りますが、完全に取り除くことはできません。丁寧にテストを作成・実施・採点をしても、どのテストにも少しは入ってきます。そのため、テストスコアの数点の差は誤差の範囲という視点を持っておくとよいでしょう。

---

220 誤差が起きる状況とその解決法などは、Hughes（2003a, 2003b）を参照
221 Bonate, 2000

◯ 測定の標準誤差

　先ほどから、"誤差"という用語が出てきていますが、この誤差は数値的に捉えることができます。ここからは、数式や計算の説明が出てくるところがありますが、すべてを理解する必要はありません。厳密性を保つために提示しているだけなので、興味のあるところを中心にご参照ください。

　スコアには誤差があります。では、数点の差が誤差の範囲ならば、どのくらいスコアが離れていたら2つのスコアは違っているといえるのでしょうか。これを考えるときに役立つのが、**測定の標準誤差**（standard error of measurement）と呼ばれる概念です[222]。

　測定の標準誤差は、1人のテストスコアが誤差でどの程度変動するかを意味し、一般にSEM[223]と略します。厳密な定義は、「同じ状況で、テスト（またはテストの平行フォーム）を繰り返し行ったときに得られる、個人の観察されるスコアの標準偏差」[224]です。例えば、500点を取ったとして、SEM＝5の場合には、68%の確率でスコアは5点ほど上下するため、その人の真のスコア（真値；同じ状況でテストを繰り返し行ったときに得られる、個人の観察されるスコアの平均値）は495～505点の間に入ると考えられます。

　SEMはグループのデータから普通計算されます。以下で説明するものは、基本的な考え方や式ですが、ラッシュ分析や項目応答理論では受験者の能力やタスク難易度ごとに誤差が計算されるため、より詳細な検討が可能です。測定の標準誤差を計算するには、式①を使います。

> SEM＝標準偏差×$\sqrt{1-信頼性}$　……………（式①）
> ※標準偏差（standard deviation：SD）：スコアの散らばり
> ※信頼性（reliability）：スコアの安定性・一貫性

　式①で出てくる値は、68%の確率での誤差の大きさ、つまり68%の確率でのス

---

[222] Harvill, 1991
[223] SEMはstructural equation modeling（共分散構造分析）の略語でもあるが、2つはまったく異なる。
[224] "the standard deviation of an individual's observed scores from repeated administrations of a test (or parallel forms of a test) under identical conditions"; American Educational Research Association, American Psychological Association, & National Council on Measurement in Education, 2014, pp. 223-224

コアのばらつきとなります。68%の確率でなく、もう少し厳密に考えたい場合には、95%の確率での誤差の大きさを示す、式②を使います。式②は、式①に1.96をかけた式[225]です。

> 1.96 × SEM　　・・・・・・・・・・・・・・・・・　（式②）

◯ TOEICの測定の標準誤差

　具体的な測定の標準誤差の例としてTOEICの場合を紹介します。TOEICのスコアは、リスニング・リーディングともに5～495点の間で示され、トータルスコアは2技能の合計点で10～990点で示されます。TOEICリスニング・リーディングのスコアのSEMは共に約25点と報告されています[226]。これは、68%の確率で25点のスコアのばらつきがあることを意味します。つまり、68%の確率で、リスニングスコアは誤差で25点は上下する可能性があるということです。リスニングスコアが200点の場合には、誤差で175～225点の幅があることになります。

　95%の確率でのスコアのばらつきは、式②を使うと1.96×25ですから、49点だと分かります。つまり、95%の確率で、リスニングスコアは誤差で49点は上下する可能性があるということです。リスニングスコアが200点の場合には、151～249点の間にその人の真のスコアがあると、かなり自信を持って考えてよいことになります[227]。

◯ 測定の標準誤差（SEM）の簡単な計算方法

　測定の標準誤差はテストごとに計算しなくてはなりませんので、調べたいテストの「信頼性」と「標準偏差」を計算して、それを、式①に代入する必要があります。しかし、テストの「信頼性」と「標準偏差」が分からない場合も多いでしょう。大雑把な値でよい場合には、測定の標準誤差の計算方法は、以下の式③と式

---

[225] 68%、95%、1.96という半端な値は、標準正規分布に基づくため。スコアの頻度分布を見るときはヒストグラムを書くが、この図は左右対称の釣り鐘型（正規分布）になることが多い。正規分布にも複数の形があるため、標準化作業を行い、分布の平均を0、標準偏差（スコアの散らばり）を1に変換する。標準化により分布の形は標準正規分布になり、標準正規分布では平均0、±1標準偏差の中に約68%、平均0、±1.96標準偏差の中に約95%のスコアが入る。そのため測定の標準誤差の計算では、68%、95%や1.96という値が出てくる
[226] Educational Testing Service, 2015
[227] この値は近似の推定値で厳密とはいい切れない。「95%の確率」は「かなりの確率」と解釈するのがよい（Harvill, 1991）

④が使えます[228]。この方法は、1問1点としているテストには使えますが、TOEICのように正答数とスコアが一致しない場合には使えません。

> テストの難易度が普通の場合：$0.45 \times \sqrt{（項目数）}$　…　（式③）
> テストが易しい場合：$0.30 \times \sqrt{（項目数）}$　…………　（式④）

例えば、難易度が普通で50問のテストのときには式③を使うので、$0.45 \times \sqrt{50}$から約3点（3.18…）が測定の標準誤差だと分かります。難易度が普通の100問のテストのときには、$0.45 \times \sqrt{100}$から、4.5点が測定の標準誤差だと分かります。68%の確率でのスコアのばらつきは4.5点程度あるということです。

易しいテストの場合は式④ですから、易しい50問のテストのときには、$0.30 \times \sqrt{50}$から約2点（2.12…）が測定の標準誤差だと分かります。易しい100問のテストのときには、$0.30 \times \sqrt{100}$から、3点が測定の標準誤差だと分かります。68%の確率でのスコアのばらつきは3点程度あるということです。

この方法ならば、自分が作った定期テストの測定の標準誤差も大まかには分かります。例えば、定期テストの難易度が「普通」で50問のときには、「誤差が上下3点程度」はあり、易しめの50問のテストのときには、「誤差が上下2点程度」はあるということで、目安になると思います。

◯ TOEFLの測定の標準誤差

前ページでTOEICの測定の標準誤差（約25点）を挙げましたが、それ以外のテストでも測定の標準誤差は報告されています。TOEFL紙版テスト（TOEFL PBTもしくはTOEFL ITP®）では、スコア全範囲が310～677点で測定の標準誤差が約14点です[229]。つまり、1つのテスト内では68%の確率で14点が、95%の確率で約27点（27.44 = 1.96 × 14）分が上下しうるということです。480点取ったならば、実際のスコアはかなりの確率で453～507点の間に位置することになります。TOEFL紙版テストで27点の差があれば、点がかなり違うように見えますが、誤差を考慮すると、違いがあるとはあまりいえないのです。TOEFL iBTでの測定の標準誤差は、表4－6のように報告されています[230]。

---

228 Harvill, 1991
229 Educational Testing Service, 2016

表4－6 ● TOEFL iBTの測定の標準誤差（スコアの全範囲）

リーディング	リスニング	スピーキング	ライティング	合計
3.35	3.20	1.62	2.76	5.64
（0～30点）	（0～30点）	（0～30点）	（0～30点）	（0～120点）

◯ TSSTの測定の標準誤差

　第3章のスピーキングテストの妥当性検証で例として挙げたTSSTについても、測定の標準誤差を計算することができます。受験者の信頼性は.97、標準偏差は3.69でしたので、その値を式①に入れるとSEMは0.64です。95％の確率での誤差の大きさは式②を用いて、約1.25つまり1.25レベルと出ます。場合によっては、TSSTのレベル5を取ったとしても、誤差でレベル4にも、レベル6にもなる可能性があります。これは大きな誤差に思えるかもしれませんが、他のテストと比べて非常に大きいわけではありません。上で述べたように、例えばTOEFL iBTのスピーキングセクションは30点満点です。SEMが1.62で、95％の確率での誤差の大きさは3.18です。30点満点をTSSTの基準に合わせて9点満点に換算すると約0.95です。よって、TSSTと大きく異なるわけではありません。

◯ 2つのスコアを比べる場合

　測定の標準誤差を使うと、1人のスコアのばらつきが分かるだけでなく、「同じテストを受けた異なる人の**スコア比較**」や「同じ人の異なる回に受けたテストでのスコア比較」もできます。例えば、4月の同じ回に受けた生徒2人のTOEICのスコアを比較したり、TOEICを4月と12月に受けた生徒の2つのスコアを比較したり、といった具合です。また両者を併せて、「異なる人のスコアを異なる回に受けたテストで比較する」こともできます。このように2つのスコアを比較するときに使える方法は、次のページのように2つあります。ただ、注意すべき点は「異なる回に受けたテスト」は、あくまでも比較可能なテストである必要があることです。TOEICは何月に受けた点数でも比較ができますが、定期テストなどの比較可能でないテストのスコアを、そのまま比較しても意味がありません（24ページ参照）。

230 Educational Testing Service, 2011

2スコア比較：第1の方法

　第1の方法は、測定の標準誤差の範囲をそれぞれのテストで出し、2つの範囲に重なりがあるかを見る方法です。範囲に重なりがあれば、「2つのスコアは違っているとはあまりいえない」と判断します。重なりがなければ、「2つのスコアは違っていると自信を持っていえると判断します。

　例えば、AさんのTOEICのリスニングスコアが200点で、Bさんのスコアが100点だったとしましょう。TOEICの測定の標準誤差は、95％の確率の誤差の大きさは約49点ですから、Aさんのスコアは151～249点の間に、Bさんのスコアは51～149点の間にあるといえます。AさんとBさんのスコアの範囲の重なりを考えると、Aさんの下限値が151点で、Bさんの上限値が149点なので、2つのスコアは重なっていません。つまり、「2人のリスニングスコアは違っていて、Aさんの方が高いスコアだ」とかなり自信を持っていうことができます。

　AさんのTOEICのリスニングスコアが200点で、Cさんのスコアが150点の場合はどうでしょうか。Cさんのスコアは、101～199点の間にあるので、AさんとCさんのスコアには重なりがあります。よって、「AさんとCさんの2人のスコアは違う」、「AさんはCさんよりスコアが高い」とはいえず、2人のスコアは同じ可能性があります。

2スコア比較：第2の方法

　第2の方法は、「**差の標準誤差**（standard error of difference）」を計算し、それを使って解釈する方法です。差の標準誤差は、SE_{diff}と略すことがあります。差の標準誤差（SE_{diff}）を使ってあるスコアの誤差の範囲を出し、その範囲内に別のスコアが入れば「2つのスコアは異なるとはあまりいえない」と判断し、範囲内に別のスコアが入らなければ、「2つのスコアは異なるとかなり自信を持っていえる」と判断する方法です。差の標準誤差の計算には、式⑤を使います。

$$SE_{diff} = \sqrt{2} \times 標準偏差 \times \sqrt{(1-信頼性)} \quad \cdots\cdots\cdots \quad (式⑤)$$
$$= \sqrt{2} \times SEM$$

　式⑤から分かるように、測定の標準誤差（SEM）の値が分かれば、SE_{diff}の値も計算できます。式⑤の値は、68％の確率で2スコアを比較するときの誤差の範

囲です。もう少し厳密に考えたい場合には、95％の確率で2スコアを比較するときの誤差の範囲を出す式⑥を使います。式⑥は式⑤に1.96をかけた式です。

$$1.96 \times \text{SE}_{\text{diff}} \quad \cdots \cdots \quad (\text{式⑥})$$

　TOEICリスニングのスコアの測定の標準誤差は約25点ですから、差の標準誤差（SE_{diff}）は、式⑤から約35点だと分かります。95％の確率で2スコアを比較する際の誤差の大きさは、式⑥から約69点です。

　AさんのTOEICのリスニングスコアが200点でBさんのスコアが100点の場合、95％の確率の誤差を考えると、Aさんのスコアの誤差の範囲は131〜269点です。Bさんのスコア100点は、Aさんの範囲には入っていません。そのため、かなり自信を持って「AさんとBさんのスコアは異なり、Aさんの方がスコアが高い」といえます。

　次に、Aさんのスコアと150点のCさんのスコアを比べてみましょう。Aさんのスコア範囲は、131〜269点で、この範囲にCさんのスコア150点があります。よって、「AさんはCさんよりリスニングスコアが高い」とはいえません。つまり、テストの誤差のためにスコアが違うように見えているだけで、「2人のスコアは同じ可能性がある」ということです。

◯ テストの誤差のまとめ

　「TOEICのリスニングスコアで200点と150点の差は誤差の範囲で違いがないかもしれない」という結果は、教員も生徒もがっかりする内容かもしれません。教員と生徒の心理としては、2回のテストで少しでも点数が上がると、スコアや能力が伸びたと喜びがちで、少しでも下がるとなぜだろうと考えてしまいます。ここで、テストには誤差があり、その誤差のために点数はかなり変動することを知っておけば、誤差の範囲の変動で一喜一憂することなくスコアの違いを冷静に分析できるのではないでしょうか。テストを選び、使うときにはこの誤差も考慮して考えてほしいです。学力調査で県や自治体ごとのスコアが詳細に議論されていますが、誤差を考慮しないとあまり意味のない違いを気にしすぎて、本来注意を向けるべき点がおろそかになることがあります。同時に民間試験に関しては、テストの誤差がどのくらいあるのかを、定期的に報告するように求めていくこと

も必要です。

平均への回帰

　第1章でも「平均への回帰」が出てきました。テストの誤差に続いて、「平均への回帰」という統計的な現象についても、さらに詳しく説明します。この考え方は同じグループが2回テストを受けた場合のスコアを比較する場合に、重要な考え方となるためです。この観点は、平均値などで2回のスコアを比較するときには本来は必ず確認したい点であるにも関わらず、ほとんど使われていません。平均への回帰によって、スコアの上下の解釈が変わる可能性もあるため、ぜひ知っておいてほしいと思います。

　テストを2回受け、そのスコアが比較可能な場合、スコアを比較すると思います。普通はスコアの違いは能力の変化と考え、スコアが上がっていれば能力が伸びたと解釈するでしょう。ただ、実際には単純に「能力が伸びた」とはいい切れないものです。例えば、1回目と2回目のテストの間に、子どもが成長して字が早く書けるようになったために、リーディングの記述問題のスコアが上がったとしましょう。これは英語力には関係がない要因です。また、1回目と2回目のテストの間に生徒の周りで災害や事故があり、それによって影響を受けることもあります。1回目に手を抜いて回答していた人が、2回目にやる気になって真剣に回答する可能性もあれば、1回目にテスト方法がよく分からずに最後まで問題を解けなかった人が、2回目は1回目の経験をいかしてスムーズに回答できるケースなどもあります[231]。さまざまな要因からテストスコアの変化は起こるため、解釈には慎重になる必要があります。

　同様に、**「平均への回帰（現象）**（regression to the mean）」もテストスコアの変化を起こす要因です。これは、「1回目のテストで、平均値から大きく離れていたスコアが、確率的に、2回目のテストで平均値の周りに集まりやすい」現象です。これによって、1回目のテストで平均値よりずっと低かった人は、平均値より少しだけ低かった人よりも、2回目のテストで平均値に近づきやすくなり、結果としてスコアが上がりやすくなります。同様に、1回目のテストで平均値よりずっと高かった人は、平均値より少しだけ高かった人よりも、2回目のテスト

---

231 Shadish, Cook, & Campbell, 2002

で平均値に近づきやすくなり、結果としてスコアが下がりやすくなります[232]。

面白いことに、平均への回帰は言語テスト以外でも起こります。例えば、平均よりずっと背の高い両親から生まれた子どもは両親ほど背が高くなかったり、1年目に大活躍したプロの選手は2年目の活躍は平均的だったり、大ヒットした1作目の続編は普通だったりします[233]。

こうした平均への回帰に影響されないようにするためには、テストを実施する前に行うべきことと、実施後に行うべきことがあります[234]。事前に対処する方が、平均への回帰を考慮したテスト実施ができるため、望ましいといわれています。

◯ 「平均への回帰」の対処法：テスト実施前

事前に取れる方法は3つあります[235]。第1に、実施デザインを丁寧に検討することです。丁寧に検討するためには、こちらも3点、注意したい点があります。1つは、「2つのグループでスコアを比較する場合には、各グループにランダムに受験者を割り当て、グループ内の人数を同じにすること」です。また、「実験群のみで1回目と2回目の平均値を比較するのをやめ、指導などの処置を受けないグループ（統制群）を設けること」です。統制群を設けて2群の平均値を比較することにより、指導の効果を厳密に検証できるようになります。最後に「1つのテスト結果だけで結論を出さないこと」です。複数個のテストを使って比較検証することが大切です。

第2に、調べたい要因ではなくても、結果に影響する要因は分析に組み込み、より包括的に検討することです。指導の効果を調べたいとしても、その他に例えば動機づけなど、いろいろな要因が考えられます。

第3に、テストスコアを比べる場合には、内容と難易度が同じものを選び、相関が高いものを選ぶことです。平均への回帰が起こるのは、2つのテストの相関関係が完全でないためです。そこで、2つのテストの相関が高ければ高いほど、平均への回帰は起こりにくくなるのです。

---

[232] Koizumi, In'nami, Azuma, Asano, Agawa, & Eberl, 2015参照：誤差の影響で、2回目の値が平均値へ近づくだけでなく、2回目の値が平均値から離れたり、平均値を超えて下がったり上がったりすることもあります。詳細はSchwarz and Reike (2018)参照
[233] Campbell & Kenny, 2003
[234] Campbell & Kenny, 2003
[235] Campbell & Kenny, 2003; 印南, 2012

◯ 「平均への回帰」の対処法：テスト実施後

平均への回帰は、どのような方法をとっても完全には統制できない[236]ものですが、平均への回帰の影響を減らすことはできます。テスト実施後に取れる方法[237]を見ていきましょう。使いやすく実行しやすい方法は2つです。1つは、式⑦のように差得点（ポストテスト − プレテスト）とプレテストスコアの相関を見る方法です。相関係数は、2つの変数の関係の強さを見る値で、−1.00から＋1.00の値を取ります。

$r =$ （XとYの共分散）/ {（Xの標準偏差）×（Yの標準偏差）}　…（式⑦）
　X = 差得点（ポストテストスコア − プレテストスコア/例：1回目10点、
　　　2回目20点のときには、20 − 10 = 10）
　Y = プレテストスコア

平均への回帰が起こっている場合には、かなりのマイナスの相関が見られます。マイナスの相関が高ければ高いほど、平均への回帰の程度が大きい[238]ということです。

第2の方法は、個人のスコアに関して調べる方法です。計算方法としては、平均への回帰が起こっている場合にポストテストで取ると予測されるスコアを出し、実際のスコアと比較するというものです。式⑧[239]を使って、1人1人に予測値を出し、実際のポストテスト実測値と比較します。

ポストテストスコア予測値 $= M_y + r_{xy}\,(SD_y/SD_x)\,(X - M_x)$　…（式⑧）
　$M_y =$ ポストテストスコア平均値
　$r_{xy} =$ プレテストスコアとポストテストスコアの相関
　$SD_y =$ ポストテストスコアの標準偏差
　$SD_x =$ プレテストスコアの標準偏差
　$M_x =$ プレテストスコア平均値

---

[236] Marsh & Hau, 2002
[237] Campbell & Kenny, 2003; Koizumi et al., 2015
[238] 例：Marsden & Torgerson, 2012; Rocconi & Ethington, 2009
[239] Campbell & Kenny, 2003

例えば、ある学生はあるテストで、プレテストは517点、ポストテストスコア予測値は約530点だったとします[240]。ここで、実際のスコアが530点より高ければ、平均への回帰で点数が上がる以上に点が上がったことになります。逆に530点以下であれば、仮に点数が上がったとしても、それは平均への回帰の範囲内ということです。スコアが伸びた、伸びないという話をする際には、テストの誤差の観点と平均への回帰のことも考慮してほしいと思います。

---

[240] $M_y = 522.82$、$r_{xy} = .83$、$SD_y = 42.58$、$SD_x = 47.34$、$M_x = 508.01$ とし、
522.82 ＋ .83 ×(42.58/47.34)×(517 − 508.01)と計算

テスト使用時の悩み：解決編

本書を読んだ後の高校教員O、P、Qさんの会話、中学校教員X、Yさんの会話を聞いてみましょう。

スコアレポートを使うとき

(以下、O：高校教員Oさん、P：高校教員Pさん、Q：高校教員Qさん)

O： スコアレポートを今度は丁寧に読みましたよ。そうしたら、本校や自分のクラスの生徒の特徴が分かってよかったです。

P： 私もです。どうしてこれを間違うのかなと思っていたところがあったんですが、自分の指導の問題だと思って気に病んでいたんです。でも、スコアレポートから、実は日本全体でそこが苦手というのが分かりました。自分の指導だけの問題ではないと分かって、少しホッとしました。

Q： 今度は、生徒にもスコアレポートを丁寧に読ませたいですね。

P： ただ、テストには誤差があるんですよね。このテストにはどのくらいの誤差があるのか気になって、スコアレポートや教員用資料などをあるだけ探してみましたが、特に記載がなかったんです。

Q： テストのウェブサイトを見てみましょうか。…うーん、ここにもなさそうですね。誤差が分からないと、テストスコアが解釈しにくいですね。

O： 今度テスト会社に問い合わせてみましょうよ。

テストを2回行ったテスト結果を使うとき

(以下、X：中学校教員Xさん、Y：中学校教員Yさん)

X： テストには誤差があるんですね。そんなに英語力が変わっていないのに、点が上下する理由が分かりました。

Y： 頑張って勉強していた生徒のスコアが下がっても、それは誤差の影響であって、力は下がっていないからもう少し頑張ってみようとアドバイスできますね。

X： 点数が上がって浮かれている生徒にも、誤差で点が上がったかもしれないから、しっかり勉強するようにということもできますね。

Y： それから、「平均への回帰」っていうのもあるんですね。

X： 不思議ですよね。回帰よりは怪奇ですよ。

Y： まあ、計算式が載っていたので、点数の上下が平均への回帰なのか、そうでないのかは確認できますね。

X： 208ページの式⑦の値は、どうやって計算するんでしょう。

Y： 手計算だと複雑みたいですが、インターネットには自動で計算してくれるサイト[241]があるみたいですね。比較したいテストの点数をエクセルに入力して、その値をコピーして貼りつけるんですね。

	A	B	C
1		差得点 （2回目のスコア-1回目のスコア）	1回目のスコア
2	Oさん	15	40
3	Pさん	-10	80
4	Qさん	2	60

X： それなら簡単そうです。

Y： このあたりを易しく説明した本や、詳しく解説した本もあるみたいですね[242]。

X： 誤差だの平均への回帰だのややこしいですが、そういったものに振り回されずに、生徒の英語力を伸ばすために何が必要かを考えたいですね。

Y： そうですね。あと、報告書にも点数が下がったように見えるが、そうでない可能性があるとも書けますね。

---

241 http://langtest.jp/shiny/cor/（2018年1月現在）
242 平井, 2017; 竹内・水本, 2014

まとめ

テストを選ぶ際には、特に以下を検討すべき。
・波及効果：テストや教育システムが、指導や学習へ与える影響。一般に思われているよりもずっと複雑で、テスト以外に影響するものは多くあることを知るべき
・テストを使う目的
・測りたい言語能力（構成概念）
・テスト以外の評価法
・既存のテストの情報：自分のテストを使う状況と突き合わせながら、さまざまな要素のバランス関係を意識すべき。特に、テストの妥当性に関する証拠を手に入れ、証拠の質を評価すべき

テストを使う際には、例えば、テストの前後の指導時や、テストスコア返却前と返却後に留意すべき点がある。テストスコアを解釈する際は、「テストの誤差」と「平均への回帰」を検討する。テストを選び、使う際には、言語テスティング研究からの知見が非常に役立つ。

《テストの誤差》

どんなに丁寧に作ったとしても、スコアには誤差があり、1点の差が意味を持つほど精密なものではない。テストスコアに誤差が入らないようにするには、テスト作成・実施・採点時に、必要な対策をとるべき。測定の標準誤差（standard error of measurement：SEM）は、「1人のテストスコアが誤差でどの程度変動するか」を意味する。2つのスコアを比較したい場合、2つの方法がある。
（1）SEMの範囲を2つ出し、2つの範囲に重なりがあるかを見る方法
（2）「差の標準誤差（standard error of difference）」を計算し、それを使って解釈する方法

テスト使用時には、テストの誤差のためにスコアはかなり変動することを知り、誤差の範囲の変動で一喜一憂すべきでない。テストスコアの数点の差は誤差の範囲と考えるべき。

《平均への回帰》

普通は2回テストを受けた場合、スコアの違いは能力の変化と考えるだろうが、それ以外の要因もある。「平均への回帰（現象）（regression to the mean）」もその1つ。「1回目のテストで、平均値から大きく離れていたスコアが、確率的に、2回目のテストで平均値の周りに集まりやすい」現象。平均への回帰に影響されないようにするためには、テスト実施前と実施後に行うべきことがある。以下が

とるべき方法の例。
・グループ全体で平均への回帰が起こっているかを見る方法：差得点（ポストテスト － プレテスト）とプレテストスコアの相関を調べる
・個人のスコアに関して調べる方法：平均への回帰が起こっている場合にポストテストで取ると予測されるスコアを出し、実際のスコアと比較する

Column 4
4技能テストが大学入試に導入されたときの波及効果の予測と、各利害関係者が取るべき行動

　第4章で、波及効果はさまざまな要因でプラスに弱く起こったり、マイナスに強く現れたりすることを述べました。波及効果の先行研究での結果や示唆を考慮すると、日本で4技能テストが大学入試に導入されたときには、以下のようなプラス・マイナスが混ざった波及効果が起きると予想されます。

(1) 英語授業でライティング・スピーキングの指導時間が増えるだろう。技能指導のバランスは改善。また英語を使って行うタスク活動が増加し、必要でない文脈で行われている訳読式の授業が減少する。ただし、それによってリーディング・リスニング、また語彙文法などにかける時間が減るかもしれない。これによって、英語力全体や知識・技能にどのような変化が出るかは、意見の分かれるところである。基礎学習が少なくなり英語力が下がるという意見と、この改革を機に授業改善が進んだり、発表技能を使う機会が増えることにより、インプットの取り込みがよくなることで、全体として力が上がると考える意見がある。

(2) 指導内容は変わるが、指導方法は変わりにくいだろう。教員や学習者の態度や行動の変化も限定的かもしれない（例：Watanabe, 2004a）。

(3) 教員によって影響が異なるだろう。何が効果的かという信念に指導法が影響されるだろう（Green, 2007; Watanabe, 2004b）。

(4) テスト形式の把握や準備のために授業の時間を使う必要が出てくる。テスト内容・構成が適切であれば、4技能テストに向けた指導・学習をしたとしても、その指導・学習が英語力増進に役立つ可能性はある。一方、テストに出題される部分だけを指導するようなカリキュラムを狭めたテスト指導（teaching to the test; narrowing of the curriculum）が起こる可能性がある。テストに出ない部分の要素は扱われにくくなって

しまう。
（5）全般的に、教員研修を伴わない4技能テストの導入だけでは、プラスの波及効果は限定的だろう。

では強いプラスの波及効果を起こすためには、どのようなことが求められるでしょうか。ここでは、テスト機関やテスト使用者、政策決定者、大学、教科書・教材作成者、教員養成・研修に関わる者、学会・研究者における役割をまとめてみます。

〈テスト機関の役割〉
- テスト目的と構成概念、適切な使用法など、重要な情報を分かりやすく提供する。支援教材を充実させる（Allen, 2016; Cheng & Curtis, 2004）。ウェブサイトで情報を提供する際には、さまざまなページに少しずつ情報が載っているのではなく、1ページに必要な情報やリンクが集約され、テスト使用者が必要な情報に容易に到達でき、簡単に理解できるような形でまとめておく。
- サンプル問題・テスト細目・採点基準・採点例を詳細に無料で公開する（Davidson, 2012; Wall & Horák, 2011）。
- 採点例は複数提示し、すべての能力レベルで提供。詳細な解説を提示する（Wall & Horák, 2011）。これにより、作成者側が意図していないところに教員が焦点を当てて指導することを避ける。例えば、スピーキングの採点基準に「正確さ」が入っていることで、誤りなく話すことが求められており、そのように指導しなくてはならないと受け取る教員もいるだろうが、実際は低いレベルであれば誤りがあっても、理解可能であればスコアが高くなり、誤りを細かく判断されるのは非常に高いレベルだけの場合がある。採点例が細かく提示されていれば、そのような誤解は避けられる。
- テストデザインを理解するのに最低限見るべき文書の数と種類を提示する（Wall & Horák, 2011）。
- 教員が指導法を改善するための情報を提供する。
- テストの開発プロセスや妥当性検証も開示する。特に、測定の標準誤差を開示し、測定の標準誤差が小さくなるように試みる。
- オンラインディスカッションリストを立ち上げ、継続して運営し、受験者

や教員が質問できるようにしておく。適切な教材や指導法について意見交換ができるようにしておく（Wall & Horák, 2011）。
- 教員だけでなく、教材作成者などの関係者にもよく情報を伝える（Wall & Horák, 2011）。
- カンニングや代理受験を厳重に防ぐ。
- 現実世界のタスクとテストタスクの一致度が高いテストを作る。不一致部分を意識し、マイナスの波及効果が起こる可能性を予測しておく（Green, 2007）。
- 波及効果研究を行い、修正できる点を改善する。例えば、丸暗記で高いスコアを取れてしまう場合に、タスクインプットの種類や形式、非言語情報を変えて幅を広げ、またトピックの幅とテキストの種類を広げ、タスクを予測しにくくする（Green, 2007）。丸暗記して書いた部分は減点するような評価基準にする（Fulcher, 2015）。
- その他、テスト・スタンダードや行動・実施規範（Code of Ethics; Code of Practice）を参照しながら、より適切なテスト開発・運営を行う（Jia, 2009; 李, 2016も参照）。
    例：日本言語テスト学会運営委員会・JLTA Language Testing 用語集委員会（2006）、日本テスト学会（2007, 2010）、American Educational Research Association, American Psychological Association, & National Council on Measurement in Education（2014）、International Language Testing Association（2010, 2018）

〈テスト使用者の役割〉
- 各テストは、目的、測定しようとする力、受験対象者が違っていることを理解する。
- 各団体間で協力し、情報交換を積極的に行う。
- テスト機関に詳細な情報と説明を求める（Green, 2007）。
- それぞれの経験を記録しておき、互いに学べるようにする。
- テストスコアには誤差があり、英語力以外にも影響されていることなどを知り、言語評価リテラシー（language assessment literacy）を高める。

〈政策決定者の役割〉
- 改革プロジェクトチームに、重要な関係者の代表を入れて話し合う（Wall, 2005）。特にプラスの波及効果を起こすために重要な役割を果たす教員からは、さまざまな意見を聞き、取り入れるようにする（Kim & Isaacs, in press）。
- 入試改革の内容とその理念を、明確に早めに公表する。教員や生徒にも理解できる形で提示する。
- 改革を、既存の教員養成・研修のシステムに合う形にし、その中に組み込む（Wall, 2005）。
- 教材や研修の支援プログラムを、テスト改革議論の初期から考慮して議論する（Wall, 2005）。
- 改革が行きわたるには、十分な時間とリソースが必要なことを前提として進める。改革の成功のためには関係者全体の協力が必須で、状況を継続的にモニターしていく必要があることを認識しておく。
- 入試改革により、どんな波及効果を意図しているかを明示する。その意図を、テスト使用者が容易に理解でき、簡単に手に入れられる形で、文書化して公表する（Wall & Horák, 2011）。
- テスト機関が、テストの情報を十分提供するように指導する。テストやその手順が、信頼性を含む妥当性や、実現可能性を考慮・検証したものであることを要求する（Wall, 2005）。
- 改革が適切か、適切に進行しているかの評価を定期的に行う。テストデザインや手順だけでなく、教員・生徒の態度や指導・学習への影響も評価し、考察する。その結果は公表し、各団体に示す。
- 教員養成・教員研修を改善し、早い時期から行うようにする。関係者同士の調整を行う部署を設置する（Wall, 2005）。
- 専門職として教員の地位が上がり、魅力が大きくなるようにする。
- クラスサイズを小さくする、英語に触れる時間を長くする、学習促進のために教育機器を導入する（Mizumoto, 2016a; Saida, 2016）など、教育の環境整備を行う。

〈大学の役割〉
- テスト目的と構成概念を考えてテストを選ぶ。

- ニーズやアドミッション・ポリシーと不一致でないならば、できるだけ4技能テストを使う。独自入試で一部の技能しかテストしないならば、そこが専願の人には4技能テストの波及効果は現れなくなってしまうためである。
- テスト以外の情報も使って、多面的に選抜を行う。

〈教科書・教材作成者の役割〉
- 教員は教材に依存して授業を行う傾向があることを意識し、よいものを作るようにする。
- 開示されたテスト細目などを熟読し、テスト目的やテストが測ろうとしている力と方法などを理解する。
- テスト作成者の意図する、テストで必要となるタスクやプロセスが、正確に完全に教材に提示されているようにする。
- 教材にガイドや説明を丁寧につける。評価方法や基準、採点例も含める。
- 教材作成時・作成後に教員などと意見交換する。

〈教員養成・研修に関わる者の役割〉
- 教員が授業を変えるには、「新しいアイディアを取り入れ、変化に合わせて自分の授業を変え、新しい方法に適切な調整を加えるスキル」が必要であることを認識する。
- 入試改革や指導・評価の内容を扱うワークショップなどを定期的に開催する。
- 適宜参照できる資料やウェブサイトを作る。
- 教員同士で実践の共有ができる場を作る（East, 2016）。
- リーダー的教員を育成する。メンタリング（mentoring）、ピア・コーチング（peer coaching）などを教員養成・研修に取り入れる。
- 教員に、短期間的には失敗も恐れず、新しい指導法を試すことを奨励する（Cheng, 2005）。
- 教員の実践でよいものを広く知らせる。表彰、生徒からの感謝伝達などを通して、自分が生徒の学習に役立ったという満足感、充実感を持てるようにする（プラスの強化：positive reinforcement）。よい実践を見て、他の教員が望ましい方向を知る機会を作る（Wall, 2005）。

〈学会・研究者の役割〉
- 言語テスティングなど研究から得られる知見を利害関係者に伝える（Mizumoto, 2016a）。
- 関連団体一覧をまとめ、必要なときにどの団体にコンタクトを取ればよいかが分かるようにする。
- 知見に基づき、必要な提言を国やテスト機関、テスト使用者に行う。
- 教員や生徒、社会一般の言語評価リテラシーを高める活動をする。

　全体としては、入試改革を通して日本人英語学習者の4技能の力が向上するように、4技能テストの導入によって起こりうるプラスとマイナスの波及効果を予想し、対策を練っておきたいものです。マイナスの波及効果をなくすことはできませんが、減らすことはできます。テストやシステムを批判するだけでなく、プラスの波及効果が起こるように、先に挙げたようなそれぞれのテスト使用者・関係者が果たせる役割を各自が着実に果たしていくことが必要だと思います。

付録（Appendices）

用語解説　222
資料　229
参考文献　238
索引　255

用語解説

一般化可能性理論
generalizability theory, G theory

古典的テスト理論と分散分析を発展させた信頼性の理論。古典的テスト理論の信頼性分析では、テストスコアのばらつき（分散：variance）を真値（true score）と誤差（error）の2つにしか分けることができなかった。一般化可能性理論では誤差をランダム誤差（random error）と系統誤差（systematic error）に分け、系統誤差を誤差が起こる要因（例：採点者、タスク）とその要因間の交互作用（例：採点者とタスクの交互作用）の分散に分けることができる。一般化可能性理論の中で、従属変数（目的変数）が1つのものは「単変量一般化可能性理論」、複数のものは「多変量一般化可能性理論」といわれる。詳細はBachman（2004）、Brown（2016）、Gebril（2012）、In'nami（2016）など参照。

因子分析
factor analysis

テストスコアやアンケート回答などの、直接確認できる観測変数（observed variable）の背後にある、目に見えない共通の要因（因子：factor。潜在因子、潜在変数［latent factor, latent variable］ともいう）を調べる分析方法。例えば、英語の4技能テストの背後に仮定する「英語熟達度」、リーディングとリスニングテストの背後に仮定する「受容技能」が例である。因子の構造を指定せずに行う因子分析を、探索的因子分析（exploratory factor analysis：EFA）と呼び、因子の構造をモデルとして指定して、モデルと実際得たデータが近いかどうかを確認する因子分析を、確認的因子分析（または確証的因子分析：confirmatory factor analysis：CFA）と呼ぶ。確認的因子分析は共分散構造分析の一部である。Brown（2016）、Konno（2016）、今野（2017）、光永（2017）、島田・野口（2017）など参照。

共通尺度
common scale

テストパフォーマンスに数値を割り当てただけのスコアを素点（raw score）と呼ぶ。複数のテストの素点を変換して、同じ尺度上に載せると、スコアが比較できるようになる。そのときの共通の尺度を共通尺度と呼ぶ。

共分散構造分析
structural equation modeling：SEM

直接確認できる観測変数（observed variable）や共通の目に見えない潜在変数（latent variable）の関係をモデル化して分析する方法。回帰分析、因子分析、相関分析を統合した分析で、潜在変数を扱えること、柔軟なモデル設定が可能なことが主な利点である。In'nami and Koizumi（2013）、Kline（2011）、今野（2017）など参照。

言語報告
verbal report

プロトコル分析（protocol analysis）と同義。そちらを参照。

項目応答理論
item response theory：IRT
テスト分析理論・測定モデルの1つで、順序尺度（値の大小はいえるが、加減乗除はできない尺度）のテストスコアを、ロジット尺度（logit scale）の間隔尺度（値の大小がいえ、加減乗除の加減ができる尺度）に変換する。古典的テスト理論を発展させたもの。古典的テスト理論では、テストスコアを素点（raw score：テストパフォーマンスに数値を割り当てただけのスコア）としてそのまま分析するが、そこには限界点があった。その限界点を改善するために開発されたのが項目応答理論である。この理論の中には、1パラメータ・ロジスティック・モデル（1-parameter logistic model：1PLM）、2パラメータ・ロジスティック・モデル、3パラメータ・ロジスティック・モデルなどがあり、1パラメータ・ロジスティック・モデルとラッシュモデルは計算式が一致する場合がある。詳細は別府（2015）、Henning（1989）、石川（2017）、光永（2017）、中村（2002）、野上（2016）、野口・大隅（2014）、大友（1996）など参照。

古典的テスト理論
classical test theory：CTT
テストパフォーマンスに数値を割り当てただけのスコアを素点（raw score）と呼び、テストスコアを素点のまま分析する理論のこと。古典的テスト理論の限界を改善するために、項目応答理論や一般化可能性理論、潜在ランク理論（木村，2016参照）が作られていった。古典的テスト理論に基づく項目分析（item analysis）の中には、項目難易度（項目困難度：item difficulty）、項目弁別力（項目識別力：item discrimination）、実質選択肢数（actual equivalent number of options：AENO）などがある。これらの項目分析と信頼性（reliability）分析は、現在でもさまざまなテスト分析で使われている。詳細はBrown（2016）、Carr（2011）、伊東（2016）、光永（2017）、小野塚・島田（2008）など参照。

Computer Based Testing
CBT
コンピュータを利用したテスト方法、コンピュータを使ってテストを実施する方法。似た用語として、コンピュータ適応型テスティング（computerized [computer] adaptive testing：CAT）があるが、これは、CBTの技術に加え、項目応答理論での分析結果と受験者の能力レベルに基づき、受験者によって提示するテスト項目・タスクを変える方法である。CBTについては、別府（2015）を、CATについては、秋山（2016）、今井（2016）を参照。

差異項目機能
differential item functioning：DIF
テストで測りたい能力が同じでも、受験者が所属しているグループが異なるために、グループ間で項目難易度が異なること。テストの公平性（fairness）を調べる1つの方法である。熊谷（2016）、McNamara and Roever（2006）、野口・大隅（2014）参照。

信頼性分析
reliability analysis

信頼性とは、テストの安定性や一貫性である。信頼性分析とは信頼性を調べるために行う分析のこと。テスト内の安定性を見る場合には、内的一貫性と呼ばれるクロンバックのアルファ係数（Cronbach's alpha coefficient）を出すことが一般的である。内的一貫性とはテスト内部での一貫性である。例えば、同じリスニング能力を測るつもりで作ったテストタスクが10個あるとして、10個の結果は似たような結果になるはずで、それを内的一貫性として調べる。それ以外にも、採点者間や採点者内での採点が一貫しているか、また別の時期に行った同じテストでのスコアが安定しているかを調べるときには、一致度などを計算する。Bachman（2004）、Bachman and Kunnan（2005）、Carr（2011）、平井・飯村（2017）、水本（2014）参照。

スコア
score

test scoreの訳には、「テストスコア」と「テスト得点」があるが、本書では総じて「スコア」と使っている。

スコア全体の分散
score variance

受験者全体でのスコアの傾向を見ると、スコアが高い人と低い人がいて、平均値を中心にばらついていることが多い。そのスコアのばらつきがスコア全体の分散である。スコアのばらつきは、(a) テストが測る能力によって起きている場合も、(b) 採点者やタスクの違いでばらついている場合もあり、(a) によるばらつきが多い方が望ましい。スコア全体の分散を要因ごとに分けていく考え方は、分散分析や一般化可能性理論での基盤となっている。Bachman（1990）参照。

相関分析
correlation analysis, correlational analysis

相関とは、2つの要素の関係の度合いを意味する。その度合いを分析する手法が相関分析。一方が高いときに、もう一方も高くなる傾向にある場合には「正の強い相関がある」といい、強い相関、中程度の相関、弱い相関、ほとんど関係がない相関のように、程度で解釈する。また、正（プラス）の相関と負（マイナス）の相関のように、方向性も解釈する。この相関分析がベースになって、因子分析や回帰分析、共分散構造分析などが行われる。嶋田（2017b）、島田・野口（2017）、竹内（2014b）参照。

タスク
task

1つの「テスト」の中にはさまざまな「テストタスク (test task)」が含まれる。これらを総じて本書では「タスク」と呼ぶ。リスニングやリーディングにおける「タスク」は「項目」や「設問」、「問い (item)」とも呼ばれる。ひとつひとつのテスト問題のこと。スピーキングやライティングタスクでは、実際に行うことの指示や内容などを「プロンプト (prompt)」と呼ぶこともある。

多相ラッシュ分析
multifaceted Rasch analysis, many-faceted Rasch analysis

基本的なラッシュ分析を拡張した分析手法。基本的なラッシュ分析は「受験者」と「タスク」など2相のデータを分析するのに対し、多相ラッシュ分析では、受験者とタスク以外に、「採点者」や「評価基準」など3つ以上の相を入れることができる。多相ラッシュ分析を使うと、同じ尺度上で複数の相を比較でき、スコアそのもの（素点）を使った分析では得られない、詳細な情報を得ることができる。Barkaoui（2013）、Eckes（2011）、神前（2016）、McNamara（1996）などを参照。

テスト
test

「テスト (test)」は「評価 (assessment, evaluation)」の1方法だが、本書では、「テスト」は「評価」とほぼ同じ意味で使っている。

テスト開発者・作成者
test developer / test maker

開発者と作成者は同じ意味で、テスト作成に関わる人たち全体を指す。テスト機関の人も教員も含まれる。

テスト使用者
test user

「スコア」を使う人たち全体を指す用語。大学入試の場合には、受験者、教員、スコアを利用する大学・大学担当者、その他入試に関わる人たちがテスト使用者。「テスト開発者」と「テスト使用者」が重なる場合もある。

テストの内的構造
test internal structure

テストの因子構造 (test factor structure) とも呼ばれる。テストの中にあると想定する、下位の構成概念とその関係をいう。下位の構成概念を因子 (factor) と考え、因子の間の関係をデータと比較することで、意図した内的構造がデータに反映されているかを、妥当性検証の一部として、共分散構造分析などを使って調べる。例えば、テストの構成として4技能が入っており、4技能の間にある程度の関係があると想定したとして、データを分析したところ4技能として分かれず、受容技能と発表技能の2つに分かれてほとんど相関がないというように、最初の想定と異なる構造を示すこともある。In'nami, Koizumi, and Nakamura（2016）、Sawaki et al.（2009）など参照。

テストフォーム
test form

同じテスト設計図（細目）から作られた、構成や内容、難易度がほぼ同じのテストを指す。同じテストの別バージョンと考えると分かりやすい。例えば、TOEICの第1回目実施と第2回目実施のテストを、テストフォーム1、テストフォーム2と呼ぶ。「平行テスト（フォーム）」（平行版テストフォーム：parallel test form）と呼ぶこともある。「平行版」「平行性のある」とは、同じテスト設計図から作られた、構成や内容、難易度がほぼ同じという意味である。

標準化
standardization

データの標準化は、あるスコアから平均値を引いて、標準偏差で割り、標準得点（standard score）を出すこと。この手続きにより、スコアが標準偏差のいくつ分離れているかが分かり、グループ全体の中での個人の位置を示すことができる。偏差値は、平均値50、標準偏差10の標準得点である。嶋田（2017a）、島田・野口（2017）、竹内（2014a）参照。

テストの標準化は、テスト作成時に考えている「受験者全体を示すグループ（母集団）」を規準集団（norm group, normative group）としてテストの尺度を作り、その尺度上にテストスコアを相対的に位置づける手続きのこと。これにより、テストスコアが、構成概念や規準集団の特徴と関連づけて解釈できるようになる。テストの標準化を経たテストを標準化テスト（standardized test）と呼ぶ。ただし、実際には、実施方法などが一定になるような手続きを取っているだけでも標準化テストと呼ぶこともある。野口（2016）参照。

採点の標準化は、採点手順、採点基準を統一し、トレーニングを行って採点者がそれにしたがった採点が行えるようにすること。横内（2016）参照。

標準偏差
standard deviation：SD

平均値（mean）から、各データが平均してどの程度散らばっているかを表す指標。標準偏差を2乗した値が、分散（variance）。標準偏差の方がもともとの単位と同じなので解釈がしやすいという利点がある。嶋田（2017a）、島田・野口（2017）、竹内（2014a）参照。

プロトコル分析
protocol analysis

受験者などに受験時のプロセスを語ってもらった報告や、採点者などに採点時のプロセスを語ってもらった報告を分析すること。頭の中で考えていたことを口頭で語ってもらったものは、発話プロトコル（verbal protocol）、紙に書いてもらったものは、筆記プロトコル（written protocol）と呼ばれる。言語報告（verbal report）と同義で、質的分析の一部である。Brown（2016）、Green（1998）、長谷川（2016）など参照。

分散分析
analysis of variance：ANOVA

各グループの平均値に違いがあるかを調べる際に用いる分析法。得られたデータの全体の分散（ばらつき）を、(a) 調べたい要因のために起こった分散と、(b) それ以外の分散に分け、(a) > (b) になっているかを調べるのが基本概念である。調べたい要因が1つのときには、一

元配置分散分析、2つのときには二元配置分散分析となる。分析の前には前提を満たしているかを確認する必要がある。島田・野口（2017）、髙波（2017）、山西（2014）参照。

ラッシュモデル
Rasch model

テスト分析理論・測定モデルの1つで、順序尺度（値の大小はいえるが、加減乗除はできない尺度）のテストスコアを、ロジット尺度（logit scale）の間隔尺度（値の大小がいえ、加減乗除の加減ができる尺度）に変換する。受験者能力と項目難易度を推定し、項目弁別力や当て推量パラメータは推定しないモデル。ラッシュモデルは、広くいうと項目応答理論（item response theory：IRT）に属す。ラッシュモデルに基づき、ラッシュ測定（Rasch measurement）を行う分析は、ラッシュ分析（Rasch analysis）と呼ばれる。多相ラッシュ分析はその中の1つである。Bond and Fox（2015）、Lake and Holster（2016）、靜（2007）、Sick（2008a, 2008b, 2009a, 2009b, 2010, 2011）など参照。

利害関係者（利害関係の保持者）
stakeholder

テスト開発者やテスト使用者だけでなく、テストによって影響を受ける個人やプログラム、団体、組織が含まれる。例えば、受験者、保護者、教員とスタッフ、学校、校長などの学校経営者、テスト機関、テスト開発者、テスト採点者、テスト実施者、文科省・教育委員会関係者・ビジネス・大学の幹部、地域社会（塾関係者、教材作成者、ビジネス、政府、コミュニティの一員など）、その他関わる部署（テスト採点・実施センター、テスト責任者）が入り、かなり広い範囲を指す。

リンキング
linking

複数のテストスコアを比較可能にするためにスコアの変換の操作を行うこと。リンキングの中にもさまざまな形があるが、その中で最も厳しい条件の場合を「等化（equating）」と呼ぶ。満たすべきである5つの条件は以下。2つ以上のテストの間で、(a) 同じ構成概念を測っている、(b) 同じ難易度レベルである、(c) 信頼性が等しい、(d) 受験者の母集団が同じである、(e) テスト細目が同じであることである（野口, 2016）。条件の厳しい「等化」に対して、条件がやや甘い場合を「尺度化（scaling）」と呼ぶ。異なる難易度のテストを尺度化することを、垂直尺度化（vertical scaling）、似た難易度のテストを尺度化することを、水平尺度化（horizontal scaling）と呼ぶ。Kolen and Brennan（2004）、野口（2016）、野口・大隅（2014）、斉田（2014）参照。

ルーブリック
rubric / mark scheme

採点で用いる採点基準（評価基準）。評価規準（assessment criterion；例：タスク達成度）と判定基準（評価尺度：rating scale；例：1～5の5段階）、記述子（descriptor；例：「タスクで求められている点をすべて満たしている」）からなる。Brown（2012）、小泉（2016b）、Sato（2016）参照。

ロジット尺度
logit scale

ロジットを単位とした尺度のこと。ロジットは、受験者能力や項目難易度を表現する単位。logitはlog odds unit（対数オッズの単位、またはオッズの対数の単位）の略。ロジット尺度は、間隔尺度であり、その上にある数値は、大きな値が小さな値より大きいことを示すだけでなく（順序性）、どの程度大きいかを示すこともできる（加減乗除のうち、加減が可能）、潜在特性尺度（latent trait scale）である。ラッシュモデルや項目応答理論では、数値をこの尺度上で表す。この尺度上であれば、受験者能力や項目難易度などが比較可能である。McNamara（1996）、野口・大隅（2014）参照。順序尺度や間隔尺度については、竹内（2014a）参照。

資料

日本言語テスト学会（JLTA）「大学入学希望者学力評価テスト（仮称）における英語テストの扱いに対する提言」と解説（12ページ補足）

日本言語テスト学会提言作成委員会

（大修館書店『英語教育』2017年5月号に掲載）

　高大接続の実現に向けた様々な試みの一環として，大学入試に英語の4技能テストを導入すること，および民間の資格・検定試験を活用すること等が文部科学省において議論され，今後への見通しが公表されています。日本言語テスト学会は1996年の創立以来，テストの適切な作り方・使い方等の実践的な課題だけではなく，学習・教育評価の検証方法，さらに広く大学入試のあり方を含め，教育現場および社会への啓蒙に努めてきました。今回の一連の改革の流れにおいては特に特別委員会を設置し，議論の結果を意見書としてまとめ，本年1月4日付で文部科学省に提出しました。本稿は，より広い読者層を想定し注釈を加えながら提言全文を紹介するものです。なお，本誌掲載にあたっては，分かりやすさを優先し表現を若干修正したところがありますが，主旨は変わるところがありません。

「大学入学希望者学力評価テスト（仮称）における
英語テストの扱いに対する提言」

1．序

　平成28年8月31日に，高大接続改革について文部科学省より発表された文書において，「大学入学希望者学力評価テスト（仮称）」の進捗状況が発表され（http://www.mext.go.jp/b_menu/houdou/28/08/1376777.htm），平成29（2017）年度初頭に「実施方針」が策定されるという見通しが明らかにされた。日本言語テスト学会は，高大接続改革において大学入試に4技能テストを導入する方向性についてここに支持を表明し，その中心的な改革である大学入学希望者学力評価テスト（仮称）における英語テストとそれに関連する諸問題に対して以下の提言をする。

2．大学入学希望者学力評価テスト（仮称）における英語テスト
（1）透明性の高い手続き

民間の資格・検定試験を活用する際に，国（大学入試センター）が認定を行うとあるが，その認定の手順を明確化すべきである。その際，以下の2点の実施を提案する。

i. テストの実行可能性だけでなく，テストの質 (注1) も十分検討した上で決定を行うこと。

ii. 認定の手順を策定する際には，言語テスト研究者を複数名配置し，最新の言語テスト研究の成果 (注2) を反映した，透明性が高いものにすること。

（2）情報公開

民間の資格・検定試験に関して，以下の3点の実施を提案する。

i. 民間の資格・検定試験はそれぞれ，テストの目的，測定対象能力及び受験対象者が異なるケースが多い (注3)。このことを，テスト使用者（スコアを利用する各大学，受験者，その他大学入試に関わる者）に周知徹底すること。

ii. テスト機関は，テストの目的と測る能力，採点基準や採点方法，また作成・実施方法やテストの適切な使用法など，テストを選ぶ際に欠かせない詳細な情報を公表すること。特に，学習指導要領にどのように準拠しているテストなのかを明示すること (注4)。

iii. 文部科学省主導で，テスト使用者とテスト機関に上記iおよびiiの徹底を明確に要請すること。

（3）大学入試における選抜に関する考慮点

i. **スコア換算表の扱い**

複数の民間の資格・検定試験を認定する場合，現行案ではスコアを換算表で比較することが前提とされている。しかし，各テストは測る能力が異なるため，テスト間でスコアを直接比較したり，そこに現れる細かな差を一般的な英語力の差と解釈したりすることは適切ではない。文部科学省においては，このような制約について明示し，適切なテスト結果の解釈と使用をテスト使用者側に要請すること (注5)。

ii. **各大学のニーズやアドミッション・ポリシーとテストの関連づけ**

各大学は，それぞれのニーズやアドミッション・ポリシーに対して体

系的な分析を十分行った上で，それをふまえたテストを選定し，テスト結果を適切に活用すること。文部科学省は，適切なテストの選定と結果の活用のための具体的な手順を，言語テスト研究の知見を十分にふまえながら提案すること(注6)。

(4) **公正な機会**

受験者に関して，経済格差や地域格差，障害等による受験機会の不平等が生じないよう，引き続き具体的な対処策を検討・実行すること。特に，地域格差については，地方によって受験できるテストが限られ，たとえ受験が可能であっても，そのためにかなりの時間と費用が必要になることを理解した上で，公平な機会を提供すべく支援や改善すること(注7)。

(5) **テストおよび試験制度の改革のみに頼らない方策**

これまでの波及効果の実証研究を概観すると，4技能テストを導入するだけでは，高校の英語教育改善につながるとは限らないことが予測される(注8)。これらの研究の知見を十分鑑み，より良い波及効果を起こすような方策(注9)を策定し，実行すること。同時に，英語教育の改善をテスト改革のみに頼るのではなく，教員の指導力向上を目指す教員養成・教員研修の強化を実現するため，以下の2点を行うこと。

　i. 言語テスト研究における成果を十分反映させつつ，教員養成課程や教員研修の内容を精査すること(注10)。

　ii. その内容に，英語教育におけるテスト本来の役割と教師が果たすべき役割，テストについての基礎知識と適切な使用方法(注11)を含めること。

(6) **学習につながるテスト結果の活用**

4技能テストの結果を，高校と大学入学後の学習に十分生かすために，全てのテスト機関は，指導や学習により役立つようなスコアレポートと関連資料(注12)を提供すること。さらに，テスト使用者が指導や学習に活かすことができるような手順や方策(注13)を提案すること。

3. 結び

日本言語テスト学会は，教員やテスト関係者に対するアセスメント・リタラシー（評価・テストについての知識・スキル）習得を促進する啓発活

動を過去20年間行ってきた。当学会では，このような活動を引き続き行うとともに，他の学会や組織とも協力しながら，大学入試改革に向けて積極的に協力する準備がある。また，学会構成員である私たち自身も1人1人が，教員として，また評価とテストに関わる当事者として，それぞれの専門分野・知識を生かし，大学入試や教室における評価，教育実践の改善に全面的に協力をしていく所存である。

注

（注1） 重要な意思決定を行うにあたっては得点の信頼性—複数回受けても能力が変わらなければ同じ結果が得られる等の得点の安定性—を考慮すべきであることは言うまでもないが，学習者に好ましい影響を与えるかどうかを最優先の判断基準とする必要がある。

（注2） 最新の研究成果は，渡部・小泉・飯村・髙波（2016）やKunnan（2013），Fulcher & Davidson（2012）等を参照のこと。

（注3） テストの目的，測定しようとする能力及び受験対象者等は英語4技能試験情報サイトhttp://4skills.jp/qualification/comparison.htmlにまとめられている。しかし，詳細が未公開な場合もあり，（2）iiで述べたように，さらに情報公開を求めていくべきである。得点の信頼性や測定の標準誤差，採点者の訓練・採点方法，定期的なテスト分析結果の報告書などが今後必要な情報の例である。

（注4） 例えば，大学入学希望者学力評価テスト（仮称）における英語のテストで扱われる語彙は習得語彙に合致していることが求められる。さらに，学習指導要領と各種外部テストの語彙数との関係についても配慮する必要がある。

（注5） 民間の資格・検定試験には日本で広範に受験されているTOEFL®，TOEIC®，実用英語技能検定を例に考えても，それぞれ「英語を用いて高等教育機関で学業を修める力」「日常的な内容からビジネスまで幅広い英語のコミュニケーション力」「英語圏の社会生活に必要な英語力」と測定の対象が異なっている。またテスト結果の提示方法（スコアの出し方，合否等）も異なるため，これらを比較し換算することは極めて困難である。

（注6） 大学入学時点で求められる英語力のレベルと質，入学後に授業履修

や単位取得に必要となる英語力や英語教育内容については大学・課程・専門分野などで様々であるため，各大学が組織的・具体的に調査し，それに見合ったテストを選定・利用することが望ましい。詳しくは，言語教育や言語テスト作成におけるニーズ分析の手法（例：小山, 2016; Bachman & Palmer, 2010）等を参照のこと。

（注7）首都圏と過疎地域では受験可能な試験，開催回数等に大きな隔たりがある。人口比に応じた試験会場・受験者受け入れ数の設定等，格差を是正する具体的な方策を示す必要がある。

（注8）4技能をバランスよく高めようとする動機付けの効果等，プラスの影響が出る可能性がある一方，テスト対策の時間が増加し，出題される可能性は低いが技能としては重要なものが扱われず，指導・学習の範囲や内容が狭まる可能性もある。

（注9）テストによる教育効果については，テスト使用者がテストを適切に使えばよい影響が，不適切に使えば悪い影響が起こりえることを実証研究は示している。複数のテストが使われる場合には各テストの目的，課題の例等詳細を使用者の便宜をはかり整理をして提供する必要がある。

（注10）教員養成課程や教員研修においてアセスメント・リテラシーの向上を目的とした科目を加えることなどが考えられる。英語4技能を適切に評価することにより，フィードバックを基に効果的かつバランスのとれた指導につなげうることが期待できる。

（注11）各種テストが広く使われることは，使用者の側に結果を正しく読み取る叡智が必要とされることを意味する。教員の側でも，基本概念やテスト作成原理を体得し，テスト結果の処理や分析および解釈のための基本的な統計の知識を備える機会ととらえる必要がある。

（注12）例えば，英語力全体や技能ごとのスコア，その点を取る学習者はどのようなことが一般的にできるかの記述，学習へのアドバイス（詳細は渡部他, 2016の第3.2.10節参照）。

（注13）英語運用能力を高める方法と英語の試験で高い点を取るための学習方法は関連が強い。例えば，ノートをとりながら英文を読んだり聞いたりして要点をまとめることは，どのようなテスト課題にも有効な準備学習である。受験を忌避するのではなく，積極的に生かす態

度が特に指導者には求められる。

引用文献

Bachman, L. F., & Palmer, A. (2010). *Language assessment in practice*. OUP.

Fulcher, G., & Davidson, F. (Eds.). (2012). *The Routledge handbook of language testing*. Routledge.

小山由紀江(2016).「特定目的のための英語(ESP)とニーズ分析－理論と実践－」石川有香他(編)『言語研究と量的アプローチ』(pp. 279-298).金星堂.

Kunnan, A. (Ed.). (2013). *The companion to language assessment*. John Wiley & Sons.

渡部良典・小泉利恵・飯村英樹・髙波幸代(編).(2016).『日本言語テスト学会誌 第19号(20周年記念特別号)』日本言語テスト学会(6月15日よりJLTA Websiteで一般公開)

作成委員会氏名:渡部良典(代表責任,上智大学教授),小泉利恵(順天堂大学准教授),小山由紀江(名古屋工業大学名誉教授),齋藤英敏(茨城大学准教授),澤木泰代(早稲田大学教授),清水裕子(立命館大学教授),片桐一彦(専修大学教授),深澤真(琉球大学准教授),横内裕一郎(弘前大学助教)

本書筆者注:大学入学希望者学力評価テスト(仮称)の現在の名称は、「大学入学共通テスト」。ニーズ分析の追加例として、Sawaki(2017)がある。

スピーキングテストの場合のWeirの「社会・認知的枠組み」（54ページ補足）

①文脈的妥当性

タスクの設定	・目的 ・採点基準 ・タスクの順序	・反応（時の）形式 ・採点の重みづけ ・時間の制約		
実施の設定	・身体的状況 ・セキュリティー（security）	・実施の均質性		
タスクの要求	・言語的（インプットとアウトプット両方） 　談話モード 　内容の知識	経路（channel） 語彙的	長さ 構造的	情報の性質 機能的
対話者	話す速さ　多様なアクセント 親しさ（acquaintanceship）	数 性別		

②認知的妥当性

内的プロセス・実行（executive）プロセス	・概念化（conceptualiser） ・形式化（formulator） ・調音化（articulator） ・聞き取り（audition） ・発話の理解（speech comprehension）	・言語化される前のメッセージ ・音声計画（phonetic plan） ・外的発話（overt speech）
モニタリング		
実行資源（executive resources）	・内容の知識 　内的　　　　外的 ・言語知識 　文法的　　　談話的 　機能的　　　社会言語学的	

③採点妥当性

採点（rating）	・採点基準／評価尺度 ・採点手順 　採点者トレーニング 　採点の質 　標準化 　モデレーション（moderation） 　採点の状況 　統計的分析 ・採点者	・スコアの付与（grading and awarding）

④結果的妥当性

スコアの解釈	・差異妥当性（differential validity） ・教室または仕事場での波及効果 ・社会の中での個人への影響

⑤基準関連妥当性

スコアの価値	・同じテストの異なるバージョンの比較 ・同じテストを異なる機会に実施した場合の比較 ・他のテスト・測定との比較 ・将来のパフォーマンスとの比較

注：スピーキングテストと他技能テストとの違いは、「文脈的妥当性」と「認知的妥当性」、「採点妥当性」の中の記述の違いである

ライティング・リスニング・リーディングテストにおける妥当性検証時の枠組み (54ページ)

【ライティング】

①文脈的妥当性

タスクの設定	スピーキングと同じ
実施の設定	スピーキングと同じ
タスクの要求	・言語的（インプットとアウトプット両方） 　談話モード　　経路 　テキストの長さ 　書き手と読み手の関係 　情報の性質　　内容の知識 　語彙的　　　構造的　　　機能的

②認知的妥当性 (理論に基づく妥当性)

内的プロセス・ 実行プロセス	・目標設定 ・トピック・ジャンルの修正 (topic/genre modifying) ・生成 (generating)　　・構成 (organizing) ・翻訳 (translating)
モニタリング	
実行資源	・言語知識 　文法的　　テキスト的 (textual) 　機能的　　社会言語学的 ・内容の知識 　内的　　　外的

注：波下線＝スピーキングテストの枠組みと異なる部分

【リスニング】

①文脈的妥当性

タスクの設定	・目的　　　　　・反応 (時の) 形式 ・採点基準　　　・採点の重みづけ ・項目の順序　　・時間の制約
実施の設定	スピーキングと同じ
タスクの要求	スピーキングと同じ
対話者	話す速さ　　多様なアクセント 親しさ　　　話し手の数　　　性別

②認知的妥当性 (理論に基づく妥当性)

内的プロセス・ 実行プロセス	・目標設定 ・聴覚的・視覚的インプット (acoustic/visual input) ・聞き取り (audition) ・パターン統合 (pattern synthesizer)
モニタリング	
実行資源	・言語知識 　文法的 (音声・語彙・統語)　　談話的 　語用論的 (pragmatic)　　社会言語学的 ・内容の知識 　内的　　　外的

注：波下線＝スピーキングテストの枠組みと異なる部分

【リーディング】

①文脈的妥当性

タスクの設定	・目的　　　　　・反応（時の）形式 ・採点基準　　　・採点の重みづけ ・項目の順序　　・時間の制約
実施の設定	スピーキングと同じ
タスクの要求	・言語的 　　談話モード　　　経路 　　テキストの長さ 　　書き手と読み手の関係 　　情報の性質　　　内容の知識 　　語彙的　　　　　構造的　　　　　　　　機能的

②認知的妥当性（理論に基づく妥当性）

内的プロセス・ 実行プロセス	・目標設定 ・視覚認知（visual recognition） ・パターン統合（pattern synthesizer）
モニタリング	
実行資源	・言語知識 　　文法的（語彙・統語）　テキスト的 　　語用論的（pragmatic）　社会言語学的 ・内容の知識 　　内的　　外的

注：波下線＝スピーキングテストの枠組みと異なる部分

【リスニング・リーディング共通】

③採点妥当性

採点	・項目分析 ・内的一貫性 ・測定誤差 ・採点者に関わる信頼性

注：波下線＝スピーキングテストの枠組みと異なる部分

参考文献 阿部公彦 (2017).『史上最悪の英語政策―ウソだらけの「4技能」看板』ひつじ書房

秋山實 (2016).「コンピュータ適応型テスティング［理論編］」渡部良典・小泉利恵・飯村英樹・髙波幸代（編）『日本言語テスト学会誌 20周年記念特別号』(pp. 182-185) 日本言語テスト学会．doi:10.20622/jltajournal.19.2_0　以下から閲覧可能：https://www.jstage.jst.go.jp/article/jltajournal/19/2/19_0/_article

Akiyama, T. (2003). Assessing speaking: Issues in school-based assessment and the introduction of speaking tests into the Japanese senior high school entrance examination. *JALT Journal, 25*, 117-141. Retrieved from http://jalt-publications.org/jj/articles/2627-assessing-speaking-issues-school-based-assessment-and-introduction-speaking-tests-j

アルク教育総合研究所 (2016a).『日本の高校生の英語スピーキング能力実態調査Ⅰ―3年間追跡調査における1年目調査レポート―』(アルク英語教育実態レポート, Vol. 6) アルク教育総合研究所　以下から閲覧可能：https://www.alc.co.jp/company/report/

アルク教育総合研究所 (2016b).『日本人の英語スピーキング能力―リスニング・リーディング力との関係性に見る英語運用能力の実態―』(アルク英語教育実態レポート, Vol. 7) アルク教育総合研究所　以下から閲覧可能：https://www.alc.co.jp/company/report/

Allen, D. (2016). Investigating washback to the learner from the IELTS test in the Japanese tertiary context. *Language Testing in Asia, 6*(7), 1-20. doi:10.1186/s40468-016-0030-z Retrieved from https://languagetestingasia.springeropen.com/articles/10.1186/s40468-016-0030-z

Allen, D., Nagatomo, D., & Suemori, S. (2017, November). Consequential validity of the TEAP Test. *JALT 2017 conference handbook: Language teaching in a global age, 43rd Annual International Conference on Language Teaching and Learning & Educational Materials Exhibition* (p. 64), Tsukuba International Congress Center, Ibaraki, Japan.

American Council on the Teaching of Foreign Languages (ACTFL). (n.d.). *Oral proficiency assessments (including OPI and OPIc)*. Retrieved from https://www.actfl.org/professional-development/assessments-the-actfl-testing-office/oral-proficiency-assessments-including-opi-opic

American Educational Research Association, American Psychological Association, & National Council on Measurement in Education (AERA/APA/NCME). (2014). *The standards for educational and psychological testing*. Washington, DC: AERA.

American Psychological Association. (2010). *Publication manual of the American Psychological Association* (6th ed.). Washington, DC: American Psychological Association.

Aryadoust, V. (2013). *Building a validity argument for a listening test of academic proficiency*. Newcastle, U.K.: Cambridge Scholars Publishing.

馬場今日子・新多了 (2016).『はじめての第二言語習得論講義：英語学習への複眼的アプローチ』大修館書店

Bachman, L. F. (1990). *Fundamental considerations in language testing*. Oxford University Press.

Bachman, L. F. (2004). *Statistical analyses for language assessment*. Cambridge University Press.

Bachman, L. F. (2005). Building and supporting a case for test use. *Language Assessment Quarterly, 2*, 1-34. doi:10.1207/s15434311laq0201_1

Bachman, L. F. (2007). What is the construct? The dialectic of abilities and contexts in defining constructs in language assessment. In J. Fox, M. Wesche, D. Bayliss, L. Cheng, C. E. Turner, & C. Doe (Eds.), *Language testing reconsidered* (pp. 41-71). University of Ottawa Press.

Bachman, L. F. (2015). Justifying the use of language assessments: Linking test performance with consequences. *JLTA Journal, 18*, 3-22. doi:10.20622/

jltajournal.18.0_3 Retrieved from https://www.jstage.jst.go.jp/article/ jltajournal/18/0/18_3/_article/-char/en

Bachman, L. F., & Kunnan, A. (2005). *Statistical analyses for language assessment workbook and CD ROM*. Cambridge University Press.

Bachman, L., & Damböc, B. (2017). *Language assessment for classroom teachers*. Oxford University Press.

Bachman, L. F., Palmer, A. S. (1996). *Language testing in practice*. Oxford University Press.

Bachman, L. F., Palmer, A. S. (2000).『＜実践＞言語テスト作成法』(大友賢二・ランドルフ・スラッシャー, 監修翻訳) 大修館書店 (原典は1996年出版)

Bachman, L., & Palmer, A. (2010). *Language assessment in practice*. Oxford University Press.

Bae, J., Bentler, P. M., & Lee, Y.-S. (2016). On the role of content in writing assessment. *Language Assessment Quarterly*, *13*, 302–328. doi:10.1080/15434303.2016.1246552

Bae, J., & Lee, Y.-S. (2011). The validation of parallel test forms: 'Mountain' and 'beach' picture series for assessment of language skills. *Language Testing*, *28*, 155–177. doi:10.1177/0265532210382446

Barkaoui, K. (2013). Multifaceted Rasch analysis for test evaluation. In A. J. Kunnan (Ed.), *The companion to language assessment* (Vol. III: Evaluation, Methodology, and Interdisciplinary Themes, Part 10: Quantitative analysis, pp. 1301–1322). West Sussex, UK: John Wiley & Sons. doi:10.1002/9781118411360.wbcla070

Barkaoui, K. (2014). Examining the impact of L2 proficiency and keyboarding skills on scores on TOEFL-iBT writing tasks. *Language Testing*, *31*, 241–259. doi:10.1177/0265532213509810

Barkaoui, K. (2017). Examining repeaters' performance on second language proficiency tests: A review and a call for research [Commentary]. *Language Assessment Quarterly*, *14*, 420–431. doi:10.1080/15434303.2017.1347790

Beglar, D. (2010). A Rasch-based validation of the Vocabulary Size Test. *Language Testing*, *27*, 101–118. doi:10.1177/0265532209340194

別府正彦 (2015).『「新テスト」の学力測定方法を知る IRT 入門―基礎知識からテスト開発・分析までの話』河合出版

Bond, T. G., & Fox, C. M. (2015). *Applying the Rasch model: Fundamental measurement in the human sciences* (3rd ed.). New York, NY: Routledge.

Bonate, P. L. (2000). *Analysis of pretest-posttest designs*. Boca Raton, FL: Chapman & Hall/CRC.

Borsboom, D., Mellenbergh, G. J., & van Heerden, J. (2004). The concept of validity. *Psychological Review*, *111*, 1061–1071. doi:10.1037/0033-295X.111.4.1061

Brooks, L., & Swain, M. (2014). Contextualizing performances: Comparing performances during TOEFL iBT™ and real-life academic speaking activities. *Language Assessment Quarterly*, *11*, 353–373. doi:10.1080/15434303.2014.947532

Brown, A. (2013). Uses of language assessments. In C. A. Chapelle (Ed.), *The encyclopedia of applied linguistics* (pp. 5979–5985). West Sussex, UK: John Wiley & Sons. doi:10.1002/9781405198431.wbeal1237

Brown, H. D., & Abeywickrama, P. (2010). *Language assessment: Principles and classroom practices* (2nd ed.) White Plains, NY: Pearson.

Brown, J. D. (2008). Testing-context analysis: Assessment is just another part of language curriculum development. *Language Assessment Quarterly*, *5*, 275–312. doi:10.1080/15434300802457455

Brown, J. D. (Ed.). (2012). *Developing, using, and analyzing rubrics in language assessment with case studies in Asian and Pacific languages*. Honolulu, HI： University of Hawai'i at Mānoa.

Brown, J. D. (2014). *Testing in language programs：A comprehensive guide to English language assessment* (New ed.). Honolulu, HI：JD Brown Publishing.

Brown, J. D. (2016). *Statistics corner：Questions and answers about language testing statistics*. Tokyo：JALT Testing and Evaluation Special Interest Group.

Burstein, J., Tetreault, J., & Madnani, N. (2013). The e-rater® automated essay scoring system. In M. D. Shermis & J. Burstein (Eds.), *Handbook of automated essay evaluation：Current applications and new directions* (pp. 55-67). New York, NY：Routledge.

Campbell, D. T., & Kenny, D. A. (2003). *A primer on regression artifacts*. New York, NY：Guilford.

Canale, M. (1983). From communicative competence to communicative language pedagogy. In J. C. Richards R. W. Schmidt (Eds.), *Language and Communication* (pp. 2-27). London, U.K.：Longman.

Carr, N. T. (2011). *Designing and analyzing language tests*. Oxford University Press.

Chalhoub-Deville, M. (2003). Second language interaction：Current perspectives and future trends. *Language Testing, 20*, 369-383. doi:10.1191/0265532203lt264oa

Chapelle, C. A. (1998). Construct definition and validity inquiry in SLA research. In L. F. Bachman & A. D. Cohen (Eds.), *Interfaces between second language acquisition and language testing research* (pp. 32-70). Cambridge University Press.

Chapelle, C. A. (1999). Validity in language assessment. *Annual Review of Applied Linguistics, 19*, 254-272. doi:10.1017/S0267190599190135

Chapelle, C. A. (2015). Validity argument for four-skill language tests. In *The 17th AFELTA in Tokyo：Validity issues concerning four-skills test* (pp. 16-27). Tokyo：Eiken Foundation of Japan.

Chapelle, C. A., Chung, Y.-R., Hegelheimer, V., Pendar, N., & Xu, J. (2010). Towards a computer-delivered test of productive grammatical ability. *Language Testing, 27*, 443-469. doi:10.1177/0265532210367633

Chapelle, C. A., Enright, M. K., & Jamieson, J. M. (Eds.). (2008). *Building a validity argument for the Test of English as a Foreign Language™*. New York, NY：Routledge.

Chapelle, C. A., Jamieson, J., & Hegelheimer, V. (2003). Validation of a web-based ESL test. *Language Testing, 20*, 409-439. doi:10.1191/0265532203lt266oa

Chapelle, C. A., & Voss, E. (2013). Evaluation of language tests through validation research. In A. J. Kunnan (Ed.), *The companion to language assessment* (Vol. III, pp. 1079-1097). West Sussex, UK：John Wiley and Sons. doi:10.1002/9781118411360.wbcla110

Cheng, L. (2005). *Changing language teaching through language testing：A washback study*. Cambridge University Press.

Cheng, L., & Sun, Y. (2015). Interpreting the impact of the Ontario Secondary School Literacy Test on second language students within an argument-based validation framework. *Language Assessment Quarterly, 12*, 50-66. doi:10.1080/15434303.2014.981334

Cheng, L., & Curtis, A. (2004). Washback or backwash：A review of the impact of testing on teaching and learning. In L. Cheng & Y. Watanabe, with A. Curtis (Eds.), *Washback in language testing：Research contexts and methods* (pp. 3-17). Mahwah, NJ：Lawrence Erlbaum Associates.

Council of Europe. (2001). *Common European Framework of Reference for Languages：Learning, teaching, assessment*. Cambridge University Press. Retrieved from http://www.coe.int/t/dg4/linguistic/source/framework_en.pdf

Council of Europe. (2008).『外国語教育Ⅱ―外国語の学習、教授、評価のためのヨーロッパ共通参照枠』(重版；吉島茂・大橋理恵, 翻訳編集) 朝日出版

Cumming, A. (2012). Validation of language assessments. *The encyclopedia of applied linguistics*. West Sussex, UK: John Wiley and Sons. doi:10.1002/9781405198431.wbeal1242

大学入試センター (2017).「大学入試英語成績提供システム参加要件」以下より閲覧可能: http://www.dnc.ac.jp/sp/albums/abm.php?f=abm00011205.pdf&n=1_%E6%88%90%E7%B8%BE%E6%8F%90%E4%BE%9B%E3%82%B7%E3%82%B9%E3%83%86%E3%83%A0%E5%8F%82%E5%8A%A0%E8%A6%81%E4%BB%B6.pdf

Davidson, F. (2012). Releasability of language test specifications. *JLTA Journal*, *15*, 1–23. Retrieved from http://ci.nii.ac.jp/naid/110009578464/en

Davies, A., Brown, A., Elder, C., Hill, K., Lumley, T., & McNamara, T. (1999). *Studies in language testing 7: Dictionary of language testing*. Cambridge University Press.

Douglas, D. (2010). *Understanding language testing*. London, U.K.: Hodder Education.

Downey, R., Farhady, H., Present-Thomas, R., Suzuki, M., & Van Moere, A. (2008). Evaluation of the usefulness of the *Versant for English* Test: A Response. *Language Assessment Quarterly*, *5*, 160–167. doi:10.1080/15434300801934744

Dunlea, J. (2015). *Validating a set of Japanese EFL proficiency tests: Demonstrating locally designed tests meet international standards* (Doctoral dissertation, University of Bedfordshire, U.K.). Retrieved from http://uobrep.openrepository.com/uobrep/handle/10547/618581

East, M. (2016). *Assessing foreign language students' spoken proficiency: Stakeholder perspectives on assessment innovation*. Singapore: Springer Science+Business Media Singapore.

Eckes, T. (2011). *Introduction to many-facet Rasch measurement: Analyzing and evaluating rater-mediated assessments*. Frankfurt am Main, Germany: Peter Lang.

Educational Testing Service. (2011). Reliability and comparability of TOELF iBT™ scores. *TOEFL iBTT™ research insight* (Series I, Vol. 3). Princeton, NJ: Author. Retrieved from https://www.ets.org/research/policy_research_reports/publications/periodical/2011/isje

Educational Testing Service. (2015). *TOEIC examinee handbook: Listening and Reading*. Princeton, NJ: Author. Retrieved from https://www.ets.org/Media/Tests/TOEIC/pdf/TOEIC_LR_examinee_handbook.pdf

Educational Testing Service. (2016). *TOEFL ITP® test taker handbook*. Princeton, NJ: Author. Retrieved from https://www.ets.org/s/toefl_itp/pdf/toefl_itp_test_taker_handbook.pdf

英語4技能資格・検定試験懇談会 (2016).「資格・検定試験比較一覧表」以下より閲覧可能: http://4skills.jp/qualification/comparison.html 「基礎資料」は「主な英語の資格・検定試験に関する情報一覧（2016年5月31日現在）」をクリックして入手可能

Frost, K., Elder, C., & Wigglesworth, G. (2012). Investigating the validity of an integrated listening-speaking task: A discourse-based analysis of test takers' oral performances. *Language Testing*, *29*, 345–369. doi:10.1177/0265532211424479

藤田智子 (2016).「スピーキングの対話の評価」渡部良典・小泉利恵・飯村英樹・髙波幸代（編）『日本言語テスト学会誌 20周年記念特別号』(pp. 112–115) 日本言語テスト学会. doi:10.20622/jltajournal.19.2_0　以下から閲覧可能：https://www.jstage.jst.go.jp/article/jltajournal/19/2/19_0/_article

深澤真 (2017).「PDCAサイクルによるテスト結果の生かし方」小泉利恵・印南洋・深澤真（編）『実例でわかる英語テスト作成ガイド』(pp. 114–118) 大修館書店

Fulcher, G. (1997). The testing of speaking in a second language. In C. Clapham, D. Corson (Eds.), *Encyclopedia of language and education* (Vol. 7): *Language testing and assessment* (pp. 75-85). Dordrecht, the Netherlands: Kluwer Academic.

Fulcher, G. (2010). *Practical language testing*. London, U.K.: Hodder Education.
Fulcher, G. (2013). Test design and retrofit. In C. A. Chapelle (Ed.), *The encyclopedia of applied linguistics* (pp. 5809–5817). West Sussex, U.K.: John Wiley & Sons. doi:10.1002/9781405198431.wbeal1199
Fulcher, G. (2015). *Re-examining language testing: A philosophical and social inquiry*. London, U.K.: Routledge.
Fulcher, G., & Davidson, F. (2007). *Language testing and assessment: An advanced resource book*. New York, NY: Routledge.
Gebril, A. (2012). Generalizability theory in language testing. In C. Chapelle (Ed.), *The encyclopedia of applied linguistics* (pp. 1–7). West Sussex, UK: John Wiley and Sons. doi:10.1002/9781405198431.wbeal1326
Geranpayeh, A., & Taylor, L. (Eds). (2013). *Studies in language testing 35: Examining listening: Research and practice in assessing second language listening*. Cambridge University Press.
Ginther, A., & Yan, X. (in press). Interpreting the relationships between TOEFL iBT scores and GPA: Language proficiency, policy, and profiles. *Language Testing*. doi:10.1177/0265532217704010
Green, Alison. (1998). *Verbal protocol analysis in language testing research: A handbook*. Cambridge University Press.
Green, Anthony. (2007). *IELTS washback in context: Preparation for academic writing in higher education*. Cambridge University Press.
Green, Anthony. (2014a). *Exploring language assessment and testing: Language in action*. New York, NY: Routledge.
Green, Anthony. (2014b). *The Test of English for Academic Purposes (TEAP) impact study: Report 1—Preliminary questionnaires to Japanese high school students and teachers*. Retrieved from http://www.eiken.or.jp/teap/group/pdf/teap_washback_study.pdf
Guerrero, M. D. (2000). The unified validity of the Four Skill Exam: Applying Messick's framework. *Language Testing, 17*, 397–421. doi:10.1177/026553220001700402
荻野香織 (2002).「英語スピーキング能力テストSSTとは何か」『早稲田大学オーラルコミュニケーション研究研究報告書』(pp. 1–8) 早稲田大学オーラルコミュニケーション研究所
伯井美徳・大杉住子 (2017).『2020年度大学入試改革! 新テストのすべてがわかる本』教育開発研究所
Haladyna, T. M., & Nolen, S. B., & Haas, N. S. (1991). Raising standardized achievement test scores and the origins of test score pollution. *Educational Researcher, 20*(5), 2–7. doi:10.3102/0013189X020005002
Hama, M., & Okabe, Y. (2016). *GTEC CBT and English language education in Japan: A study of washback*. Retrieved from http://cees.or.jp/act/report.html
Harvill, L. M. (1991). An NCME instructional module on standard error of measurement [Instructional topics in educational measurement]. *Educational Measurement: Issues and Practice, 10*(2), 181–189. doi:10.1111/j.1745-3992.1991.tb00195.x
長谷川佑介 (2016).「質的方法」渡部良典・小泉利恵・飯村英樹・髙波幸代 (編)『日本言語テスト学会誌 20周年記念特別号』(pp. 244–247) 日本言語テスト学会. doi:10.20622/jltajournal.19.2_0　以下から閲覧可能:https://www.jstage.jst.go.jp/article/jltajournal/19/2/19_0/_article
Hasselgreen, A. (2000). A Messick-based system for speaking test validation. *Language Testing Update, 27*, 48–63.
Hatasa, Y., & Watanabe, T. (2017). Japanese as a second language assessment in Japan: Current issues and future directions. *Language Assessment Quarterly, 14*, 192–212. doi:10.1080/15434303.2017.1351565
He, A. W., & Young, R. (1998). Language proficiency interviews: A discourse approach.

In R. Young & A. W. He (Eds.), *Talking and testing : Discourse approaches to the assessment of oral proficiency* (pp. 1-24). Amsterdam, the Netherlands : John Benjamins.

Henning, G. (1987). *A guide to language testing*. Boston, MA : Heinle & Heinle.

平井明代 (2015).「授業を活かすストーリーリテリング・テストの活用」『大塚フォーラム』, 33, 49-69. 以下から閲覧可能：https://tsukuba.repo.nii.ac.jp/?action=pages_view_main&active_action=repository_view_main_item_detail&item_id=36432&item_no=1&page_id=13&block_id=83

平井明代 (2016).「技能統合的スピーキングの評価」渡部良典・小泉利恵・飯村英樹・髙波幸代 (編)『日本言語テスト学会誌 20周年記念特別号』(pp. 116-121) 日本言語テスト学会. doi:10.20622/jltajournal.19.2_0 以下から閲覧可能：https://www.jstage.jst.go.jp/article/jltajournal/19/2/19_0/_article

平井明代 (編) (2017).『教育・心理系研究のためのデータ分析入門―理論と実践から学ぶSPSS活用法』(第2版) 東京図書

平井明代・飯村英樹 (2017).「測定と評価―妥当性と信頼性」平井明代 (編著)『教育・心理系研究のためのデータ分析入門―理論と実践から学ぶSPSS活用法』(第2版, pp. 1-19) 東京図書

平井洋子 (2006).「測定の妥当性からみた尺度構成―得点の解釈を保証できますか」吉田寿夫 (編)『心理学研究法の新しいかたち』(pp. 21-49) 誠信書房

Hughes, A. (2003a). *Testing for language teachers* (2nd ed.). Cambridge University Press.

Hughes, A. (2003b).『英語のテストはこう作る』(靜哲人翻訳) 研究社 (原典は2003年出版)

Huhta, A. (2014). Administration, scoring, and reporting scores. In A. J. Kunnan (Ed.), *The companion to language assessment* (Vol. II : Approaches and development; Part 7 : Assessment development, pp. 962-979). West Sussex, UK : John Wiley & Sons. doi:10.1002/9781118411360.wbcla035

Hulstijn, J. H. (2015). *Language proficiency in native and non-native speakers : Theory and research*. Amsterdam, the Netherlands : John Benjamins.

飯村英樹 (2016).「受容技能のテスト形式」渡部良典・小泉利恵・飯村英樹・髙波幸代 (編)『日本言語テスト学会誌 20周年記念特別号』(pp. 61-64) 日本言語テスト学会. doi:10.20622/jltajournal.19.2_0 以下から閲覧可能：https://www.jstage.jst.go.jp/article/jltajournal/19/2/19_0/_article

今井裕之・吉田達弘 (2007).『HOPE：中高生のための英語スピーキングテスト』教育出版

今井新悟 (2016).「コンピュータ適応型テスティング [実践編]」渡部良典・小泉利恵・飯村英樹・髙波幸代 (編)『日本言語テスト学会誌 20周年記念特別号』(pp. 186-190) 日本言語テスト学会. doi:10.20622/jltajournal.19.2_0 以下から閲覧可能：https://www.jstage.jst.go.jp/article/jltajournal/19/2/19_0/_article

今尾康裕 (2016).「独立型ライティングの評価」渡部良典・小泉利恵・飯村英樹・髙波幸代 (編)『日本言語テスト学会誌 20周年記念特別号』(pp. 122-127) 日本言語テスト学会. doi:10.20622/jltajournal.19.2_0 以下から閲覧可能：https://www.jstage.jst.go.jp/article/jltajournal/19/2/19_0/_article

印南洋 (2012).「テスト得点解釈の留意点」卯城祐司 (編)『英語リーディングテストの考え方と作り方』(pp. 78-87) 研究社

In'nami, Y. (2016). Generalizability theory. In Y. Watanabe, R. Koizumi, H. Iimura, & S. Takanami (Eds.), *JLTA Journal 2016 Vol. 19 supplementary : 20th anniversary special issue* (pp. 196-200). Chiba : Japan Language Testing Association. doi:10.20622/jltajournal.19.2_0 Retrieved from https://www.jstage.jst.go.jp/article/jltajournal/19/2/19_0/_article

In'nami, Y., & Koizumi, R. (2013). Structural equation modeling in educational research : A primer. In M. S. Khine (Ed.), *Applications of Structural equation modelling in educational research and practice* (pp. 23-51). Rotterdam, the

Netherlands: Sense Publishers. Retrieved from https://www.sensepublishers.com/media/1694-application-of-structural-equation-modeling-in-educational-research-and-practice.pdf

In'nami, Y., & Koizumi, R. (2017). Using EIKEN, TOEFL, and TOEIC to award EFL course credits in Japanese universities. *Language Assessment Quarterly, 14*, 274–293. doi:10.1080/15434303.2016.1262375

In'nami, Y., Koizumi, R., & Nakamura, K. (2016). Factor structure of the Test of English for Academic Purposes (TEAP®) test in relation to the TOEFL iBT® test. *Language Testing in Asia, 6*(3), 1–23. doi:10.1186/s40468-016-0025-9 Retrieved from http://www.languagetestingasia.com/content/6/1/3

International Language Testing Association (ILTA). (2010). ILTA Guidelines for Practice. Retrieved from http://www.iltaonline.com/page/ITLAGuidelinesforPra

International Language Testing Association (ILTA). (2018). ILTA Code of Ethics (日本語版有). Retrieved from http://www.iltaonline.com/page/CodeofEthics

石川慎一郎 (2017).『ベーシック応用言語学』ひつじ書房

伊東祐郎 (2016).「古典的テスト理論」渡部良典・小泉利恵・飯村英樹・髙波幸代（編）『日本言語テスト学会誌 20周年記念特別号』(pp. 192-195) 日本言語テスト学会. doi:10.20622/jltajournal.19.2_0　以下から閲覧可能：https://www.jstage.jst.go.jp/article/jltajournal/19/2/19_0/_article

和泉伸一 (2016).『第2言語習得と母語習得から「言葉の学び」を考える』アルク

Jamieson, J. (2014). Defining constructs and assessment design. In A. J. Kunnan (Ed.), *The companion to language assessment* (Vol. II: Approaches and development; Part 7: Assessment development, pp. 769–787). West Sussex, UK: John Wiley & Sons. doi:10.1002/9781118411360.wbcla062

Jia, Y. (2009). Ethical standards for language testing professionals: An introduction to five major codes. *Shiken: JALT Testing & Evaluation SIG Newsletter, 13*(2), 2–8. Retrieved from http://hosted.jalt.org/test/jia1.htm

Jin, Y. (2017). Construct and content in context: Implications for language learning, teaching and assessment in China. *Language Testing in Asia, 7*(12), 1–18. doi:10.1186/s40468-017-0044-1

Johnson, R, C. (2012). *Assessing the assessments: Using an argument-based validity framework to assess the validity and use of an English placement system in a foreign language context* (Doctoral dissertation, Macquarie University, Australia). Retrieved from https://www.researchonline.mq.edu.au/vital/access/manager/Repository/mq:30434

Jones, N., & Saville, N. (2016). *Studies in language testing 45: Learning oriented assessment: A systemic approach*. Cambridge University Press.

加賀山茂 (2012).「法教育の必要性とその実現方法：トゥールミン図式の特殊化（法的議論のモデル図式）とその応用」『明治学院大学法科大学院ローレビュー』, *16*, 3–36. Retrieved from http://repository.meijigakuin.ac.jp/dspace/handle/10723/1088

上山晋平（編著）(2014).『英語テストづくり&指導 完全ガイドブック』明治図書出版

Kane, M. T. (1992). An argument-based approach to validity. *Psychological Bulletin, 112*, 527–535. doi:10.1037/0033-2909.112.3.527

Kane, M. T. (2001). Current concerns in validity theory. *Journal of Educational Measurement*, 38, 319–342. doi:10.1111/j.1745-3984.2001.tb01130.x

Kane, M. T. (2006). Validation. In R. L. Brennan (Ed.), *Educational measurement* (4th ed., pp. 17–64). Westport, CT: American Council on Education and Praeger.

Kane, M. (2009). Validating the interpretations and uses of test scores. In R. W. Lissitz (Ed.), *The concept of validity: Revisions, new directions, and applications* (pp. 39–64). Charlotte, NC: Information Age.

Kane, M. (2011). Book review [Review of the book *Language assessment in practice:

Developing language assessments and justifying their use in the real world, by L. Bachman & A. Palmer]. *Language Testing*, *28*, 581-587. doi:10.1177/0265532211400870

Kane, M. T. (2013). Validating the interpretations and uses of test scores. *Journal of Educational Measurement*, *50*, 1-73. doi:10.1111/jedm.12000

Kane, M., Crooks, T., & Cohen, A. (1999). Validating measures of performance. *Educational Measurement：Issues and Practice*, *18*(2), 5-17. doi:10.1111/j.1745-3992.1999.tb00010.x

金子恵美子 (2004, 9月).「スピーキングテストの並存的妥当性（concurrent validity）の検証：直接テストSSTと半直接テストT-SSTにおける検証」日本言語テスト学会第8回全国研究大会口頭発表. 於：麗澤大学

金子恵美子 (2016).「スピーキングのモノローグの評価」渡部良典・小泉利恵・飯村英樹・髙波幸代（編）『日本言語テスト学会誌 20周年記念特別号』(pp. 108-111) 日本言語テスト学会. doi:10.20622/jltajournal.19.2_0　以下から閲覧可能：https://www.jstage.jst.go.jp/article/jltajournal/19/2/19_0/_article

笠原究・佐藤臨太郎 (2017).『英語テスト作成入門　効果的なテストで授業を変える!』金星堂

片桐一彦 (2016).「産出技能のテスト形式」渡部良典・小泉利恵・飯村英樹・髙波幸代（編）『日本言語テスト学会誌 20周年記念特別号』(pp. 65-68) 日本言語テスト学会. doi:10.20622/jltajournal.19.2_0　以下から閲覧可能：https://www.jstage.jst.go.jp/article/jltajournal/19/2/19_0/_article

Khalifa, H., & Weir, C. J. (2009). *Studies in language testing 29：Examining reading：Research and practice in assessing second language reading*. Cambridge University Press.

Kiddle, T., & Kormos, J. (2011). The effect of mode of response on a semidirect test of oral proficiency. *Language Assessment Quarterly*, *8*, 342-360. doi:10.1080/15434303.2011.613503

Kim, H., & Isaacs, T. (in press). Teachers' voices in the decision to discontinue a public examination reform: Washback effects and implications for utilizing tests as levers for change. In D. Xerri & P. Vella Briffa (Eds.), *Teacher involvement in high stakes language testing*. Berlin: Springer.

Kim, Y.-H. (2010). *An argument-based validity inquiry into the empirically-derived descriptor-based diagnostic (EDD) assessment in ESL academic writing* (Doctoral dissertation, University of Toronto, Canada). Retrieved from https://tspace.library.utoronto.ca/bitstream/1807/24786/1/Kim_Youn-Hee_201006_PhD_thesis.pdf

木村哲夫 (2016).「潜在ランク理論」渡部良典・小泉利恵・飯村英樹・髙波幸代（編）『日本言語テスト学会誌 20周年記念特別号』(pp. 217-222) 日本言語テスト学会. doi:10.20622/jltajournal.19.2_0　以下から閲覧可能：https://www.jstage.jst.go.jp/article/jltajournal/19/2/19_0/_article

Kline, R. B. (2011). *Principles and practice of structural equation modeling* (3rd ed.). New York, NY：Guilford Press.

Klinger, D., McDivitt, P., Howard, B., Rogers, T., Muñoz, M., & Wylie, C. (Joint Committee on Standards for Educational Evaluation) (2015). *Classroom Assessment Standards for PreK-12 teachers*. Kindle Direct Press.

Knoch, U. (2012). At the intersection of language assessment and academic advising：Communicating results of a large-scale diagnostic academic English writing assessment to students and other stakeholders. *Papers in Language Testing and Assessment*, *1*, 31-49. Retrieved from http://www.altaanz.org/uploads/5/9/0/8/5908292/3_knoch.pdf

Knoch, U., & Chapelle, C. A. (in press). Validation of rating processes within an argument-based framework. *Language Testing*. doi:10.1177/0265532217710049

Koizumi, R. (2005). *Relationships between productive vocabulary knowledge and speaking performance of Japanese learners of English at the novice level* (Doctoral dissertation, University of Tsukuba, Japan). Retrieved from https://tsukuba.repo.nii.ac.jp/?action=repository_action_common_download&item_id=20705&item_no=1&attribute_id=17&file_no=2

Koizumi, R. (2016a). Feedback on test results to stakeholders. In Y. Watanabe, R. Koizumi, H. Iimura, & S. Takanami (Eds.), *JLTA Journal 2016 Vol. 19 supplementary：20th anniversary special issue* (pp. 94-98). Chiba：Japan Language Testing Association. doi:10.20622/jltajournal.19.2_0 Retrieved from https://www.jstage.jst.go.jp/article/jltajournal/19/2/19_0/_article

小泉利恵 (2016b).「ルーブリックを使ったスピーキングの評価」『英語教育』, 65 (10, 12月号), 34-35. 以下より閲覧可能：http://www7b.biglobe.ne.jp/~koizumi/Speaking_assessment_rubric_Eigokyouiku2016Dec.pdf

小泉利恵 (2016c).「テストの使用目的と構成概念」渡部良典・小泉利恵・飯村英樹・髙波幸代 (編)『日本言語テスト学会誌 20周年記念特別号』(pp. 50-55) 日本言語テスト学会. doi:10.20622/jltajournal.19.2_0 以下から閲覧可能：https://www.jstage.jst.go.jp/article/jltajournal/19/2/19_0/_article

小泉利恵 (2017a).「テスト結果のフィードバック方法」小泉利恵・印南洋・深澤真 (編)『実例でわかる英語テスト作成ガイド』(pp. 109-111) 大修館書店

小泉利恵 (2017b).「テストに必要な要素：妥当性、信頼性、実用性」小泉利恵・印南洋・深澤真 (編)『実例でわかる英語テスト作成ガイド』(pp. 55-59) 大修館書店

小泉利恵 (n.d.).「JLTA Web Tutorial：測定の標準誤差：1点の差には意味があるか」以下から閲覧可能：http://jlta2016.sakura.ne.jp/?page_id=32

小泉利恵・アルク教育総合研究所 (2017).『Telephone Standard Speaking Test (TSST) の妥当性検証』(アルク英語教育実態レポート, Vol. 10) アルク教育総合研究所　以下から閲覧可能：https://www.alc.co.jp/company/report/

小泉利恵・印南洋 (2017, 8月).「日本人英語学習者の4技能レベルのずれの特徴―TOEFL Junior® Comprehensiveの場合―」第43回全国英語教育学会島根大会にて (島根大学にて)

Koizumi, R., In'nami, Y., Azuma, J. Asano, K., Agawa, T., & Eberl, D. (2015). Assessing L2 proficiency growth：Considering regression to the mean and the standard error of difference. *Shiken*, 19(1), 3-15. Retrieved from http://teval.jalt.org/node/16

Koizumi, R., In'nami, Y., & Fukazawa, M. (2016). Multifaceted Rasch analysis of paired oral tasks for Japanese learners of English. In Q. Zhang (Ed.), *Pacific Rim Objective Measurement Symposium (PROMS) 2015 Conference Proceedings* (pp. 89-106). Gateway East, Singapore：Springer Singapore. doi:10.1007/978-981-10-1687-5

小泉利恵・印南洋・深澤真 (編) (2017).『実例でわかる英語テスト作成ガイド』大修館書店

Koizumi, R., & Mochizuki, M. (2011). Development and validation of the PC version of the Mochizuki Vocabulary Size Test. *JACET (Japan Association of College English Teachers) Journal*, 53, 35-55.

Koizumi, R., Okabe, Y., & Kashimada, Y. (2017). A multifaceted Rasch analysis of rater reliability of the Speaking Section of the GTEC CBT. *ARELE (Annual Review of English Language Education in Japan)*, 28, 241-256.

Koizumi, R., Sakai, H., Ido, T., Ota, H., Hayama, M., Sato, M., & Nemoto, A. (2011). Toward validity argument for test interpretation and use based on scores of a diagnostic grammar test for Japanese learners of English. *Japanese Journal for Research on Testing*, 7, 99-119. Retrieved from http://www7b.biglobe.ne.jp/~koizumi/Koizumi_research.html

小島ますみ (2011).『英語学習者の産出語彙における語彙の豊かさ指標Sの提案と論証によるSの妥当化』(Unpublished doctoral dissertation). 名古屋大学

国立大学協会 (一般社団法人) (2017).「平成32年度以降の国立大学の入者選抜制度―国

立大学協会の基本方針―」以下より閲覧可能：http://www.janu.jp/news/teigen/20171110-wnew-nyushi.html

Kolen, M. J., & Brennan, R. L. (2004). *Test equating, scaling, and linking : Methods and practices* (2nd ed.). New York, NY : Springer.

Konno, K. (2016). Confirmatory factor analysis. 渡部良典・小泉利恵・飯村英樹・髙波幸代（編）『日本言語テスト学会誌 20周年記念特別号』(pp. 232-235) 日本言語テスト学会. doi:10.20622/jltajournal.19.2_0　以下から閲覧可能：https://www.jstage.jst.go.jp/article/jltajournal/19/2/19_0/_article

今野勝幸 (2017).「因子分析―変数の背後に潜む共通概念を検証する」「構造方程式モデリング―変数間の関係性をモデル化する」平井明代（編著）『教育・心理系研究のためのデータ分析入門―理論と実践から学ぶSPSS活用法』(第2版, pp. 191-240) 東京図書

神前陽子 (2016).「多相ラッシュ分析」渡部良典・小泉利恵・飯村英樹・髙波幸代（編）『日本言語テスト学会誌 20周年記念特別号』(pp. 207-210) 日本言語テスト学会. doi:10.20622/jltajournal.19.2_0　以下から閲覧可能：https://www.jstage.jst.go.jp/article/jltajournal/19/2/19_0/_article

熊谷龍一 (2016).「差異項目機能」渡部良典・小泉利恵・飯村英樹・髙波幸代（編）『日本言語テスト学会誌 20周年記念特別号』(pp. 228-231) 日本言語テスト学会. doi:10.20622/jltajournal.19.2_0　以下から閲覧可能：https://www.jstage.jst.go.jp/article/jltajournal/19/2/19_0/_article

熊澤孝昭 (2013).「学内開発プレイスメントテスト得点解釈と使用の妥当性の評価について」*JALT Journal*, *35*, 73-100. Retrieved from https://www.jalt-publications.org/jj/articles/3044-%E5%AD%A6%E5%86%85%E9%96%8B%E7%99%BA%E3%83%97%E3%83%AC%E3%82%A4%E3%82%B9%E3%83%A1%E3%83%B3%E3%83%88%E3%83%86%E3%82%B9%E3%83%88%E5%BE%97%E7%82%B9%E8%A7%A3%E9%87%88%E3%81%A8%E4%BD%BF%E7%94%A8%E3%81%AE%E5%A6%A5%E5%BD%93%E6%80%A7%E3%81%AE%E8%A9%95%E4%BE%A1%E3%81%AB%E3%81%A4%E3%81%84%E3%81%A6-evaluating-validity-house-placement-test-score-int

Kumazawa, T., Shizuka, T., Mochizuki, M., & Mizumoto, A. (2016). Validity argument for the VELC Test® score interpretations and uses. *Language Testing in Asia*, *6*(2), 1-18. doi:10.1186/s40468-015-0023-3 Retrieved from http://www.languagetestingasia.com/content/6/1/2/abstract

Kunnan, A. J. (2018). *Evaluating language assessments*. New York, NY : Routledge.

Kunnan, A. J., & Carr, N. (2017). A comparability study between the General English Proficiency Test-Advanced and the Internet-Based Test of English as a Foreign Language. *Language Testing in Asia*, *7*(17), 1-16. doi:10.1186/s40468-017-0048-x

Kuramoto, N., & Koizumi, R. (in press). Current issues in large-scale educational assessment in Japan : Focus on national assessment of academic ability and university entrance examinations. Assessment in Education: Principles, Policy & Practice. doi:10.1080/0969594X.2016.1225667 Retrieved from https://www.tandfonline.com/doi/full/10.1080/0969594X.2016.1225667

Lake, J., & Holster, T. (2016). Rasch analysis for dichotomous items. 渡部良典・小泉利恵・飯村英樹・髙波幸代（編）『日本言語テスト学会誌 20周年記念特別号』(pp. 201-206) 日本言語テスト学会. doi:10.20622/jltajournal.19.2_0　以下から閲覧可能：https://www.jstage.jst.go.jp/article/jltajournal/19/2/19_0/_article

李洙任 (2016).「公平性、倫理規範とスタンダード」渡部良典・小泉利恵・飯村英樹・髙波幸代（編）『日本言語テスト学会誌 20周年記念特別号』(pp. 45-48) 日本言語テスト学会. doi:10.20622/jltajournal.19.2_0　以下から閲覧可能：https://www.jstage.jst.go.jp/article/jltajournal/19/2/19_0/_article

Lee, Y.-W. (2015). Diagnosing diagnostic language assessment. *Language Testing*, *32*, 299-316. doi:10.1177/0265532214565387

Li, Z. (2015). *An argument-based validation study of the English Placement Test (EPT)-Focusing on the inferences of extrapolation and ramification* (Doctoral dissertation, Iowa State University). Retrieved from http://lib.dr.iastate.edu/etd/14538

Lim, G. S. (2012). Developing and validating a mark scheme for Writing. *Research Notes*, *49*, 6-10. Retrieved from http://www.cambridgeenglish.org/images/23166-research-notes-49.pdf

Linacre, J. M. (2014). Facets：Many-Facet Rasch-measurement (Version 3.71.4) [Computer software]. Chicago：MESA Press.

Linacre, J. M. (2017). *A user's guide to FACETS Rasch-model computer programs：Program manual 3.80.0*. Retrieved from http://www.winsteps.com/manuals.htm

Ling, G., Mollaun, P., & Xi, X. (2014). A study on the impact of fatigue on human raters when scoring speaking responses. *Language Testing*, *31*, 479-499. doi:10.1177/0265532214530699

Lissitz, R. W. (2009). Introduction. In R. W. Lissitz (Ed.), *The concept of validity：Revisions, new directions, and applications* (pp. 1-15). Charlotte, NC：Information Age.

牧野成一・鎌田修・山内博之・齊藤真理子・荻原稚佳子・伊藤とく美・池崎美代子・中島和子 (2001).『ACTFL-OPI入門―日本語学習者の「話す力」を客観的に測る』アルク

Markus, K. A., & Borsboom, D. (2013). *Frontiers of test validity theory：Measurement, causation, and meaning*. New York, NY：Routledge.

Marsden, E., & Torgerson, C. J. (2012). Single group, pre- and post-test research designs：Some methodological concerns. *Oxford Review of Education*, *38*, 583-616. doi:10.1080/03054985.2012.731208

Marsh, H. W., & Hau, K.-T. (2002). Multilevel modeling of longitudinal growth and change：Substantive effects or regression toward the mean artifacts? *Multivariate Behavioral Research*, *37*, 245-282. doi:10.1207/S15327906MBR3702_04

松本佳穂子 (2016).「技能統合的ライティングの評価」渡部良典・小泉利恵・飯村英樹・髙波幸代 (編)『日本言語テスト学会誌 20周年記念特別号』(pp. 128-131) 日本言語テスト学会. doi:10.20622/jltajournal.19.2_0　以下から閲覧可能：https://www.jstage.jst.go.jp/article/jltajournal/19/2/19_0/_article

McNamara, T. F. (1996). *Measuring second language performance*. Essex, U.K.：Addison Wesley Longman Limited.

McNamara, T. (2003). Book Review [Review of the book *Fundamental considerations in language testing* and *Language testing in practice：designing and developing useful language tests*]. *Language Testing*, *20*, 466-473. doi:10.1191/0265532203lt268xx

McNamara, T., & Roever, C. (2006). *Language testing：The social dimension*. Malden, MA：Blackwell.

Messick, S. (1989). Validity. In R. L. Linn (Ed.), *Educational Measurement* (3rd ed., pp. 13-103). New York, NY：National Council on Measurement in Education/American Council on Education.

Messick, S. (1995). Validity of psychological assessment：Validation of inferences from persons' responses and performances as scientific inquiry into score meaning. *American Psychologist*, *50*, 741-749. doi:10.1037/0003-066X.50.9.741

Messick, S. (1996). Validity and washback in language testing. *Language Testing*, *13*, 241-256. doi:10.1177/026553229601300302

Miller, M. D., & Linn, R. L. (2000). Validation of performance-based assessments. *Applied Psychological Measurement*, *24*, 367-378. doi:10.1177/01466210022031813

Mislevy, R. J. (2013). Modeling language for assessment. In C. A. Chapelle (Ed.), *The* encyclopedia of applied linguistics. West Sussex, UK：John Wiley & Sons. doi:10.1002/9781405198431.wbeal0770

光永悠彦 (2017).『テストは何を測るのか―項目反応理論の考え方』ナカニシヤ出版

水本篤 (2014).「測定の妥当性と信頼性」竹内理・水本篤（編）『外国語教育研究ハンドブック―研究手法のより良い理解のために』(改訂版, pp. 17-31) 松柏社

Mizumoto, A. (2016a). Introducing Kyoto Appeal：Issues in and implications of using four-skills proficiency tests as entrance examinations in Japan. In C. Saida, Y. Hoshino, & J. Dunlea (Eds.), *British Council New Directions in Language Assessment：JASELE Journal Special Edition* (pp. 59-68). Tokyo：British Council Japan.

Mizumoto, A. (2016b). Multilevel analysis. In Y. Watanabe, R. Koizumi, H. Iimura, & S. Takanami (Eds.), *JLTA Journal 2016 Vol. 19 supplementary：20th anniversary special issue* (pp. 236-239). Chiba：Japan Language Testing Association. doi:10.20622/jltajournal.19.2_0 Retrieved from https://www.jstage.jst.go.jp/article/jltajournal/19/2/19_0/_article

文部科学省 (2016).「平成27年度英語教育改善のための英語力調査事業報告」以下より閲覧可能：http://www.mext.go.jp/a_menu/kokusai/gaikokugo/1377767.htm

文部科学省 (2017).「高大接続改革の実施方針等の策定について（平成29年7月13日）」以下より閲覧可能：http://www.mext.go.jp/b_menu/houdou/29/07/1388131.htm

村山航 (2012).「妥当性概念の歴史的変遷と心理測定学的観点からの考察」『教育心理学年報』, 51, 118-130. Retrieved from https://www.jstage.jst.go.jp/browse/arepj/51/0/_contents/-char/ja/

長沼君主 (2016).「Can-Do評価」渡部良典・小泉利恵・飯村英樹・髙波幸代（編）『日本言語テスト学会誌 20周年記念特別号』(pp. 156-159) 日本言語テスト学会. doi:10.20622/jltajournal.19.2_0 以下から閲覧可能：https://www.jstage.jst.go.jp/article/jltajournal/19/2/19_0/_article

中村洋一 (2002).『テストで言語能力は測れるか～言語テストデータ分析入門～』桐原書店

Nakatsuhara, F. (2013). *The co-construction of conversation in group oral tests*. Frankfurt am Main, Germany：Peter Lang.

根岸雅史 (2016).「リスニングの評価」渡部良典・小泉利恵・飯村英樹・髙波幸代（編）『日本言語テスト学会誌 20周年記念特別号』(pp. 100-103) 日本言語テスト学会. doi:10.20622/jltajournal.19.2_0 以下から閲覧可能：https://www.jstage.jst.go.jp/article/jltajournal/19/2/19_0/_article

根岸雅史 (2017).『テストが導く英語教育改革「無責任なテスト」への処方箋』三省堂

Newton, P., & Shaw, S. (2014). *Validity in educational and psychological assessment*. Thousand Oaks, CA：Sage.

日本言語テスト学会 (2002). *JLTA Newsletter, 13*. 以下より閲覧可能：http://jlta2016.sakura.ne.jp/?page_id=27

日本言語テスト学会運営委員会・JLTA Language Testing 用語集委員会 (2006).『日本言語テスト学会 言語テスティング用語集 日本言語テスト学会 テスティングの実施規範』日本言語テスト学会事務局 以下より閲覧可能：http://jlta.ac/?page_id=35

日本テスト学会（編）(2007).『テスト・スタンダード：日本のテストの将来に向けて』日本テスト学会

日本テスト学会（編）(2010).『見直そう、テストを支える基本の技術と教育』日本テスト学会

野上康子 (2016).「項目応答理論」渡部良典・小泉利恵・飯村英樹・髙波幸代（編）『日本言語テスト学会誌 20周年記念特別号』(pp. 211-216) 日本言語テスト学会. doi:10.20622/jltajournal.19.2_0 以下から閲覧可能：https://www.jstage.jst.go.jp/article/jltajournal/19/2/19_0/_article

野口裕之 (2016).「テストの標準化と等化」渡部良典・小泉利恵・飯村英樹・髙波幸代（編）『日本言語テスト学会誌 20周年記念特別号』(pp. 81-89) 日本言語テスト学会. doi:10.20622/jltajournal.19.2_0 以下から閲覧可能：https://www.jstage.jst.go.jp/

article/jltajournal/19/2/19_0/_article
野口裕之・大隅敦子 (2014).『テスティングの基礎理論』研究社
Norizuki, K. (2016). Test specifications. In Y. Watanabe, R. Koizumi, H. Iimura, & S. Takanami (Eds.), *JLTA Journal 2016 Vol. 19 supplementary：20th anniversary special issue* (pp. 56-60). Chiba：Japan Language Testing Association. doi:10.20622/jltajournal.19.2_0　Retrieved from https://www.jstage.jst.go.jp/article/jltajournal/19/2/19_0/_article
Norris, J. M., Brown, J. D., Hudson, T. D., & Yoshioka, J. K. (1998) *Designing second language performance assessments*. Honolulu：University of Hawai'i Press.
Ockey, G. J. (2017). Approaches and challenges to assessing oral communication on Japanese entrance exams. *JLTA Journal*, *20*, 3-14. doi:10.20622/jltajournal.20.0_3 Retrieved from https://www.jstage.jst.go.jp/article/jltajournal/20/0/20_3/_article/-char/en
Ockey, G. J., Koyama, D., Setoguchi, E., & Sun, A. (2015). The extent to which TOEFL iBT speaking scores are associated with performance on oral language tasks and oral ability components for Japanese university students. *Language Testing*, *32*, 39-62. doi:10.1177/0265532214538014
大友賢二 (1996).『項目応答理論入門』大修館書店
小野塚若菜・島田めぐみ (2008).『日本語教師のためのExcelでできるテスト分析入門』スリーエーネットワーク
O'Sullivan, B., & Weir, C. J. (2011). Test development and validation. In B. O'Sullivan (Ed.), *Language testing：Theories and practices* (pp. 13-32). New York, NY：Palgrave Macmillan.
Pardo-Ballester, C. (2010). The validity argument of a web-based Spanish Listening Exam：Test usefulness evaluation. *Language Assessment Quarterly*, *7*, 137-159. doi:10.1080/15434301003664188
Piggin, G. (2011). An evaluative commentary of the Grade 1 EIKEN test. *Language Testing in Asia*, *1*, 144-167. doi:10.1186/2229-0443-1-4-144
Popham, W. J. (1991). Appropriateness of teachers' test-preparation practices. *Educational Measurement：Issues and Practice*, *10*(4), 12-15. doi:10.1111/j.1745-3992.1991.tb00211.x
Powers, D. E., & Powers, A. (2015). The incremental contribution of TOEIC® Listening, Reading, Speaking, and Writing tests to predicting performance on real-life English language tasks. *Language Testing*, *32*, 151-167. doi:10.1177/0265532214551855
Roberts, M. R., & Gierl, M. J. (2010). Developing score reports for cognitive diagnostic assessments. *Educational Measurement：Issues and Practice, 29*(3), 25-38. doi:10.1111/j.1745-3992.2010.00181.x
Rocconi, L. M., & Ethington, C. A. (2009). Assessing longitudinal change：Adjustment for regression to the mean effects. *Research in Higher Education*, *50*, 368-376. doi:10.1007/s11162-009-9119-x
斉田智里 (2014).『英語学力の経年変化に関する研究―項目応答理論を用いた事後的等化法による共通尺度化―』風間書房
Saida, C. (2016). A review of research report on the Center Listening Test of the National Center for University Entrance Examinations. In C. Saida, Y. Hoshino, & J. Dunlea (Eds.), *British Council New Directions in Language Assessment：JASELE Journal special edition* (pp. 123-134). Tokyo：British Council Japan.
Saito, H. (2016). Validity and reliability. In Y. Watanabe, R. Koizumi, H. Iimura, & S. Takanami (Eds.), *JLTA Journal 2016 Vol. 19 supplementary：20th anniversary special issue* (pp. 35-40). Chiba：Japan Language Testing Association. doi:10.20622/jltajournal.19.2_0　Retrieved from https://www.jstage.jst.go.jp/article/

jltajournal/19/2/19_0/_article
Sato, T. (2016). Development of rating scales. In Y. Watanabe, R. Koizumi, H. Iimura, & S. Takanami (Eds.), *JLTA Journal 2016 Vol. 19 supplementary：20th anniversary special issue* (pp. 73-76). Chiba：Japan Language Testing Association. doi:10.20622/jltajournal.19.2_0　Retrieved from https://www.jstage.jst.go.jp/article/jltajournal/19/2/19_0/_article
Sato, T. (2017, August). The impact of the TEAP on student English learning.『第43回全国英語教育学会島根研究大会発表予稿集』(pp. 192-193) 全国英語教育学会
佐藤敬典・熊澤孝昭 (n.d.).「JLTA Web Tutorial：学習に役立つテスト結果の報告」以下から閲覧可能：http://jlta2016.sakura.ne.jp/?page_id=32
澤木泰代 (2011).「大規模言語テストの妥当性・有用性検討に関する近年の動向」『言語教育評価研究』, *2*, 54-63. 以下から閲覧可能：https://obirin.repo.nii.ac.jp/?action=pages_view_main&active_action=repository_view_main_item_detail&item_id=1255&item_no=1&page_id=13&block_id=21
Sawaki, Y. (2017). University faculty members' perspectives on English language demands in content courses and a reform of university entrance examinations in Japan：A needs analysis. *Language Testing in Asia*, *7*(13) 1-16. doi:10.1186/s40468-017-0043-2 Retrieved from https://link.springer.com/article/10.1186/s40468-017-0043-2
Sawaki, Y., & Koizumi, R. (2017). Providing test performance feedback that bridges assessment and instruction：The case of two standardized English language tests in Japan. *Language Assessment Quarterly*, *14*, 234-256. doi:10.1080/15434303.2017.1348504
Sawaki, Y., & Sinharay, S. (in press). Do the TOEFL iBT® section scores provide value-added information to stakeholders? *Language Testing*. doi:10.1177/0265532217716731
Sawaki, Y., Stricker, L. J., & Oranje, A. H. (2009). Factor structure of the TOEFL Internet-based test. *Language Testing*, *26*, 5-30. doi:10.1177/0265532208097335
Schmidgall, J. E. (2017). *Articulating and evaluating validity arguments for the TOEIC® tests* (ETS Research Report Series). doi:10.1002/ets2.12182　Retrieved from http://onlinelibrary.wiley.com/doi/10.1002/ets2.12182/full
Schwarz, W., & Reike, D. (2018). Regression away from the mean: Theory and examples. British Journal of Mathematical and Statistical Psychology, 71, 186-203. doi:10.1111/bmsp.12106
Shadish, W. R., Cook, T. D., & Campbell, D. T. (2002). *Experimental and quasi-experimental designs for generalized causal inference*. Boston, MA：Houghton Mifflin.
Shaw, S. D., & Weir, C. J. (2007). *Studies in language testing 26：Examining writing：Research and practice in assessing second language writing*. Cambridge University Press.
Shepard, L. A. (1993). Evaluating test validity. In L. Darling-Hammond (Ed.), *Review of research in education* (Vol. 19, pp. 405-450). Washington, DC：American Educational Research Association.
島田勝正 (2016).「リーディングの評価」渡部良典・小泉利恵・飯村英樹・髙波幸代 (編)『日本言語テスト学会誌 20周年記念特別号』(pp. 104-107) 日本言語テスト学会. doi:10.20622/jltajournal.19.2_0　以下から閲覧可能：https://www.jstage.jst.go.jp/article/jltajournal/19/2/19_0/_article
嶋田和成 (2017a).「基本統計―データの傾向と性質をつかむ」平井明代 (編著)『教育・心理系研究のためのデータ分析入門―理論と実践から学ぶSPSS活用法』(第2版, pp. 20-38) 東京図書
嶋田和成 (2017b).「相関分析―変数間の関係を分析する」平井明代 (編著)『教育・心理系研究のためのデータ分析入門―理論と実践から学ぶSPSS活用法』(第2版, pp. 145-

164）東京図書
島田めぐみ・野口裕之 (2017).『日本語教育のためのはじめての統計分析』ひつじ書房
清水裕子 (2005).「測定における妥当性の理解のために―言語テストの基本概念として―」『立命館言語文化研究』, 16(4), 241-254. 以下から閲覧可能：http://www.ritsumei.ac.jp/acd/re/k-rsc/lcs/kiyou/16_4/RitsIILCS_16.4pp.241-254Shimizu.pdf
清水裕子 (2016).「妥当性検証」渡部良典・小泉利恵・飯村英樹・髙波幸代（編）『日本言語テスト学会誌 20周年記念特別号』(pp. 90-93) 日本言語テスト学会. doi:10.20622/jltajournal.19.2_0　以下から閲覧可能：https://www.jstage.jst.go.jp/article/jltajournal/19/2/19_0/_article
靜哲人 (2007).『基礎から深く理解するラッシュモデリング：項目応答理論とは似て非なる測定のパラダイム』関西大学出版部
靜哲人・望月正道 (2014).「日本人大学生のための標準プレイスメント・テスト開発と妥当性の検証」JACET Journal, 58, 121-141.
正頭英和 (2017).『英語テストづくり&指導アイデアBOOK』明治図書出版
Sick, J. (2008a). Rasch measurement in language education：Part 1. Shiken：JALT Testing & Evaluation SIG Newsletter, 12, 1-6. Retrieved from http://jalt.org/test/PDF/Sick1.pdf
Sick, J. (2008b). Rasch measurement in language education Part 2：Measurement scales and invariance. Shiken：JALT Testing & Evaluation SIG Newsletter, 12, 26-31. Retrieved from http://jalt.org/test/PDF/Sick2.pdf
Sick, J. (2009a). Rasch measurement in language education Part 3：The family of Rasch models. Shiken：JALT Testing & Evaluation SIG Newsletter, 13, 4-10. Retrieved from http://jalt.org/test/PDF/Sick3.pdf
Sick, J. (2009b). Rasch measurement in language education Part 4：Rasch analysis software programs. Shiken：JALT Testing & Evaluation SIG Newsletter, 13, 13-16. Retrieved from http://jalt.org/test/PDF/Sick4.pdf
Sick, J. (2010). Rasch measurement in language education Part 5：Assumptions and requirements of Rasch measurement. Shiken：JALT Testing & Evaluation SIG Newsletter, 14, 23-29. Retrieved from http://jalt.org/test/PDF/Sick5.pdf
Sick, J. (2011). Rasch measurement in language education Part 6：Rasch measurement and factor analysis. Shiken：JALT Testing & Evaluation SIG Newsletter, 15, 15-17. Retrieved from http://jalt.org/test/PDF/Sick6.pdf
Sireci, S. G. (2009). Packing and unpacking sources of validity evidence. In R. W. Lissitz (Ed.), The concept of validity：Revisions, new directions, and applications (pp. 19-37). Charlotte, NC：Information Age.
杉田由仁 (2013).『日本人英語学習者のためのタスクによるライティング評価法―構成概念に基づく言語処理的テスト法』大学教育出版
鈴木渉（編）(2017).『実践例で学ぶ第二言語習得研究に基づく英語指導』大修館書店
Swinton, S. S. (1983). A manual for assessing language growth in instructional settings (TOEFL Research Report, RR-83-17, TOEFL-RR-14). Princeton, NJ：Educational Testing Service. doi:10.1002/j.2330-8516.1983.tb00017.x　Retrieved from https://www.ets.org/research/policy_research_reports/rr-83-17_toefl-rr-14
髙波幸代 (2017).「分散分析―3グループ以上の平均を比較する」平井明代（編著）『教育・心理系研究のためのデータ分析入門―理論と実践から学ぶSPSS活用法』（第2版, pp. 58-79）東京図書
竹内理 (2014a).「記述統計の基礎知識―データの特徴を説明するには」竹内理・水本篤（編）(2014).『外国語教育研究ハンドブック―研究手法のより良い理解のために』（改訂版, pp. 32-44）松柏社
竹内理 (2014b).「相関分析入門（1）―関係を探るには」竹内理・水本篤（編）(2014).『外国語教育研究ハンドブック―研究手法のより良い理解のために』（改訂版, pp. 121-131）松柏社

竹内理・水本篤 (編) (2014).『外国語教育研究ハンドブック―研究手法のより良い理解のために』(改訂版) 松柏社

Talandis, J. Jr. (2017). *How to test speaking skills in Japan : A quick-start guide*. Kyoto : Alma Publishing.

谷誠司 (2016).「ヨーロッパ言語共通参照枠と評価の関連づけ」渡部良典・小泉利恵・飯村英樹・髙波幸代 (編)『日本言語テスト学会誌 20周年記念特別号』(pp. 160-164) 日本言語テスト学会. doi:10.20622/jltajournal.19.2_0　以下から閲覧可能：https://www.jstage.jst.go.jp/article/jltajournal/19/2/19_0/_article

Taylor, C. S. (2013). *Validity and validation*. Oxford University Press.

Taylor, L. (Ed.). (2011). *Studies in language testing 30 : Examining speaking : Research and practice in assessing second language speaking*. Cambridge University Press.

寺沢拓敬 (2015).「英語教育学における科学的エビデンスとは？―小学校英語教育政策を事例に―」『外国語教育メディア学会 (LET) 中部支部外国語教育基礎研究部会2014年度報告論集』, 15-30. 以下より閲覧可能：https://www.letchubu.net/modules/xpwiki/?2014%E5%B9%B4%E5%BA%A6%E5%A0%B1%E5%91%8A%E8%AB%96%E9%9B%86

東京学芸大学 (2017).『文部科学省委託事業「英語教員の英語力・指導力強化のための調査研究事業」平成28年度報告書』以下から閲覧可能：http://www.u-gakugei.ac.jp/~estudy/report/

投野由紀夫 (編) (2013).『CAN-DOリスト作成・活用 英語到達度指標CEFR-Jガイドブック』大修館書店

Toulmin, S. E. (2003). *The uses of argument* (updated ed.). Cambridge University Press.

浦野研・亘理陽一・田中武夫・藤田卓郎・髙木亜希子・酒井英樹 (2016).『はじめての英語教育研究』研究社

Wagner, E. (2016). *A study of the use of the TOEFL iBT® test speaking and listening scores for international teaching assistant screening* (ETS Research Report, RR-16-18, TOEFLiBT-27). doi:10.1002/ets2.12104

若林俊輔・根岸雅史 (1993).『無責任なテストが「落ちこぼれ」を作る』大修館書店

Wall, D. (2005). *The impact of high-stakes examinations on classroom teaching : A case study using insights from testing and innovation theory*. Cambridge University Press.

Wall, D., & Horák, T. (2011). *The Impact of changes in the TOEFL® exam on teaching in a sample of countries in Europe : Phase 3, the role of the course book, Phase 4, describing change* (TOEFL iBT® Research Report, TOEFL iBT-17. RR-11-41). Princeton, NJ : Educational Testing Service. Retrieved from https://www.ets.org/Media/Research/pdf/RR-11-41.pdf

Wang, H., Choi, I., Schmidgall, J., & Bachman, L. (2012). Review of Pearson Test of English Academic : Building an assessment use argument. *Language Testing*, *29*, 603-619. doi:10.1177/0265532212448619

Watanabe, Y. (2004a). Methodology in washback studies. In L. Cheng & Y. Watanabe, with A. Curtis (Eds.), *Washback in language testing : Research contexts and methods* (pp. 19-36). Mahwah, NJ : Lawrence Erlbaum Associates.

Watanabe, Y. (2004b). Teacher factors mediating washback. In L. Cheng & Y. Watanabe, with A. Curtis (Eds.), *Washback in language testing : Research contexts and methods* (pp. 129-146). Mahwah, NJ : Lawrence Erlbaum Associates.

渡部良典 (2016).「波及効果と影響」渡部良典・小泉利恵・飯村英樹・髙波幸代 (編)『日本言語テスト学会誌 20周年記念特別号』(pp. 41-44) 日本言語テスト学会. doi:10.20622/jltajournal.19.2_0　以下から閲覧可能：https://www.jstage.jst.go.jp/article/jltajournal/19/2/19_0/_article

Watson, A. M., Harman, R. P., Surface, E. A., & McGinnis, J. L. (2012, April). *Predicting proficiency without direct assessment : Can speaking ratings be inferred from listening and reading ratings?* Paper presented at the 34th Language Testing Research Colloquium, Princeton, NJ. Retrieved from http://www.govtilr.org/TC/Presentations/March%202013_Briefs/ILR%20Testing%20Committee%20March%202013%20Inferring%20Proficiency%20FINAL.pdf

Wei, Y., & Low, A. (2017). *Monitoring score change patterns to support TOEIC® Listening and Reading test quality* (Research Report ETS RR-17-54). doi:10.1002/ets2.12186 Retrieved from http://onlinelibrary.wiley.com/doi/10.1002/ets2.12186/abstract

Weir, C. J. (2005). *Language testing and validation : An evidenced-based approach.* New York, NY : Palgrave Macmillan.

Weir, C. J., Vidaković, I., & Galaczi, E. D. (2013). *Studies in language testing 37 : Measured constructs : A history of Cambridge English language examinations 1913-2012.* Cambridge University Press.

Xi., X. (2008). Methods of test validation. In E. Shohamy & N. H. Hornberger (Eds.), *Language testing and assessment* (pp. 177-196). New York, NY : Springer Science+Business Media LLC.

Xi, X. (2010). How do we go about investigating test fairness? *Language Testing, 27,* 147-170. doi:10.1177/0265532209349465

山西博之 (2014).「分散分析入門 (1) ―3つの平均を比較するには」竹内理・水本篤 (編)『外国語教育研究ハンドブック―研究手法のより良い理解のために』(改訂版, pp. 71-82) 松柏社

Yanagawa, K. (2012). *A partial validation of the contextual validity of the* Centre listening test *in Japan* (Doctoral dissertation, University of Bedfordshire, U.K.). Retrieved from http://uobrep.openrepository.com/uobrep/bitstream/10547/267493/1/Yanagawa.pdf

横内裕一郎 (2016).「評価者による評価 (採点) と評価者訓練」渡部良典・小泉利恵・飯村英樹・髙波幸代 (編)『日本言語テスト学会誌 20周年記念特別号』(pp. 77-80) 日本言語テスト学会. doi:10.20622/jltajournal.19.2_0 以下から閲覧可能：https://www.jstage.jst.go.jp/article/jltajournal/19/2/19_0/_article

Youn, S. J. (2015). Validity argument for assessing L2 pragmatics in interaction using mixed methods. *Language Testing, 32,* 199-225. doi:10.1177/0265532214557113

Zhou, Y. (2015). Comparing ratings of a face-to-face and telephone-mediated speaking test. *JACET Journal, 59,* 33-52.

Zumbo, B. D., & Chan, E. K. H. (Eds.). (2014). *Validity and validation in social, behavioral, and health sciences.* Cham, Switzerland : Springer International.

索引

あ

アンダーフィット（underfit）……… 106

い

一般化（generalization）……… 71
一般化可能性的要素
（generalizability aspect）……… 46
一般化推論
（generalization inference）……… 57
インパクト（impact）……… 51, 153

う

裏づけ（backing）……… 62

え

英検（EIKEN Test in Practical English Proficiency）……… 135, 142

お

オーバーフィット（overfit）……… 105

か

下位技能（subskill）……… 162
解釈的論証（interpretive argument）……… 56
外挿（extrapolation）……… 71
外挿推論（extrapolation inference）……… 58
外的要素（external aspect）……… 47
開発ステージ（development stage）……… 64
替え玉受験（substitute test taking / proxy test taking）……… 183
学習志向の評価
（learning-oriented assessment）……… 196
学習のための評価
（assessment for learning）……… 196
過剰適合（overfit）……… 105

き

観察（observation）……… 170
観測（observation）……… 72
観測得点（observed score）……… 59
カンニング（cheating）……… 183

き

基準関連妥当性
（criterion-related validity）……… 42
基準設定（standard setting）……… 137
期待得点（expected score）……… 72
基盤（grounds）……… 62
共通項目（anchor item）……… 196

く

具現化（operationalization）……… 70

け

結果的要素（consequential aspect）……… 47
決定推論（decision inference）……… 80
言語指導領域
（language teaching domain）……… 175
言語テスティング研究
（language testing research）……… 2
言語テストに対する誤認識
（misconceptions about language testing）……… 26
言語評価についてのリテラシー
（language assessment literacy）……… 3
言語評価リテラシー
（language assessment literacy）……… 262
ケンブリッジ英語検定（Cambridge English Qualifications）……… 122

こ

構成概念（construct）……… 38
構成概念妥当性（construct validity）……… 42

索引　255

構造的要素（structural aspect）………46
行動主義的定義
(behaviorist definition)……………167
公平性（fairness）………………………40
項目応答理論
(item response theory)……………196
項目分析（item analysis）…………………73
根拠づけ（justification）…………………66

【さ】

採点基準（evaluation / scoring / marking criteria）……………………………92
採点者（rater / scorer / marker）………92
採点者トレーニング（rater training）…115
採点者のバイアス（rater bias）…………116
採点プロセス（rating process）…………92
差の標準誤差
(standard error of difference)………204

【し】

試行（trialing）………………………70
自己評価・相互評価
(self-and peer-assessment)…………170
実現可能性
(practicality / feasibility)……………28
実質的要素（substantive aspect）………45
実生活領域（real life domain）…………175
自動化解析（automated analysis）……135
ジャーナル（journal）……………………169
社会・認知的枠組み
(a socio-cognitive framework)………53
収束的証拠（convergent evidence）……46
重大な決断に使われるテスト
(high-stakes test)……………………62
重要な決断（high-stakes decision）……39
主張（claim）……………………………62
受容技能（receptive skill）………………90
純タイピング速度
(net typing speed)…………………122

証拠（evidence）………………………55
真正性（authenticity）…………………51
信頼区間（confidence interval）………23
信頼性（reliability）……………………19

【す】

垂直尺度化（vertical scaling）…………136
推定値（measure / estimate）………106
水平尺度化（horizontal scaling）……136
推論（inference）………………………62
推論の組み合わせ
(a combination of inferences)………88
スコア汚染（score pollution）…………191
スコア比較
(score comparability)………………24,203
スコアレポート（score report）………20,142

【せ】

説明（explanation）……………………71
説明推論（explanation inference）……72
前提（assumption）……………………62
専門家の判断（expert judgment）……135

【そ】

層（strata）……………………………108
総合評価
(holistic evaluation / scoring)………94
相互作用的定義
(interactionalist definition)…………167
相互性（interactiveness）………………51
測定の標準誤差
(standard error of measurement)…200
測定領域得点（universe score）…………59

【た】

大学入学共通テスト……………………12
大学入試4技能化（using four-skill English tests for university entrance examinations)………………………141

代替評価（alternative assessment）… 169
タイピング力（typing skill）… 121
多相ラッシュ分析（multifaceted / many-faceted Rasch analysis）… 103
妥当性（validity）… 27
妥当性検証（validation）… 29
妥当性の探究（validity inquiry）… 262
妥当性要素のバランス（balance between validity aspects）… 176
妥当性論証（validity argument）… 56
単一の概念（unitary concept / unified concept）… 42
単位認定制度（credit awarding system）… 173

ち

直接テスト（direct test）… 95

て

適合（fit）… 105
デザイン（design）… 70
テスト開発者（test developer / maker）… 38
テスト機関との協力（collaboration with test institutions）… 262
テスト細目（test specifications）… 24
テスト使用者（test user）… 20
テスト使用の目的（purpose of test use）… 158
テストの誤差（error related to measurement）… 197
テストの内的構造（test internal structure）… 24
テストの有用性（test usefulness）… 51
テスト問題全面公開（publicizing all test items）… 196

と

特性的定義（trait definition）… 167

得点化（evaluation / scoring）… 71
得点化推論（scoring / evaluation inference）… 57

な

内容妥当性（content validity）… 42
内容的要素（content aspect）… 45

に

ニーズ分析（needs analysis）… 175

は

バイアス分析（bias analysis）… 116
波及効果（washback）… 39
波及効果推論（consequence inference）… 80,152
波及効果に影響する要因（factors affecting washback）… 154
波及効果の局面（dimensions of washback）… 153
発表技能（productive skill）… 90
話し合い・面接（conference and interview）… 170
半構造化インタビュー（semi-structured interview）… 118
反証（rebuttal backing）… 62
半直接テスト（semi-direct test）… 95
反駁（rebuttal）… 62

ひ

比較可能性（comparability）… 137
評価者訓練（rater training）… 28
評価使用の論証（assessment use arguement:AUA）… 66
評価ステージ（appraisal stage）… 64
評価の使用（assessment use）… 70
標準化テスト（standardized test）… 170

索引　257

ふ

プラスの証拠（positive evidence）……46
プラスの波及効果
(positive washback)……154
文脈（context）……167

へ

平均への回帰（現象）
(regression to the mean)……25, 206
弁別的証拠（discriminant evidence）……46
変化のための更新（change retrofit）……159

ほ

ポートフォリオ（portfolio）……169

ま

マイナスの証拠
(negative evidence)……146
マイナスの波及効果
(negative washback)……155

み

ミスフィット（misfit）……106
民間資格・検定試験（certification test organized by a private institution）……12

め

面接型（interview format）……95

も

目標言語使用領域
(target language use domain)……174
目標得点（target score）……80
目標領域（target domain）……72

よ

ヨーロッパ言語共通参照枠
(Common European Framework of Reference for Languages)……18

ら

ラッシュ分析（Rasch analysis）……24
ラッシュモデル（Rasch model）……105

り

利害関係者（stakeholder）……70
利用（utilization）……71
領域定義（domain definition）……71
領域定義推論
(domain definition inference)……72
利用推論（utilization inference）……72

る

ルーブリック
(rubric / mark scheme)……122

ろ

ロジット尺度（logit scale）……106
論拠（warrant）……62
論証（argument）……55
論証に基づくアプローチ
(argument-based approach)……55
論証の構造（argument structure）……61
論駁（counterargument）……62

A

ACTFL（American Council on the Teaching of Foreign Languages）……95
ACTFL OPI（American Council on the Teaching of Foreign Languages Oral Proficiency Interview）……95

B

Bachman and Palmerの言語能力モデル
(language ability model)……160

C

Canaleのコミュニケーション能力モデル
(communicative competence model)
································· 160
CEFR-J ································· 18
Criterion ····························· 120

G

GEPT (General English Proficiency
Test) ································· 137
GTEC CBT (Global Test of English
Communication Computer Based
Testing ······························ 115
GTEC for STUDENTS ················ 142

H

Hulstijnの第二言語熟達度モデル (second
language proficiency model) ········· 161

I

IELTS (International English Language
Testing System) ················ 131,140

O

OPI (Oral Proficiency Interview) ······ 95

P

PDCA (Plan-Do-Check-Act) ·········· 193

S

SST (Standard Speaking Test) ········ 95

T

TEAP (Test of English for Academic
Purpose) ···························· 139
TOEFL iBT (Test of English as a
Foreign Language Internet-based test)
································· 117

TOEIC (Test of English for International
Communication) ····················· 129
TSST (Telephone Standard Speaking
Test) ·································· 93

V

VELC Test (Visualizing English
Language Competency Test) ········· 128

索引　259

「母が作った押し花の額(著者撮影)」
母は生前、押し花に情熱を注いでいました。家にある花や、外出時に見つけた花を許可を取って摘み取り、乾燥機で乾かして押し花にするのが生きがいでした。父もデザインに協力し、共同作を押し花展に出し、それを見に行くのも楽しみにしていました。

「母が作った押し花の額(著者撮影)」
若い頃には生きたいように生きることができなかった母でしたが、その時代の女性としてはそれが普通と捉えていました。老いてからは、「周りの人に支えられて、今が本当に幸せ」と言っていました。

「父が育てた菊(著者撮影)」
父は菊作りの名人と言われ、父の菊が寄贈されて私の通っていた学校に並ぶのがとても誇りでした。細かな作業を積み上げて作品を仕上げる喜びを、2人から教えてもらったと思います。

小泉　利恵（こいずみ　りえ）

栃木県那須郡馬頭町（現：那珂川町）出身。宇都宮大学教育学部卒業。筑波大学大学院博士課程修了。栃木県公立中学校教諭，常磐大学専任講師を経て，現在，順天堂大学准教授。専門は，言語テスティング研究と英語教育。主な著書として『実例でわかる 英語テスト作成ガイド』、『英語4技能評価の理論と実践―CAN-DO・観点別評価から技能統合的活動の評価まで』（ともに共編著、大修館書店）、『日本言語テスト学会誌 第19号 (20周年記念特別号)』（共編著）、『言語テスト：目標の到達と未到達』（共編著、英語運用能力評価協会）、『グローバル教育を考える』（共著、アルク）、『英語リーディングの科学』、『英語リーディングテストの考え方と作り方』（ともに共著、研究社）、『教育・心理系研究のためのデータ分析入門―理論と実践から学ぶSPSS活用法 (第2版)』（共著、東京図書）、『日本言語テスト学会　言語テスティング用語集　日本言語テスト学会　テスティングの実施規範』（共著、日本言語テスト学会事務局）、*The encyclopedia of applied linguistics*、*The companion to language assessment*（ともに共著、イギリスJohn Wiley and Sons社）、*Applications of Structural equation modelling in educational research and practice*（共著、オランダSense Publishers）、『英語教育学体系第13巻　テスティングと評価―4技能の測定から大学入試まで―』、『英語語彙指導の実践アイディア集』（共著、大修館書店）、『言語研究と量的アプローチ』（共著、金星堂）、『英語診断テスト開発への道―ELPA「英語診断テスト」プロジェクトの軌跡―』（共著、英語運用能力評価協会）などがある。日本言語テスト学会（http://jlta.ac/）事務局長。好きな言葉は「他人が自分より優れていたとしても、それは恥ではない。しかし、去年の自分より今年の自分が優れていないのは恥だ」(It is not a shame if others are superior to you but it is if you this year is inferior to you last year. By John Lubbock)。餃子の上手な焼き方を研究中。名探偵コナンの大ファンで、再開を待ち望む。

終わりに

　本書では、テストを選び、使う方が、テストを適切に選択し使用するために知っておきたい点について述べてきました。よい思い出がなく、必要悪ともいわれるテストですが、それだけ、生徒や教員、またテスト使用者や社会にも大きな影響を与えうるものです。テストには限界点もありますが、利点もあります。テストの利点を最大限に利用し、テストのプラスの波及効果を起こすためには、**言語評価リテラシー**を高めることが重要です。

　本書の焦点が「テストの適切な選択と使用」でしたので、ほとんど触れませんでしたが、テストの選択と使用をうまく機能させるには、**テスト機関との協力**が欠かせません。テスト機関は、適切なテスト開発を行い、テスト運用開始後にも、妥当性検証を適宜行い、一般の方向けに分かりやすく、専門家に対しては詳細に、結果を公表していくことが責任としてあります[241]。テスト使用者は、テストやそれに関わるプロセスや事象を理解し、自分でも十分調べつつ、理解できない点や疑問点、知りたい情報についてはテスト機関へ問い合わせをすることもできます。それが、テスト機関が活動を振り返り、テストを改善するきっかけとなります。テスト使用者として、**妥当性の探究**（validity inquiry）に参加してほしいと思います。

　テスト機関は、テスト使用者からの声に真摯に耳を傾け、その検討結果を公表するべきです。そのテスト機関の反応が、テスト使用者の理解をさらに深めることにつながります。このような生産的で建設的な循環がさらに増えるように願っています。

　その方向性の中で、言語テスティング研究者にも積極的な行動が求められています。言語テストの作成や選択、使用において最も重要な妥当性と妥当性検証は、かなり専門的になり、一般の方には分かりにくいものになっています。そのため、研究者としては、理論的な整合性を保ち

---

[241] American Educational Research Association, American Psychological Association, & National Council on Measurement in Education, 2014; 日本言語テスト学会運営委員・JLTA Language Testing 用語集委員会, 2006

つつ、妥当性の概念やその検証法、また言語テスティング研究全般の知見を、分かりやすく提示・例示することが必要だと思います。それに加え、先ほど述べた、テスト機関とテスト使用者の協力的なサイクルの中に研究者も入っていければと思います。互いに高め合えるような環境を作るために、筆者としても努力を続けていきます。

　本書作成のためには、多くの方にご指導やご助言をいただきました。特に、言語テスティング研究の文献を丁寧に読み、実証研究を厳密に行うことの大切さと喜びを大学院在籍中に教えてくださった元筑波大学・大東文化大学の望月昭彦先生、また本執筆を励まし、アドバイスをたくさんくださった、株式会社アルク文教教材編集部の南美穂様、宮崎友里子様、長谷川裕子様、アルク教育総合研究所の平野琢也様、中央大学の印南洋先生、元中学校英語教員の小山田友美様に感謝を表したいと思います。また早稲田大学の澤木泰代先生には、推論のタイプについての示唆を、専修大学の片桐一彦先生と静岡大学の福田純也先生にはテスト使用時の注意点をご教示いただきました。

　なお、本書の中身の一部は以下が初出です。転載許可を得て掲載しています。

- 93〜115ページ　TSSTの妥当性検証：小泉・アルク教育総合研究所（2017）
- 158〜169ページ　テストの使用目的と構成概念：小泉（2016c）
- 193〜195ページ　テストフィードバック：Koizumi（2016a）
- 197〜206ページ　テストの標準誤差：小泉（n.d.）

　本書には荒削りのところもあると思います。ご意見等ございましたら、今後の勉強のためにお聞かせいただければありがたいです。

2018年4月

小泉利恵

アルク選書シリーズ
英語4技能テストの選び方と使い方
―妥当性の観点から―

発行日	2018年4月9日（初版）
著者	小泉利恵
編集	文教教材編集部、原弘子
デザイン	松本君子
DTP	株式会社創樹
印刷・製本	萩原印刷株式会社
発行者	平本照麿
発行所	株式会社アルク

〒102-0073　東京都千代田区九段北4-2-6　市ヶ谷ビル
TEL：03-3556-5501　FAX：03-3556-1370
Email：csss@alc.co.jp
Website：https://www.alc.co.jp/

地球人ネットワークを創る
アルクのシンボル
「地球人マーク」です。

落丁本、乱丁本は弊社にてお取り替えいたしております。
アルクお客様センター（電話：03-3556-5501　受付時間：平日9時〜17時）までご相談ください。
本書の全部または一部の無断転載を禁じます。著作権法上で認められた場合を除いて、本書からのコピーを禁じます。
定価はカバーに表示してあります。
ご購入いただいた書籍の最新サポート情報は、以下の「製品サポート」ページでご提供いたします。
製品サポート：https://www.alc.co.jp/usersupport/
特に断りのない限り、本書に掲載の情報は2018年1月現在のものです。

©2018 Rie Koizumi / ALC PRESS INC.
Printed in Japan.
PC：7018014
ISBN：978-4-7574-3061-7